Das Buch

Im Laufe unserer Geschichte haben sich Recht und Staat immer mehr verselbständigt, haben an Eigenleben gewonnen, sind abstrakter und für den Menschen unnahbarer und unwirklicher geworden. Daran sind auch Jurisprudenz und Staatslehre nicht unbeteiligt. Der Autor versucht, diesem Prozeß entgegenzuwirken. Er will Recht und Staat wieder stärker in das tägliche Leben und in die Politik zurückholen. Zu diesem Zweck führt er Aspekte und Erkenntnisse der Diskurstheorie und der Sozialpsychologie in die Lehre vom Staat ein. Demokratie und Gerechtigkeit sollen verbunden werden zu einer »demokratischen Gerechtigkeit«.

Der Autor

Jörg Paul Müller ist Professor für Staatsrecht und Rechtsphilosophie an der Universität Bern. Er gehörte während sieben Jahren als nebenamtlicher Richter dem schweizerischen Bundesgericht an und präsidierte bis 1991 das staatliche Aufsichtsgremium des Bundes (Unabhängige Beschwerdeinstanz) für Radio und Fernsehen. Veröffentlichungen u. a.: ›Vertrauensschutz im Völkerrecht‹ (1971); ›Soziale Grundrechte in der Verfassung?‹ (2. Aufl. 1981); ›Elemente einer schweizerischen Grundrechtstheorie‹ (1982); ›Praxis des Völkerrechts‹ (mit L. Wildhaber, 2. Aufl. 1982); ›Der politische Mensch – menschliche Politik‹ (1988); ›Entwurf für eine neue Bundesverfassung‹ (mit A. Kölz, 2. Aufl. 1990); ›Die Grundrechte der schweizerischen Bundesverfassung‹ (2. Aufl. 1991).

Jörg Paul Müller:
Demokratische Gerechtigkeit
Eine Studie zur Legitimität politischer und rechtlicher Ordnung

Deutscher
Taschenbuch
Verlag

dtv

Originalausgabe
Oktober 1993

Umschlagtypographie: Celestino Piatti
Gesamtherstellung: C. H. Beck'sche Buchdruckerei,
Nördlingen
Printed in Germany · ISBN 3-423-04610-4

Inhalt

Vorwort

Dieses Buch möchte einen Beitrag leisten zur Beantwortung der Frage nach einer menschlichen Gestaltung von Politik und Recht. Es versucht, in der Staatslehre noch eher ungewohnte Perspektiven wie die der Diskurstheorie[1] oder der Sozialpsychologie fruchtbar zu machen. Bezugspunkt bleibt – ausgesprochen oder implizit – stets die Sorge um die konkrete Ausgestaltung der demokratischen Verfassungsordnung, also ein Gebiet, in dem das wissenschaftliche Arbeiten und Lehren des Autors seinen Schwerpunkt hat.

Sinn dieses Buches ist es, dem Menschen die politischen und rechtlichen Ordnungen, in denen er lebt, als eine menschliche Angelegenheit zugänglicher zu machen, sie damit aus Eigengesetzlichkeiten zurückzuholen und Entfremdungen abzubauen. Recht und Staat sind in ihrem vernünftigen Sinn, menschliches Leben in seiner Mitwelt zu hegen, zu ordnen und zu beschützen, transparenter zu machen, damit sie von den betroffenen Menschen als zugleich überliefertes und doch gestaltbares Gehäuse ihrer Lebensbedürfnisse erkannt und als eigenes in Anspruch und Verantwortung genommen werden können. Damit eröffnen sich auch Chancen, unverhältnismäßige Macht, die sich in entfremdeten Rechtsformen und Institutionen breitmacht, zu denunzieren und abzubauen. Es geht zugleich darum, den demokratischen Verfassungsstaat in seiner Funktion, gemeinsame menschliche Anliegen politisch zu bewältigen, greifbarer und zugänglicher zu machen.

Zu vertiefen ist die Bedeutung menschlicher Kommunikation in der säkularen Welt der Gegenwart. Der Zusammenbruch metaphysischer Weltbilder und Wertsysteme, in denen der einzelne Orientierung im individuellen und sozialen Dasein fand, und der damit einhergehende Verlust an schüt-

[1] Erst nach Abschluß des vorliegenden Manuskriptes (Herbst 1992) ist von Jürgen Habermas eine umfassende Untersuchung über die Bedeutung der Diskurstheorie für Recht und Politik erschienen: Faktizität und Geltung. Beiträge zur Diskurstheorie des Rechts und des demokratischen Rechtsstaats. Frankfurt a. M. 1992.

zenden Institutionen mit zugehörigen Rollen und Wertvermittlungen führt zur Grundfrage der Demokratie unserer Zeit: Wie ist Gleichwertigkeit der Menschen zu konstituieren – nicht nur als abstraktes, philosophisches Apriori, sondern als Kern menschlicher Praxis im Sozialen und insofern als das Primäre demokratischer Ordnung? Wie findet ein aus überholten Autoritätsstrukturen entlassener, auf seine »Mündigkeit« verwiesener Mensch seinen Ort wieder in einem Umfeld, das ihm – verglichen mit der Sicherheit früherer vorgegebener Ordnung – amorph erscheint? Was bewahrt Gleichheit in einer fast nackten Wettbewerbs- und Konkurrenzgesellschaft vor dem Abgleiten in Gleichgültigkeit aller gegenüber allen?

Demokratie wird hier verstanden als ein menschliches Unternehmen, das sich in den Verfahren und im Vollzug der Verständigung über artikulierte Bedürfnisse und gelebte individuelle und kollektive Daseinsentwürfe konkreter Menschen konstituiert. Weder eine Gruppe, noch eine Kultur, noch ein Geschlecht ist legitimiert, allein zu definieren, was der Mensch sei; Humanität hat sich im verständigungsorientierten Zusammenspiel alternativer Ausprägungen des Menschseins zu realisieren. Die Anerkennung jedes Menschen als Zweck an sich selbst (Kant) realisiert sich in säkularer Gesellschaft primär dadurch, daß wir einander die Selbstwertschätzung vermitteln müssen, die den Menschen erst zu einem seiner Würde und Mündigkeit bewußten Kontrahenten einer menschengerechten, sich selbst organisierenden Gemeinschaft macht[2]. Hier liegt gleichsam der Ausgangspunkt einer Suche nach Verfahren politischer Entscheidfindung, in denen ein Ausgleich von Anliegen, Überzeugungen und Bedürfnissen konkreter Menschen in ihrer geschichtlichen Bedingtheit kommunikativ erstrebt wird. Gewaltverzicht und Diskursbereitschaft, die aus Einsicht in notwendiges gegenseitiges Aufeinanderangewiesensein leben, erschei-

[2] Diese Perspektive wird kommunikationstheoretisch vertieft bei Paul Watzlawik, J. H. Beavin und D. D. Jackson, Menschliche Kommunikation. 5. Aufl., Bern, Stuttgart, Wien 1980, S. 83 ff. und gesellschaftstheoretisch beleuchtet bei Axel Honneth, Integrität und Mißachtung. Grundmotive einer Moral der Anerkennung. In: Merkur 44 (1990), S. 1043 ff.

nen als die Pfeiler eines Grundkonsenses, der die demokratische Verfassung des modernen Gemeinwesens trägt.

Demokratie ist nicht allein durch die Einrichtung geschickter Verfahren sicherzustellen. Entscheidend sind immer auch die in den Verfahren handelnden Menschen mitsamt der politischen Kultur, von der sie geprägt sind, die sie aber auch gestalten. Spricht man den Menschen als den wichtigsten Träger einer auf Verständigung gegründeten Rechtsgemeinschaft an, dann muß man ihn in seiner Ganzheit ernstnehmen: mit seinen intellektuellen Fähigkeiten, aber auch mit seiner leiblichen Existenz und seinen bewußten und unbewußten emotionalen Triebkräften. Es sollen deshalb auch Erkenntnisse der Psychoanalyse mit ihrem Augenmerk auf psychische Mechanismen berücksichtigt werden, die – erkannt oder unerkannt – die rationale Bewältigung politischer Aufgaben und Probleme mitbestimmen. Da es sich dabei um einen in der Staatslehre noch wenig beachteten Aspekt der politischen Wirklichkeit handelt, scheint uns eine vertiefte Problemdarstellung geboten (Erster Teil, Kap. 3 und Zweiter Teil, Kap. 2, III.).

Soweit die verständigungsorientierte Kommunikation als Grundlage von Rechtsbildung angesprochen wird, knüpft die vorliegende Studie an frühere Arbeiten des Verfassers über die kommunikationstheoretische Analyse rechtsbildender Prozesse, insbesondere an die Arbeit über ›Vertrauensschutz im Völkerrecht‹[3] an. Das internationale Recht, in seiner Grundstruktur eine dezentralisierte Rechtsordnung, wird infolge des Mangels namentlich an zentralen Organen der Rechtsetzung weithin in einem ständigen Prozeß der Vereinbarung, Anerkennung, Duldung, Bestätigung oder Bestreitung von Ansprüchen entwickelt und unter Rechtssubjekten konkretisiert. Staatenpraxis in diesem Sinn kann man verstehen als einen ständigen Kommunikationsprozeß zwischen den Völkerrechtssubjekten. Diese Art der Rechts-

[3] Jörg Paul Müller, Vertrauensschutz im Völkerrecht. Beiträge zum ausländischen öffentlichen und Völkerrecht. Hrsg. vom Max-Planck-Institut für ausländisches öffentliches Recht und Völkerrecht. Köln, Berlin 1971, insb. S. 35, 88ff., 100ff., 143ff., 258ff.; vgl. jetzt auch Ders. in: Bruno Simma, Charta der Vereinten Nationen. München 1991, S. 50–58, insb. Rz. 15ff.

schöpfung hat mit der Struktur demokratischer Rechtsetzung gemein, daß die Rechtsbildungsprozesse unter gleichberechtigten Partnern durch kooperative Formen und grundsätzlich nicht durch hierarchische Normsetzung in subordinativen Verhältnissen erfolgen.

Das Buch wurde während eines wissenschaftlichen Freisemesters im Winter 1991/92 geschrieben; es hat Gestalt gefunden im permanenten Diskurs mit Frau Kathrin Amstutz und Herrn Markus Schefer, die mich während einer sechsmonatigen Klausur im Berner Jura und später im Wallis begleiteten. Frau Vreni Schwander und Herr Martin Dumermuth haben das Projekt seit Jahren mit Anregungen und Ermutigungen unterstützt, und Frau Ruth Huwiler, Psychologin, hat mich zur Einbeziehung psychoanalytischer Perspektiven in die Analyse rechtlicher und politischer Phänomene mit fachkundigen Impulsen ermutigt. Allen, die mit ihren spezifischen Beiträgen das Projekt förderten, danke ich von Herzen.

So ist ein kleines Buch entstanden, das mit einem interdisziplinären Ansatz neue Perspektiven für das Verständnis und die Gestaltung des demokratischen Gemeinwesens, vielleicht auch anderer Bereiche sozialen Lebens, öffnen will. Erstrebt wird nicht Originalität, sondern eine neue Verbindung von Gedanken, die in der geistesgeschichtlichen Tradition sozusagen bereitliegen. Insofern folge ich Rawls' Auffassung: »Eine politische Konzeption braucht keine kreative Neuschöpfung zu sein. Sie muß vielmehr nur vertraute intuitive Gedanken und Prinzipien so darstellen, daß sie in neuartiger Weise als zusammengehörig erkannt werden.«[4]

[4] John Rawls, Die Idee des politischen Liberalismus. Frankfurt a. M. 1992, S. 262.

Erster Teil: Grundlagen

Kapitel 1: Elemente der Demokratie

I. Einleitung: Kern und Aktualität des Problems demokratischer Ordnung

Die Notwendigkeit eines förderlichen Zusammenlebens der Menschen in ihrer Pluralität und Partikularität ist vorgegebenes Substrat und zugleich sinnstiftende Aufgabe demokratischer Ordnung. Die Menschen sind mit ihren spezifischen Prägungen und Lebensgeschichten je eigen und in ihren Überzeugungen, Wertungen und Interessen dementsprechend vielgestaltig; *gleich* sind sie hingegen im Anspruch, das Maß, nach dem menschliche Ordnung gestaltet werden soll, zum Ausdruck zu bringen. Demokratische Ordnung bedarf im kleineren wie im größeren Raum in jedem Fall ständiger Bereitschaft aller Betroffenen zur Lösung der unvermeidlichen Konflikte durch andauernde diskursive Auseinandersetzung und Aushandlung – anstelle des Rückgriffs auf Gewalt und andere Formen der Unterdrückung. Unerläßlich ist die Institutionalisierung entsprechender Verfahren der Konsens- und Kompromißbildung, in denen sich allgemeine und partikulare Interessen artikulieren können, eine faire Chance auf Berücksichtigung haben und keine Gruppe vergewaltigt wird. Diskursbereitschaft und Gewaltverzicht erweisen sich als die tragenden Säulen, auf die sich die Hoffnung auf eine minimale Gerechtigkeit in einer Welt stützt, in der keine allgemeingültige Definition von Gemeinwohl anerkannt ist, sondern dieses im Zusammenprall heterogener Interessen stets neu definiert werden muß. Die Tragfähigkeit solcher Prinzipien wird um so entscheidender, je mehr auch Grundfragen des Zusammenlebens wie die Umschreibung von Wohlstand, Wohlbefinden, die Bewertung von Fortschritt oder die Einschätzung und Bereitschaft zur Hinnahme von Risiken und Gefahren kollektiver Unternehmungen (z.B. im Bereich der technologischen Entwicklung) mit ins Zentrum politischer Auseinandersetzung treten. Die infolge weltweiter Migration und anderer Mobilität zu erwartende stärkere ethnische Durchmischung der Bevölkerungen akzentuiert die kulturellen Divergenzen, mit denen sich Demokratie auseinanderzusetzen hat.

Demokratie ist jene politische Ordnung, die der Selbstbestimmung oder Autonomie des Menschen als Individuum und als in die Gemeinschaft eingebettetes Wesen optimal entgegenkommt. Wie bestimmt sich nun der Personenkreis, in dem sich solche Selbstbestimmung realisieren soll? Ausgangspunkt der demokratischen Konstituierung einer politischen Einheit sind Menschen, die z. B. infolge gemeinsamer Kultur, Sprache, Geschichte oder gemeinsamer Zukunftsziele zu politischer Kooperation bereit sind. Entscheidend ist die Übereinstimmung, die für das Zusammenleben notwendig zu lösenden Angelegenheiten wie innere Befriedung, Realisierung von Solidarität oder Reaktionsbereitschaft auf Herausforderungen von außen selber, d. h. autonom zu gestalten und zu regeln. In den staatlichen Einheiten erscheint dieser elementare Konsens in unserem Kulturkreis jedenfalls staatsrechtlich und in Ansätzen auch völkerrechtlich als zentrales Kriterium seiner Legitimität[1]. Aber auch für andere politische Gemeinwesen oder Organisationen ist die demokratische Struktur zeitgeschichtlich wesentlicher Legitimationsfaktor[2].

Die beschriebene Aufgabe politischer Kooperation kann Gemeinden, Kantone, andere Körperschaften mit Autonomiestatut, Nationalstaaten, Bundesstaaten sowie überstaatliche Organisationen oder internationale Prozesse (wie z. B.

[1] Zum heutigen Diskussionsstand vgl. etwa J. Salmon, Demokratie als Rechtsanspruch? Zu den inneren Aspekten des Rechts auf Selbstbestimmung. In: Vereinte Nationen, 41 (1993) 1, S. 10 ff.

[2] Illustrativ dafür ist die Diskussion über den Mangel an demokratischen Institutionen in den Europäischen Gemeinschaften, was als Legitimitätsdefizit gewertet wird; Jörg Paul Müller, Grundrechts- und Demokratiedefizit als Legitimitätsproblem der EG. Überlegungen zu einem Beitritt der Schweiz. In: ZSR 110 (1991) 1, S. 103 ff.; Peter M. Huber, Die Rolle des Demokratieprinzips im Europäischen Integrationsprozeß. In: Staatswissenschaften und Staatspraxis (1992) 3, S. 349 ff.; Fritz W. Scharpf, Europäisches Demokratiedefizit und deutscher Föderalismus. Ebd., S. 293 ff.; J. H. H. Weiler, Problems of legitimacy in post 1992 Europe. In: Außenwirtschaft 46 (1991) 3/4, S. 411 (437) ff.; R. Bieber, Democratization of the European Community through the European Parliament. Ebd., S. 391 (410) ff.

die KSZE) – auch in ihrer gegenseitigen Durchdringung – betreffen. Als Prototyp und Gravitationszentrum politischer Gestaltung erscheinen aber immer noch die Staaten, obwohl ihre Souveränität in der Gegenwart immer mehr durch Anforderungen der Staatengemeinschaft relativiert wird – z. B. im Hinblick auf die Verpflichtung zur Garantie bestimmter Menschenrechte, zum Schutz von Minderheiten, aber auch zur Wahrung ökologischer Anliegen[3]. Dem geschichtlich gewordenen »souveränen« Staat sind gleichsam von einem äußern und innern Bezugspunkt rivalisierende Wirkungszusammenhänge erwachsen, in denen sich ein elementares Anliegen der Demokratie, nämlich die Selbstbestimmung konkreter Menschen, ebenfalls realisieren will:

a. Einerseits muß aus einer universalen Sicht zumindest in gewissen Problembereichen von globaler Tragweite *allen* Menschen das gleiche Recht zugesprochen werden, über das Schicksal des Lebens auf dem Planeten Erde mitzubestimmen, da sie alle – und nicht nur die Angehörigen eines konkret handelnden Staates – betroffen sind. Diese Perspektive ist zwar grundsätzlicher Art und in der gegenwärtigen Weltordnung nur in sehr mediatisierter Form verwirklicht (z. B. über die Mitwirkung von Staaten und Organisationen an internationalen Konferenzen), dennoch ist sie realistisch und aktuell angesichts der globalen Vernetzung der Risiken und Chancen, mit denen sich die Menschheit konfrontiert sieht: exemplarisch erwähnt seien die Ressourcenknappheit, die eklatant ungleiche Verteilung der Lebenschancen, militärische Bedrohungen und die Möglichkeiten technologischer Fehlleistungen mit weltweiten Auswirkungen.

b. Andererseits tritt aus der Sicht des alltäglicheren menschlichen Erlebnishorizonts das Bedürfnis nach Sicherheit und Entfaltung im kulturellen, religiösen, sprachlichen

[3] Zu dieser Einschränkung staatlicher Souveränität durch internationale Kooperationszwänge s. exemplarisch A. Bleckmann, Das Souveränitätsprinzip. In: B. Simma (Hrsg.), Charta der Vereinten Nationen. Kommentar (1991), nach Art. 2 Ziff. 1, Rdnr. 29ff.; zur Durchbrechung des Grundsatzes der Impermeabilität (Trennung eines Raums des Völkerrechts und des Landesrechts) durch die zunehmenden internationalen Kooperationspflichten vgl. Bleckmann, Souveränitätsprinzip. Ebd., Rdnr. 37ff.

oder sonst geschichtlich gewordenen sozialen Bezugsrahmen, dem wir je zugehören, mehr in den Vordergrund. Der so definierte Personenkreis mag sich mit dem Staatsvolk eines aktuell bestehenden »souveränen« Staates decken; das Recht nach eigener Bestimmung der innern politischen Angelegenheiten fließt dann zwanglos aus dem völkerrechtlichen Staats- oder Souveränitätsbegriff. Das heutige Völkerrecht befaßt sich aber auch mit der Selbstbestimmung von *Minderheiten innerhalb* der Staaten: Es geht um das Recht, die spezifischen (religiösen, sprachlichen, politischen) Eigenarten zu bewahren und zu pflegen und von der Majorität des Staatsvolks darin respektiert zu werden[4]. Weil dieses Recht auf Bewahrung der Eigenarten sich mit Forderungen zur Einhaltung allgemeiner Menschenrechte decken kann, erscheint es als sinnvoll, daß dieses Recht an vorder-

[4] Dieses Selbstbestimmungsrecht nahm seinen modernen Anfang Ende des Ersten Weltkrieges, insbesondere mit dem durch den Völkerbund institutionalisierten Minderheitenschutz. Als schutzwürdig wurden damals ethnische Volksgruppen betrachtet, die zwar einen Teil des Staatsvolks im Sinne der Staatsangehörigkeit bildeten, sich aber von der großen Mehrheit der Mitglieder des Staatsverbandes durch besondere Eigenarten unterschieden. Die nach dem Zweiten Weltkrieg im Rahmen der Ziele der Vereinten Nationen vollzogene sinngemäße Gleichstellung der Kolonialvölker während des Dekolonialisierungsprozesses bedeutete nach K. Doehring »eine Erweiterung des Selbstbestimmungsrechts, denn die Bevölkerung der Kolonien war weder ethnisch homogen noch eine Minderheitengruppe auf dem Territorium des geschlossenen Staatsgebietes«; Karl Doehring, Das Selbstbestimmungsrecht der Völker. In: B. Simma (Hrsg.), Charta der Vereinten Nationen. Kommentar (1991), nach Art. 1, Rdnr. 28. – Das »Selbstbestimmungsrecht« (auch) im Sinne des Schutzes von Minderheiten in einem ethnisch fremden Staatsverband ist nach der Auflösung kommunistischer Regime in Ost- und Mitteleuropa erneut höchst aktuell geworden. Zu den heutigen vielfältigen Aspekten des Selbstbestimmungsrechts vgl. Doehring, Selbstbestimmungsrecht. Ebd., Rdnr. 1 ff.; Stefan Oeter, Selbstbestimmungsrecht im Wandel. In: Zeitschrift für ausländisches öffentliches Recht und Völkerrecht 52 (1992) 3–4, S. 74 ff.; Horst Hannum, Autonomy, sovereignty, and self-determination. The accomodation of conflicting rights. Philadelphia 1990; Christoph Gusy, Selbstbestimmung im Wandel. In: Archiv des Völkerrechts 30 (1993) 4, S. 385 ff.

ster Stelle in den UNO-Menschenrechtspakten festgehalten ist[5].

Es ist umstritten, wann das beschriebene Selbstbestimmungsrecht von Minderheitengruppen vom defensiven Anspruch auf Respektierung der Eigenart einer Minderheit durch die Mehrheit in einen offensiven Charakter etwa im Sinne eines Rechts zur (notfalls gewaltsamen) Loslösung aus dem bestehenden Staatsverband (Sezession) umschläg[6]. Das Sezessionsrecht wird juristisch etwa bejaht, wenn die ethnische Gruppe von der herrschenden Staatsgewalt in einer Art behandelt wird, die evident und eklatant eine Verletzung fundamentaler Menschenrechte bedeutet[7]. In der neueren Literatur wird ferner diskutiert, wieweit sich die Ausübung des Sezessionsrechts durch Beachtung des Demokratieprinzips (das z.B. die Durchführung von Referenden fordern kann) legitimieren müsse[8]. Im Rahmen einer *föderalen*

[5] Siehe Art. 1, 18 und 27 des UNO-Pakts über die bürgerlichen und politischen Rechte von 1966 sowie Art. 1 des UNO-Pakts über wirtschaftliche, soziale und kulturelle Rechte von 1966.

[6] Ob sich aus dem Selbstbestimmungsrecht der UNO-Charta und UNO-Konventionen oder aus Völkergewohnheitsrecht ein Sezessionsrecht ableiten lasse, ist kontrovers: Die völkerrechtliche externe Selbstbestimmung z.B. durch Sezession ist jedenfalls nur eine Form der Verwirklichung des Anspruchs auf Minderheitenschutz. Auf andere Formen der Realisierung kultureller Selbstbestimmung von Minderheiten (z.B. durch Einräumung bestimmter Autonomiestatute, Garantie von Sprachen-, Kultus- und anderen grundrechtlichen Freiheiten, Diskriminierungsverbote) ist hier nicht einzugehen; vgl. z.B. Yael Tamir, The right to national self-determination. In: Social Research 58 (1991) 3, S. 565ff., insb. 588; Patrick Thornberry, Selfdetermination, minorities, human rights. A review of international instruments. In: International and Comparative Law Quarterly 38 (1989), S. 867ff., insb. 884ff.; Luzius Wildhaber, Menschen- und Minderheitenrechte in der modernen Demokratie. Basler Universitätsreden 88. Basel 1992, S. 17f.

[7] Etwa durch Hinrichtung oder unbegrenzte Einsperrung ohne Gerichtsverfahren, Auseinanderreißen von Familien, Enteignung ohne Rücksicht auf das Existenzminimum, Verbot der Religion oder der Sprache und die Durchsetzung dieser Verbote mit brutalen Mitteln; s. Doehring, Selbstbestimmungsrecht (Anm. 4), Rdnr. 40.

[8] Überblick über den Diskussionsstand bei Doehring, Selbstbestimmungsrecht (Anm. 4), Rdnr. 49ff.; vgl. ferner auch Oeter, Selbstbestimmungsrecht (Anm. 4), S. 3ff.

Struktur hat die Trennung des Kanton Jura vom Kanton Bern in den Jahren 1947–1979 Möglichkeiten (fast) gewaltloser Verfahren der Realisierung des offensiv verstandenen Selbstbestimmungsrechts aufgezeigt[9]. – Ob eine politische Einheit sich als fähig erweist, mit Minderheiten förderlich umzugehen, ist zentraler Prüfstein ihres demokratischen Charakters.

II. Grundkonsens und Verfassung

1. Grundkonsens als Bedingung demokratischer Ordnung

Das hier vertretene normative Konzept der Demokratie beruht auf der Prämisse der *Gleichwertigkeit* der Menschen, wie sie in den Gewährleistungen der Menschenwürde und der Rechtsgleichheit in den Verfassungsstaaten der Neuzeit verankert ist. Kant hat diese Prämisse in einem Kernsatz der klassischen Philosophie formuliert: »Der Mensch (...) existiert als Zweck an sich selbst, nicht bloß als Mittel zum beliebigen Gebrauche für diesen oder jenen Willen.«[10] Dar-

[9] Vgl. zum Ganzen H.-J. Harder, Der Kanton Jura. Ursachen und Schritte zur Lösung eines Schweizer Minderheitenproblems. 1978; P. Gilg und P. Hablützel in: Ulrich Imhof (Hrsg.), Geschichte der Schweiz und der Schweizer. Bd. 3, Basel 1983, S. 288ff.

[10] Kant, Grundlegung, S. 59f. Darin liegt auch die Geltung des Kategorischen Imperativs begründet. »Gesetzt aber, es gäbe etwas, dessen Dasein an sich selbst einen absoluten Wert hat, was, als Zweck an sich selbst, ein Grund bestimmter Gesetze sein könnte, so würde in ihm, und nur in ihm allein, der Grund eines möglichen kategorischen Imperativs, d.i. praktischen Gesetzes, liegen« (S. 59). Im späteren Werk Kants, im Entwurf ›Zum ewigen Frieden‹, wird deutlich, daß das in der ›Grundlegung zur Metaphysik der Sitten‹ entwickelte Vernunftgesetz auch »allein, was unter Menschen Rechtens ist, bestimmt« (S. 240f.). Die im ersten Definitivartikel zum ›Ewigen Frieden‹ vorgestellte republikanische Verfassung ist nach dem Grundsatz der Gleichheit der Menschen als Staatsbürger von allen gestiftet und bringt die Abhängigkeit aller von einer einzigen Gesetzgebung zum Ausdruck. »Rechtliche Freiheit (ist) die Befugnis, keinen äußeren Gesetzen zu gehorchen, als zu denen ich meine Beistimmung habe geben können« (S. 204 in Anm.).

aus folgt die »Idee der Würde eines vernünftigen Wesens, das keinem Gesetze gehorcht als dem, das es zugleich selbst gibt. Im Reich der Zwecke hat alles entweder einen Preis, oder eine Würde. Was einen Preis hat, an dessen Stelle kann auch etwas anderes, als Äquivalent, gesetzt werden; was dagegen über allen Preis erhaben ist, mithin kein Äquivalent verstattet, das hat eine Würde.«[11]

Nimmt man das Prinzip der Menschenwürde ernst, hat dies auch fundamentale politische Konsequenzen[12]: Kant selber hat sie dadurch gezogen, daß er mit der Denkfigur des Vertrages politische Ordnung auf das Einverständnis aller gründet[13]. In der Tat: Was Zweck an sich selbst ist,

Dem stellt Kant die nicht-republikanische Verfassung gegenüber, in der »das Oberhaupt nicht Staatsgenosse, sondern Staatseigentümer ist« (S. 204), der etwa von »den Drangsalen des Krieges«, die ein staatlicher Beschluß nach sich zieht, nicht betroffen ist, so daß der Entschluß zum Krieg »die unbedenklichste Sache von der Welt ist« (S. 206).

11 Kant, Grundlegung, S. 67f. – Die meisten Verfassungen des westlichen Kulturkreises gewährleisten – explizit oder inplizit – das Prinzip der Menschenwürde. In ihrer Garantie liegt der Kern und Ansatzpunkt der Grundrechte des demokratischen Verfassungstaates; vgl. zur Rechtsprechung des schweizerischen Bundesgerichts etwa Müller, Grundrechte, S. 1–6; zur Rechtsprechung des deutschen Bundesverfassungsgerichts statt vieler Böckenförde, Recht, Staat, Freiheit, S. 91 mit weiteren Hinweisen. Auch in der Rechtsprechung des US-Supreme Court nehmen die »Concepts of dignity, humanity and decency« in der Auslegung der Bill of Rights eine Schlüsselposition ein; vgl. aus der neuesten Rechtsprechung Hudson v. Mc Millan, The United States Law Week, 25. Feb. 1992, S. 4151ff. (60 LW 4151ff.). –

12 Zur heutigen Aktualität des Bemühens, aus der Kategorie »Menschenwürde« konkrete Schlußfolgerungen auch für die politische Mitwirkung aller betroffenen Menschen als Subjekte im Gemeinwesen zu ziehen vgl. z.B. Peter Häberle, Die Menschenwürde als Grundlage der staatlichen Gemeinschaft. In: Handbuch des Staatsrechts der Bundesrepublik Deutschland. Hrsg. v. H. Isensee u. P. Kirchhoff. Bd. 1, Heidelberg 1987, S. 815ff., 818ff. und 848ff.

13 Zur Vertragsidee Kants siehe unten S. 42ff. Die Forderung Kants, daß jeder Mensch immer auch als Zweck an sich selbst behandelt werden soll, impliziert auch nach Ingeborg Maus, Zur Aufklärung der Demokratietheorie. Frankfurt a.M. 1992, S. 124 die Anerkennung jedes Menschen als autonomes, selbstgesetzgebendes Wesen. Dieser Gedanke begründe in der Rechts- und Staatsphilosophie die Autonomie der juri-

widersetzt sich fremder Zwecksetzung. Wer sonst soll den dem Menschen zukommenden Zweck ausdrücken, wenn nicht dieser selbst? Wird die hier angesprochene Mündigkeit gelebt, bleibt kein Raum für festgelegte Menschenbilder, die den Menschen zum Objekt einer statischen Vorstellung machen, statt ihn als Subjekt seines eigenen Lebensentwurfs und als lebendigen Gestalter seines sozialen Umfelds anzuerkennen.

Für die hier im Vordergrund stehenden Fragen politischer Entscheidbildung ist zentral: Kein Einzelner und kein Typus von Mensch und keine Gruppe ist maßgeblicher als andere für das, was Menschlichkeit ausmacht: Es gibt keine objektiven Indizien dafür, daß irgendeine Person oder Gruppe besser als irgendeine andere weiß, was für alle gut ist. In einem demokratischen Kontext bildet die Gleichwertigkeit aller den normativen Kern der Gleichheit. Für die Gestaltung einer Rechtsordnung, in der kein grundsätzlicher Vorrang von Einzelnen oder Gruppen besteht, ist darum unerläßlich, daß die Anliegen aller miteinander vermittelt werden. Die Richtigkeit (Legitimität) der politischen und rechtlichen Ordnung beurteilt sich nach der Qualität der Verständigung, die alle konkret Betroffenen auch in ihrer Einmaligkeit und Besonderheit zum Zuge kommen läßt.

Demokratie ist nicht in einer Wertordnung oder vorgegebenen Staatsgewalt gesichert, sondern sie muß die Voraussetzungen ihrer Wirklichkeit, Geltung und Legitimität immer wieder selbst hervorbringen. Sie ist damit in der Tat

dischen Selbstgesetzgebung des Volkes (Volkssouveränität). Entgegen traditionelleren Interpretationen, welche in Kant einen Vertreter obrigkeitsstatlichen Denkens sehen, hebt Maus den demokratischen Gehalt der politische Theorie Kants hervor. Die Spannung zwischen der Duldung des vorgefundenen Obrigkeitsstaates und der Verpflichtung zur vernünftigen Veränderung im Sinne der Vertragskonzeption habe Kant durch Favorisierung der Reform gegenüber der Revolution gelöst; letztere laufe nach Kant stets Gefahr, den Menschen für ihre Zwecke zu instrumentalisieren. – Zur »Vereinigung von praktischer Vernunft und souveränem Willen, von Menschenrechten und Demokratie« als Pointe von Kants Überlegungen zur Selbstgesetzgebung s. auch Habermas, Faktizität und Geltung, S. 610f.

einem hohen Risiko des Scheiterns ausgesetzt[14]; dieses Risiko verschärft sich, wenn es verdrängt wird, und andererseits kann es auf seine realen menschlichen Dimensionen reduziert werden, wenn der Umgang mit ihm als Aufgabe sozialer Daseinsbewältigung erkannt und ernstgenommen wird, bei allem Wissen um die beschränkte Erfahrens- oder Erkenntnismöglichkeit und Gestaltungskraft menschlicher Vernunft. Die hier vertretene Demokratietheorie geht von einer normativen Prämisse aus: Ihr für alle verpflichtender Gehalt kann in einer säkularen Gesellschaft weder theologisch noch sonst metaphysisch oder transzendental begründet werden, sondern muß ihre Geltung aus einer elementaren Zustimmung aller ziehen. Dieser *Grundkonsens* ist weder lediglich ein normatives Prinzip noch bloßer Erfahrungswert; er entspricht einer grundlegenden Haltung des Vertrauens in die Ansprechbarkeit (Diskursbereitschaft) und Gewaltlosigkeit der Mitglieder der Rechtsgemeinschaft und einem praktizierten Stil des Umgangs in der Lösung von politischen Fragen, der dieses Vertrauen immer wieder rechtfertigt. Er kann nicht vorgetäuscht werden, etwa in einem Verfassungstext, sondern lebt von der Authentizität einer öffentlichen Praxis der Problem- und Konfliktlösung einer konkreten politischen Gemeinschaft[15]. Dieser für die Demokratie notwendige Grundkonsens[16] über die gleiche

[14] Dieses Risiko einer auch in den Grundwertungen letztlich nur konsensual geeinten Rechtsgemeinschaft führt Arthur Kaufmann zum Rückgriff auf eine »inhaltliche« Ethik, die er als negativen Utilitarismus charakterisiert; vgl. Arthur Kaufmann, Rechtsphilosophie in der Nach-Neuzeit. 2. Aufl., Heidelberg 1992, S. 50f.

[15] In diesem Sinn betont auch Albrecht Wellmer – in Abgrenzung zur abstrakten Vertragskonstruktion John Rawls' – den geschichtlichen Charakter des Grundkonsenses: »In Wirklichkeit können wir nämlich, abgesehen vom Konsensprinzip selbst, den Inhalt eines solchen Grundkonsenses nicht a priori konstruieren, da er als ein praktisches Verhältnis zwischen den Individuen nur aus deren konkreter geschichtlicher Situation hervorgehen könnte.« Albrecht Wellmer, Praktische Philosophie und Theorie der Gesellschaft. Konstanz 1979, S. 36.

[16] Auch John Rawls erachtet – unter Anerkennung des historischen und gesellschaftlichen »Faktums des Pluralismus« – einen »übergreifenden Konsens« bezüglich einer für alle verbindlichen Gerechtigkeitskonzeption für eine legitime politische Ordnung als unerläßlich; vgl. John Rawls, Der Gedanke des übergreifenden Konsenses. In: Ders., Die Idee

Maßgeblichkeit aller Menschen in der Bestimmung der sie betreffenden Rechtsordnung ist also keine kollektive Wesenheit, hat keinen ontologischen Charakter; er lebt von der permanent aktuellen Einigung darüber, notwendige Aufgaben der kooperativen Daseinsgestaltung und gemeinschaftsbedrohende soziale Konflikte durch Verständigungsverfahren und nicht durch Gewalt oder Manipulation zu lösen. Notwendig ist die Bereitschaft, eigene Ansprüche, Interessen und Überzeugungen in authentischen Äußerungen offenzulegen, in den Entscheidverfahren auch die Perspektive der andern einzunehmen und zu prüfen, ob diese eine vorgeschlagene Lösung annehmen könnten, mit anderen Worten: ob sie zumutbar sei[17].

Der Demokratie stellen sich folgende grundlegende Aufgaben: a) die Ausgestaltung von Verfahren der Regelbildung, die für alle annehmbar sind, weil sie gleiche Chancen der Äußerung und des Gehörtwerdens sicherstellen; sodann b) die Schaffung gesellschaftlicher Strukturen, die einer Realisierung solcher Chancengleichheit förderlich sind (z.B. durch Sicherung des materiellen Existenzminimums), da erst auf dieser Grundlage von kommunikativer Freiheit sinnvollerweise gesprochen werden kann; und schließlich c) die Förderung einer Qualität des politischen Umgangs, die durch Authentizität der Äußerungen jenes Vertrauen in die Verbindlichkeit von Diskursbereitschaft langfristig erst bewirken kann, das die Grundlage für einen verläßlichen Gewaltverzicht schafft. Der soziale Gewinn einer solchen demokratischen Ordnung – ein Aspekt ihrer immer wieder zu gewinnenden und zu bewahrenden Legitimität – ist die Chance, daß es für alle Betroffenen »gute Gründe« gibt, die aus den demokratischen Verfahren hervorgegangenen Normen zu befolgen, da sie unter – zumindest – annehmbaren Bedingungen entstanden sind und in ebenbürtigen Verfahren in Frage gestellt werden können. Der geschilderte

des politischen Liberalismus. Frankfurt a.M. 1992; zum Gehalt dieses Konsenses vgl. im einzelnen ebd., S. 307ff. sowie unten S. 50f.

[17] Zur Zumutbarkeit oder Angemessenheit von Normen für Betroffene als Kriterium der Konsensfähigkeit vgl. beispielsweise Habermas, Revolution, S. 122; Ders., Erläuterungen, S. 114f.; Ders., Faktizität und Geltung, S. 148.

Grundkonsens ist nie abschließend gesichert, sondern bedarf ständiger Erneuerung und argumentativer Aufarbeitung, wo er brüchig zu werden droht, z. B. weil sich einzelne Minderheiten konstant übergangen fühlen[18].

> Ähnlich charakterisiert Albrecht Wellmer den Grundkonsens: Er umfaßt die Prinzipien diskursiver Willensbildung, aber auch Regeln über den Umgang mit unauflösbaren Dissensen: »(...) die fortdauernde Existenz dieses Grundkonsenses zu unterstellen heißt daher zugleich zu unterstellen, daß die Dissentierenden in ihren Grundrechten sich anerkannt wissen«[19].

Der Entscheid für Demokratie verlangt den anspruchsvollsten Konsens, der einer Rechtsgemeinschaft zugemutet werden kann. Jede Form der Ordnung des Soziallebens, die sich prinzipiell mit permanenter Herrschaft und Unterordnung von Menschen abfindet, geht – verglichen mit dem Aufwand demokratischer Konsensbildung – einfachere, ich würde sagen: billigere, aber weniger humane Wege. Jede normative Sozialordnung, die sich grundsätzlich in ihren Wertordnungen und Verfahren mit hierarchischen Strukturen und ihrem teilweise entmündigenden Charakter zufriedengibt, läßt sich durch Manipulation und Befehlsgebaren – jedenfalls kurzfristig – effizienter realisieren als demokratischer Konsens, der sich als Grundlage sozialer und rechtlicher Ordnung in einer täglichen menschlichen Praxis einspielen muß und der Pflege in einer politischen Kultur bedarf; zu seiner Voraussetzung gehört die Schaffung berechtigten Vertrauens unter allen Mitgliedern darauf, daß die Gemeinschaft mit ihren Institutionen und der Grundhaltung ihrer Mitglieder dafür bürgt, daß Gewaltverzicht und Diskursbereitschaft auf die Dauer honoriert werden.

[18] Zum Minderheitenschutz siehe v. a. unten S. 149ff., 172f., 198f., 216.

[19] Wellmer, Praktische Philosophie (Anm. 15), S. 36; vgl. auch Rhinow, Grundprobleme, S. 250ff.

2. Konkretisierung des Grundkonsenses in der Verfassung

Der demokratische Grundkonsens findet Gestalt in realen zwischenmenschlichen Kommunikationsprozessen[20]. Sie sind auf die Einbettung in einer Kultur angewiesen, wo sie in realen Akten des öffentlichen Zusammenlebens die grundsätzliche Entscheidfindung über die verständigungsorientierte Konflikt- und Problemlösung immer wieder ratifizieren und damit glaubwürdig und legitimitätsstiftend halten.

Die Verfassung kann Voraussetzungen für solche Prozesse sicherstellen und damit gleichsam Gefäße zur andauernden Aktualisierung des Grundkonsenses schaffen. Für eine demokratische Ordnung unerläßlich sind Grundrechte der Gleichheit, der Teilhabe an den konsensbegründenden Diskursen (Meinungsfreiheit, Stimm- und Wahlrecht) sowie die Sicherung der materiellen Voraussetzungen, die jene Teilhabe erst ermöglichen. Unverzichtbar ist ferner das Verbot von Gewalt und einer Manipulation, die Menschen für Zwecke der Machtentfaltung nur instrumentalisiert und sie nicht auch je als Zweck an sich selbst ernst nimmt[21]. Die Garantien der Kommunikationsfreiheiten müssen auch aus der nicht organisierten Öffentlichkeit spontane Meinungsäußerungen zulassen, damit in den politischen und rechtlichen Diskursen keine Argumente und Impulse ausgeschlossen werden.

[20] Darin unterscheidet sich der hier vertretene diskurstheoretische Ansatz von der – etwa bei John Rawls beschriebenen – Vorstellung einer unparteilichen Beurteilung der Vor- und Nachteile, die eine Regel für alle Betroffenen zur Folge haben würde. Da die Perspektive eines idealen, unparteilichen Beobachters nicht verfügbar ist, müssen in der Demokratie Gerechtigkeitsfragen durch Verarbeitung konfligierender Interessen in Diskursen zwischen Teilnehmerinnen und Teilnehmern, die zur Übernahme der Perspektiven der andern fähig sind, gelöst werden; zur Gerechtigkeitstheorie von John Rawls vgl. unten S. 44f. – Daß wir die Richtigkeit von Handlungen nicht extern beurteilen können, sondern uns ihrer als Teilnehmer von Interaktionen vergewissern müssen, ist eine zentrale Aussage der Diskursethik; siehe dazu unten S. 53f.

[21] Vgl. dazu Jörg Paul Müller, Materiale Schranken der Verfassungsrevision. In: Y. Hangartner u. S. Trechsel (Hrsg.), Völkerrecht im Dienste des Menschen. Festschrift für Hans Haug. Bern, Stuttgart 1986, S. 195ff., insb. 201ff.

Das Verhältnis der elementaren Verfassungsordnung zum Grundkonsens ist dialektisch zu sehen: Grundrechte und die grundlegenden verständigungsorientierten Entscheidverfahren leben als Institutionen des positiven Rechts vom fundamentalen, in Gesellschaft und Kultur verankerten Konsens ihrer Notwendigkeit; zugleich sichern diese Gewährleistungen der Verfassung den Raum, in dem ständig Legitimität erzeugt wird. Grundrechte öffnen das Feld, in dem sich ein öffentliches Bewußtsein und damit einhergehend eine politische Praxis ausbilden können, die dem Fundament der Verfassung erst Leben und Glaubwürdigkeit geben und in dieser Weise auch die von ihr erhoffte Integrationswirkung sicherstellen[22]. Die Verfassung ist in ihrem demokratischen Kern sowohl Ergebnis des Grundkonsenses der Rechtsgemeinschaft als auch Voraussetzung seiner permanenten Aktualisierung.

Mit der Verfassung teilt der Grundkonsens die Tatsache, daß beide letztlich nicht gesichert sind; bei beiden ist existentiell notwendig, daß die Voraussetzungen ihrer Geltung immer wieder reflektiert[23] und nicht als selbstverständlich oder naturwüchsig verstanden, sondern in ih-

[22] Ähnlich etwa auch Dieter Grimm in: Staatslexikon. 7. Aufl., Bd. 5, Freiburg, Basel, Wien 1989, Sp. 636: Die Verfassung kann »den für jede Gesellschaft bestandesnotwendigen Konsens über Art und Form ihrer Einheit stabilisieren (...) Daher muß über Verfahren und Ziel der Einheitsbildung Einverständnis hergestellt werden, wenn nicht Dauerkampf und Desintegration herrschen sollen. Dieser Konsens darf nicht mit der Verfassung gleichgesetzt werden. Er geht ihr zeitlich voraus und ist nicht auf die Form der Verfassung angewiesen. Sie gibt ihm aber Ausdruck. Ihre Bedeutung liegt darin, daß sie den Konsens von der Entstehungssituation und den beteiligten Personen ablöst und ihm Verbindlichkeit, Dauer und Bestimmtheit verleiht. Auf diese Weise läßt sich der mögliche Dissens über den Konsens vermindern und der politische Prozeß von einer permanenten Diskussion über Verfahren und Ziele der Einheitsbildung entlasten.« Siehe auch unten S. 49f. zum dialektischen Charakter der Grundrechte.

[23] Das heißt für den gesellschaftlich-staatsrechtlichen Bereich auch, daß die Pluralität der Meinungen und Gegenmeinungen immer wieder Ausdruck finden muß, so daß auch Dissense sichtbar gemacht und neue Einverständnisse gesucht werden können.

rer geschichtlichen Aufgegebenheit ernstgenommen werden[24].

Ein legitimierender Grundkonsens ist ferner vital abhängig von der Transparenz der politischen und rechtlichen Institutionen als Voraussetzung ihrer Kritik, Problematisierung und Erneuerung. Die als Grundkonsens bezeichnete Einigung über Diskursbereitschaft und Gewaltverzicht muß sich weiter in der Ausgestaltung von Verfahren der institutionalisierten Entscheidfindung bewähren, in der Einrichtung repräsentativer Diskursforen für bestimmte Sachbereiche, in der Organisation von Wahlen und Abstimmungen mit der Gewährleistung der Chancengleichheit von einzelnen und von Gruppen usf.

III. Demokratie als Diskurs über menschliche Lebensbedürfnisse

1. Das »soziale Band« als Voraussetzung politischer Gestaltung

Die Frage nach der guten Ordnung des Gemeinwesens, welche Grundthema dieses Buches ist, stellt sich immer erst vor dem Hintergrund bereits bestehender Sozialverbände, in denen die Menschen gemeinsam Aufgaben der Lebensbewältigung zu lösen versuchen. Sowohl in den lebensgeschichtlichen Elementarbeziehungen (Eltern-Kind, Geschwister) als auch in den umfassenderen Verhältnissen sozialer Kooperation (kommunale Gemeinschaft, kulturelle Einheit, Nation) treten die Menschen nicht als rational motivierte isolierte Einzelne zueinander in Beziehung (entsprechend einem individualistisch verstandenen Vertragsprinzip), sondern sie stehen als Sozialwesen bereits in gegenseitigen Abhängigkeiten. Das Wissen um ein solches Aufeinander-Angewiesen-

[24] Dazu auch Grimm im Staatslexikon (Anm. 22): »Der gesellschaftliche Konsens, dem die Verfassung Verbindlichkeit verleiht, ist ja stets ein historischer Konsens, dessen Gegenwartsrelevanz davon abhängt, daß er für spätere Generationen anerkennungsfähig bleibt.« (Sp. 636).

sein, um ein unausweichliches Verbundensein im Prozeß der Lebensbewältigung ist Voraussetzung politischer Gestaltungen, in denen allein das Wohl der Einzelnen wie der Sozietät im ganzen in ihrer Interdependenz verwirklicht werden kann. Die immer schon gegebene Einbettung des Menschen in Intersubjektivität läßt sich auch am Phänomen der Sprache[25] illustrieren: Sie wird als *ein* Mittel der Kommunikation gleichsam als Raum vorgefunden, in dem sozialgestaltende Auseinandersetzungen und kooperative Einigungen erst möglich werden. Wer sich der Sprache entzieht, verläßt jene auch durch Sozialisation gefestigte Intersubjektivität, die jede menschliche Gemeinschaft notwendigerweise konstituiert. Sprache wird so zum Bild für einen normierenden und normierten Verständigungshorizont, innerhalb dessen sich spezifisch menschliche Handlungskoordination erst realisiert. Man kann in ihr den Keim jener Solidarität sehen, die auch bei sozialen Konflikten in einer menschlichen Gesellschaft gewahrt werden muß: des kommunikativen anstelle eines gewaltsamen Umgangs.

Diesen Gesichtspunkt gilt es zu bedenken, wenn wir später die Elemente einer zeitgenössischen Diskursethik[26] für eine demokratische Theorie des Politischen fruchtbar zu machen suchen. Es ist wenig bekannt, daß sich die Diskursethik – insbesondere in ihrer Ausprägung durch Jürgen Habermas – auf Solidarität als die »notwendige Kehrseite von Gerechtigkeit« bezieht. Diskursive Willensbildung (als Verfahren der Lösung von moralischen und Gerechtigkeitsproblemen) muß immer beiden Aspekten Rechnung tragen: »der Autonomie unvertretbarer Individuen (mit ihren Ansprüchen) *und* ihrer vorgängigen Einbettung in intersubjektiv geteilte Lebensformen«[27]. Mit andern Worten: Ohne die

[25] Mit George Herbert Mead verstehen wir hier Sprache in einem weiten, pragmatischen Sinn; der Schwerpunkt liegt auf einer intersubjektiven Praxis, die z.B. auch Gebärden einbezieht; dazu siehe Joas, Intersubjektivität, S. 113f., 134, 163. Hans Joas gilt als wichtigster Mead-Kenner des deutschsprachigen Raums; vgl. auch S. 30 und 54f. mit Anm. 61. – Zu den vielfältigen Kommunikationswegen zwischenmenschlicher Verständigung vgl. Max Baumann, Recht/Gerechtigkeit in Sprache und Zeit. Zürich 1991, S. 14ff.

[26] Dazu unten S. 56ff. und 145ff.

[27] Habermas, Erläuterungen, S. 73.

individuelle Freiheit mit der Möglichkeit zur eigenen Stellungnahme kann es so wenig zu Einverständnissen als Mittel zur Lösung sozialer Konflikte kommen wie »ohne die solidarische Einfühlung eines jeden in die Lage aller anderen«[28].

Bereits beim Sozialphilosophen George Herbert Mead findet sich der Gedanke der Solidarität als Grundlage von Gerechtigkeit. Ihr Anspruch ist, daß jeder das »Leid des Anderen als verpflichtenden Anspruch erkennt«. Zu erstreben ist darüber hinaus eine politische Organisation, in der die Benachteiligten nicht mehr als bloße Objekte von Fürsorge aufgefaßt werden, sondern als Subjekte, die durch eigene kommunikative Kompetenz ihre Bedürftigkeit politisch artikulieren können[29]. Demokratie zeichnet sich nach Mead dadurch aus, daß sie ihre Institutionen für kommunikative Änderungen offenhält, keine gesellschaftliche Struktur als unaufgebbar und unabänderlich erklärt und vernünftige Einigungsverfahren zur Beseitigung von Ungerechtigkeiten und Benachteiligungen sicherstellt[30]. Solche Solidarität lebt nicht nur von rationaler Einsicht, sondern wird wohl erst wirksam, wenn sie auch von einem gefühlsmäßigen Erleben mitmenschlicher Zusammengehörigkeit mitgetragen ist. Elementare Existenzsicherung (Nahrung, Obdach, Kleidung, soziale Anerkennung als Mitmensch) erscheint als Grundlage demokratischer Prozesse, auf der erst die Äußerung differenzierterer Bedürfnisse möglich wird.

2. Offener Freiheitsbegriff der Demokratie

Kennzeichen einer geschlossenen Gesellschaft ist ihr Verharren in den hergebrachten Strukturen und ihre mangelnde Anpassungsfähigkeit neuen Lebensumwelten gegenüber. Ihre Mitglieder erleben Sozialität als eine nicht zu ändernde, wie naturgesetzlich bestimmte Ordnung der Dinge.

[28] Habermas, Erläuterungen, S. 73; ähnlich Habermas, Revolution, S. 121 f.

[29] Joas, Intersubjektivität, S. 136.

[30] Joas, Intersubjektivität, S. 137.

Die Kunst der Demokratie als immer wieder notwendige Bewegung von einer geschlossenen zum Ziel einer offenen Gesellschaft liegt darin, die für das menschliche Dasein und Zusammenleben unentbehrlichen stabilisierenden Elemente ernstzunehmen und sicherzustellen, dabei aber offen zu bleiben für die nicht fixierbaren Bedürfnisse, die sich aus den individuellen und kollektiven Lebensentwürfen ergeben, in denen die einzelnen ihre Identität suchen und finden können. Eine Sphäre persönlicher Lebensgestaltung abzusichern ist eine Hauptaufgabe der Grundrechte. Totalitäre Staaten zeichnen sich gerade dadurch aus, daß sie auch Kriterien individueller Gesinnung und Normen der Lebensführung festlegen, also das menschliche Leben in seiner Totalität ihrem Herrschaftsanspruch unterwerfen.

Zu einer offenen Gesellschaft gehört auch ein offener Freiheitsbegriff. Er ist nicht ausgenommen vom Lernprozeß, in dem sich eine demokratische Gemeinschaft stets befindet. Dabei geht es auch um die Macht, Freiheit zu definieren: Sie darf nicht denen überlassen werden, die im Namen herrschender Wertvorstellungen, einer politischen Mehrheit oder objektiv gültigen Wissens zu sprechen vorgeben; ebensowenig kann in der Demokratie ein z. B. nach herrschenden ökonomischen Vorstellungen definiertes Menschenbild verbindliches Maß der Freiheit sein. Weder eine Gruppe, noch eine Kultur, noch ein Geschlecht ist legitimiert zu definieren, was der Mensch sei; Humanität hat sich vielmehr im »Zusammenspiel alternativer Ausprägungen des Menschseins« zu realisieren[31].

3. Was heißt politische Partizipation?

Demokratische Politik sucht politische und rechtliche Ordnung ständig an konkreten Lebensbedürfnissen zu orientieren und bedarf somit andauernder Mobilisierung durch Menschen, die entsprechende Anliegen im politischen Prozeß formulieren und die offen sind für die Nöte, Bedürfnisse und Lebensentwürfe anderer. Für solche Lebensinteressen

[31] Gernot Böhme, Philosophie als Arbeit. Philosophische Anmerkung. In: NZZ Nr. 92 (1991), S. 24.

stellt die demokratische Ordnung keine apriorische Bewertung zur Verfügung; aus dem Gedanken der Diskursgemeinschaft ergibt sich jedoch notwendig eine Priorität für das Anliegen, die Diskursfähigkeit aller auch in sozialer und ökonomischer Hinsicht und die Diskursmöglichkeiten im gesellschaftlichen Ganzen strukturell zu sichern.

Freiheit gewinnt also in der Demokratie nur konkreten Gehalt aus der diskursiven Auseinandersetzung aller betroffenen Menschen, die ihre eigenen verbindlichen Lebensinteressen – wie z. B. das Bedürfnis nach materieller Sicherung, nach Raum und Institutionen für individuelle und gemeinschaftliche Entfaltung, aber auch nach Ruhe, unversehrten Landschaften usf. – einzeln oder in Gruppen geltend machen. Gelingt dies nicht, droht der demokratische Diskurs eigengesetzlich oder von gut organisierten oligarchischen Gruppierungen mit ihren Sonderinteressen absorbiert zu werden und sich damit vom pluralistischen Substrat der Diskursgemeinschaft zu entfremden[32]. In diesem Sinn erweist sich auch der persönliche (in der eigenen Weltsicht, dem Gewissen, der religiösen Überzeugung begründete) Entscheid zu einer bestimmten Lebensführung als eigentliches Ferment demokratischer politischer Ordnung; hierin liegt auch die politische Tragweite von primär individualistisch begründeten Grundrechten wie Gewissens-, Weltanschauungs- oder Glaubensfreiheit.

Die radikale Garantie der Glaubensfreiheit in frühen nordamerikanischen Staatsverfassungen und im ersten Amendment der US-Verfassung war in einer Zeit, da für viele die Frage der Religion im Zentrum der Lebensführung stand, eine aus historischer Erfahrung genährte Absage an ein Staatskirchentum, das Normen religiöser Gesinnung und Praxis oktroyierte, und der Wille zur Verwirklichung eines Gemeinwesens, in dem unkonventionelle Glaubensinhalte ohne staatliche Interventionen gelebt werden konnten.

Die veränderten Bedingungen, Möglichkeiten und Be-

[32] Zur Strukturierung des politischen Willensbildungsprozesses durch Parteien, Verbände und andere Organisationen s. unten, S. 193ff., insb. S. 195.

drohungen der Existenz in der Gegenwart lassen die Gestaltung des eigenen Lebens auf neue Weise zu einer aktuellen Grundfrage der Demokratie werden. Es geht darum, die Sorge für das Besondere des eigenen Lebens wahrzunehmen[33] und dieses nicht den Maßstäben einer Allgemeinheit zu überlassen, die mit Konsum- und umfassenden Versicherungsangeboten auch zu entmündigen droht. Die Erwartung gegenüber dem administrativen System auf Versorgung sogar mit »Unterhaltung«[34] und auf Vermittlung von Lebenssinn, läuft Gefahr, in regressive Willfährigkeit gegenüber einem Apparat auszumünden, der die entsprechenden Leistungen in Aussicht stellt[35]. In gleicher Richtung wirkt die Bereitschaft, die das Ganze durchziehenden Wirtschaftsmechanismen der Verantwortung führender Eliten zu überlassen, solange sie die Erfüllung der Konsumbedürfnisse und entsprechender Lebensstile garantieren, die ihrerseits innerhalb dieser Mechanismen – etwa mittels Werbung – mitdefiniert werden.

Diese Analyse darf nicht die dringenden Aufgaben sozialer Sicherheit und sozialen Ausgleichs bagatellisieren; vielmehr wird, wenn man die Bedeutung eigener Lebensgestaltung anerkennt, die Pflicht sichtbar, Solidarität im

[33] Dies kommt zentral in Foucaults »Sorge um Sich« zum Ausdruck, die im Spätwerk in den Vordergrund tritt; vgl. Wilhelm Schmid, Auf der Suche nach einer neuen Lebenskunst. Die Frage nach der Neubegründung der Ethik bei Foucault. Frankfurt a.M. 1991; vgl. z.B. auch Rainer Forst, Die Sorge um das Selbst bei Heidegger und Foucault. In: E. Erdmann u.a. (Hrsg.), Ethos der Moderne. Foucaults Kritik der Aufklärung. Frankfurt a.M., New York 1990, S. 146–186; Wilhelm Schmid (Hrsg.), Denken und Existenz bei Michel Foucault. Frankfurt a.M. 1991, insb. S. 181–219: Mit dem Entwurf einer Haltung, mit dem sich das Selbst zur Führung des eigenen Lebens entschließt, erhöht sich die Chance, dem Zugriff der herrschenden Normen und Konventionen Widerstand zu leisten, wo diese lebensbehindernd werden, und Wagnisse des Anderslebens und Andersdenkens einzugehen.

[34] Die schweizerische Bundesverfassung hält in Art. 55bis im staatlichen Leistungsauftrag für das Radio- und Fernsehsystem auch die Versorgung mit »Unterhaltung« fest.

[35] Zu den politischen Konsequenzen eines Lebensstils, der sich mit Selbstverständlichkeit in diese neuen Abhängigkeiten einfügt, vgl. Klaus Horn, Psychoanalyse und gesellschaftliche Widersprüche. In: Psyche (1976), S. 30f.

Politischen so zu gestalten, daß sie auch die Bedürftigen (z.B. im Gesundheitswesen) als Subjekte ernst nimmt und nicht als Objekte bevormundet.

Politische Partizipation könnte im Alltag mit der Wiederentdeckung der Frage nach der Authentizität eigener Bedürfnisse beginnen[36]. Die Kunst, das eigene Leben nach diesen Bedürfnissen zu gestalten, erhält damit unweigerlich einen politischen Charakter. »Die Politik der Lebenskunst bedeutet die Konstituierung einer Mikropolitik«[37], aus der sich das Leben der Demokratie im Kern nährt. Demokratie ist ein menschliches Unternehmen, das sich in den Verfahren und im Vollzug der Verständigung über artikulierte Bedürfnisse und gelebte Daseinsentwürfe konkreter Menschen konstituiert. Demokratie lebt nicht nur von politischer Tätigkeit im herkömmlichen Sinn (Ausübung politischer Ämter, Parteipolitik u.a.) oder der Beteiligung an den institutionalisierten Verfahren der Entscheidbildung (Wahlen, Abstimmungen); diese kann – zur wenig reflektierten Routine geworden – sogar zur bloß rituellen Legitimierung bestehender politischer Mechanismen mit ihren eingewöhnten Machtverteilungen beitragen. Ihren Anteil an der Verwirklichung der Demokratie leisten auch diejenigen, die auf andere Weise existentiell erlebte oder aus Mitgefühl für das Schicksal anderer empfundene Lebensbedürfnisse im politischen Gemeinwesen geltend machen, sei es durch Ausdruck bestehender eigener oder fremder Notlagen oder auch nur durch Widerstand gegenüber dem Zugriff herrschender Normen und Konventionen, wo diese lebensbehindernd werden. Wesentlich bleibt die Bereitschaft zu gewaltfreier Auseinandersetzung, die getragen ist von der Einsicht in die Notwendigkeit eines solidarischen Umgangs unter verschiedenartigen Menschen.

[36] Alfred Schöpf sieht eine Bedingung gesellschaftlicher Kommunikation (auch als Grundlage demokratischer Politik) darin, daß »sich die Beteiligten selbst reflexiv über ihre unterdrückten Bedürfnisse verständigen (...). Dies kann nur gelingen, wenn den Mitgliedern der Kommunikationsgemeinschaft die eigenen Bedürfnisse erlebnismäßig präsent sind«. Alfred Schöpf, Stichwort ›Kommunikation‹. In: Otfried Höffe u.a. (Hrsg.), Lexikon der Ethik. 2. Aufl. München 1980, S. 130.

[37] Schmid, Auf der Suche (Anm. 33), S. 87.

4. Anerkennung des Besonderen und Anderen

Sieht man in den individuellen und kollektiven[38] Daseinsgestaltungen und den – gestützt darauf – artikulierten Lebensbedürfnissen den Kern der politischen Freiheit, bekommt diese als Grund und Ziel demokratischer Ordnung einen neuen konkreten Gehalt: Politische Freiheit kann in der heutigen pluralistischen Gesellschaft weniger denn je als ein allgemein Vorgegebenes verstanden werden, als etwas, das es nur zu bewahren oder als feststehende Größe zu erringen gälte[39]. Im weiten Feld gesellschaftlicher und politischer Auseinandersetzung sind die Konturen von Freiheit immer wieder neu zu ermitteln. Demokratische Freiheit lebt von ihrer Beanspruchung durch konkrete Menschen, die ihre partikularen, auch eigenartigen und nicht konventionellen Bedürfnisse artikulieren und im Schutz der Grundrechte (Meinungsfreiheit, Versammlungs- und Vereinsfreiheit) individuell und kollektiv in den politischen Prozeß einbringen. Wesentlich ist, daß Konflikte in Erscheinung treten, Dissense über heterogene Lebensentwürfe akzeptiert werden[40] und gleichwohl der Versuch unternommen wird, miteinander behutsam, d.h. unter Achtung der gegenseitigen Lebenswelten, umzugehen[41]. In einer Demokratie, die persönliche Freiheit und damit das Partikulare ernst nimmt, sind Beson-

[38] Die Freiheit eigener kollektiver Lebensgestaltung äußert sich z.B. in der Wahl gemeinschaftlicher Lebensformen oder in der Bildung von Selbsthilfegruppen zur Bewältigung und Artikulation spezifischer persönlicher Bedürfnisse.

[39] »Daß ich nach Freiheit frage, entspringt nicht daher, daß sie mir als Begriff vorkäme, dessen Gegenstand ich erkennen möchte (...). Die Frage, ob sie sei, hat ihren Ursprung in mir selbst, der ich will, daß sie sei.« Karl Jaspers, Philosophie, Bd. 2, S. 175.

[40] In diese Richtung zielen politische Grundanliegen der sog. philosophischen Postmoderne; vgl. z.B. Wolfgang Welsch, Weisheit in einer Zeit des Widerstreits. In: H. Holzhey u. J.-P. Leyvraz (Hrsg.), Philosophie und Weisheit. Bern, Stuttgart 1988, S. 112; Frank Fechner, Politik und Postmoderne. Wien 1990, S. 59ff.

[41] Von dieser Aufgabe her bestimmt Görg Haverkate, Verfassungslehre. Verfassung als Gegenseitigkeitsordnung. München 1992, S. 143, die Funktion der Verfassung: »Die Verfassung ist konsentierte Dissensgrundlage. Sie bietet eine Regelung, wie man anständig miteinander streitet, zum einen durch die Aufstellung einer Streitordnung als Ver-

derheit und Anderssein nicht bloß toleriert, sondern wirken als *Motor* einer ständigen Auseinandersetzung, die den Kern dieser Staatsform ausmacht.

Die Anerkennung des Anderssein auch als Grundlage politischer Ordnung kommt in der Gegenwartsphilosophie exemplarisch bei *Emmanuel Lévinas*[42] zum Ausdruck. Ein humaner Umgang mit dem Andern setzt voraus, ihn »als unbekannt anzuerkennen und als Fremden anzunehmen, ohne ihn zu nötigen, seine Andersartigkeit aufzugeben«[43]. Es geht darum, sich vom Andern in seiner Fremdheit ansprechen zu lassen, ohne ihn sich angleichen zu wollen und damit zu vergewaltigen. Dabei wird das Gefühl der Angst nicht übersehen, das die Begegnung mit dem Fremden auslösen kann[44]; seine Fremdheit bedroht mitunter die eigene Identität und Geborgenheit. Er kann damit wie im Nationalsozialismus oder überhaupt im Faschismus zum Ziel der Auslöschung werden. Lévinas widmet eines seiner Hauptwerke, ›Totalité et Infini‹[45], den Opfern des Holocaust. Der politische Totalitarismus wird als Folge

fahrensordnung; zum andern durch die Regelung dessen, was materiell dem Streit entzogen sein soll.«

[42] Emmanuel Lévinas, 1906 in Litauen geboren, hat während seines Studiums entscheidende Einflüsse von der Phänomenologie Edmund Husserls und der Existenzphilosophie Martin Heideggers aufgenommen; er lehrte später u. a. an der Universität Paris IV (Sorbonne). – Ein Verzeichnis der Werke von Emmanuel Lévinas (sowie ein Überblick über die Sekundärliteratur) findet sich bei Taureck, Lévinas, S. 125 ff.; vgl. auch Stephan Mosès, Gerechtigkeit und Gemeinschaft bei E. Lévinas. In: M. Brumlik u. H. Brunkhorst (Hrsg.), Gemeinschaft und Gerechtigkeit. Frankfurt a. M. 1993, S. 364 ff.

[43] M. Blanchot, L' entretien intime. Paris 1969, S. 187, zit. in: Taureck, Lévinas, S. 62 f.

[44] Diese Angst, die Erfahrung ohnmächtigen Ausgesetztseins in einer feindlich erlebten Umgebung als menschliche Grunderfahrung und die Tendenz, alles zu zerstören, worin Fremdheit und Unlösbarkeit liegen, beschreibt – in Anlehnung an Lévinas – eindrücklich Vaclav Havel in seinen Betrachtungen aus dem Gefängnis: Vaclav Havel, Briefe an Olga. Betrachtungen aus dem Gefängnis. Neuausgabe, Reinbek 1989, S. 268 f.; vgl. auch Havel über Lévinas ebd., S. 245 und 256.

[45] E. Lévinas, Totalité et Infini. Essai sur l'extériorité. 3. Aufl., Den Haag 1986; dt.: Totalität und Unendlichkeit. Freiburg, München 1987.

einer individualistischen, idealistischen Konzeption der Philosophie gedeutet. Der radikale Humanismus Lévinas' lehnt als Ausgangspunkt und Bewegungszentrum philosophischen Denkens und ethischen Handelns das monadische Subjekt ab; dieses läßt das Anderssein des andern Menschen nicht in seiner Fremdheit sein, sondern kann sich fremde Subjektivität nur in Analogie zur Eigensphäre vorstellen; indem ein Subjekt in dieser Weise den Andern zu erkennen, seiner habhaft zu werden sucht, verhält es sich im Ansatz gewaltsam.

Lévinas geht in der Begründung der Menschenrechte nicht von der Freiheit der Person aus, die reziprok die Freiheit der andern anerkennt, sondern von einer – sozialen Beziehungen stets inhärenten – Verpflichtung: »Der Grund der Menschenrechte ist meine Nicht-Indifferenz gegenüber den anderen.«[46] Gerechtigkeit ist nicht aus der Vermittlung von Willensansprüchen autonomer Wesen zu gewinnen. Das voluntaristische Konzept läuft Gefahr, »die Autonomie als Gewaltgrundlage undurchschaut fortzuschreiben«[47]. Lévinas nimmt die Gerechtigkeitsfrage vom idealistischen Podest hinunter und stellt sie »jenseits gängiger Unterstellungen von unproblematisch gegebener Intersubjektivität«[48].

Ist etwa bei Martin Buber die reziproke Ich-Du-Relation Kern seiner dialogischen Ethik[49], geht Lévinas von der asymmetrischen Dimension der Gerechtigkeit aus: Sie fließt aus ursprünglicher Zuwendung zum Andern in seiner Fremdheit. Sie spekuliert nicht auf Gleichheit, die erst durch Abstraktion von Andersartigkeit die Grundlage selbstverständlicher Austauschverhältnisse schafft, sondern läßt sich auf den Andern in seiner Kontingenz und Einmaligkeit ein[50].

[46] Taureck, Lévinas, S. 85.
[47] Taureck, Lévinas, S. 109.
[48] Taureck, Lévinas, S. 109.
[49] Vgl. Anm. 63 in Kap. 2.
[50] Siehe, z.B. E. Lévinas, Autrement qu'être ou au de-là de l'essence. Den Haag 1974, S. 202, zit. in: Taureck, Lévinas, S. 85. Ob Lévinas in seiner eigenen Haltung zu gewissen Akten der israelischen Regierung gegenüber den Palästinensern Glaubwürdigkeit eingebüßt habe, wird diskutiert bei Taureck, Lévinas, S. 87f.

Es bleibt die Forderung, daß sich jede Partikularität auch als solche wahrnimmt, um so gegenüber anderen in ihrer Eigenart offen zu bleiben. Dies gilt für Partikularismen aller Art: für nationale, kulturelle, weltanschauliche, für solche, die individuell lebensfähig und solche, die auf Kooperation und Solidarität in Gruppen angewiesen sind. »Ein Partikularismus, der seine Grenze nicht kennt und sich nicht auf anderes hin öffnet, steht immer in der Gefahr, die Figur der Tyrannei zu reproduzieren.«[51]

[51] Welsch, Weisheit (Anm. 40), S. 111.

Kapitel 2: Normative Bezugspunkte einer Theorie der Gerechtigkeit

I. Das Dilemma der Gerechtigkeitserkenntnis in der Moderne – die Ambivalenz der Gesetzgebung bei Rousseau

Das praktische Grundproblem der Demokratie liegt letztlich in der Frage: Kann man den Menschen zutrauen, sich als Gleichwertige selbst zu organisieren und das für sie Beste, das Vernünftige selbst zu ermitteln, oder ist – wenigstens als Sicherheit im Hintergrund – der Rekurs auf eine Instanz notwendig, die über den Einzelnen und ihren Bemühungen steht, in Auseinandersetzungen und nach vereinbarten Verfahren Lösungen für praktische Probleme gemeinsamer Daseinsbewältigung zu finden?[1]

Jean-Jacques Rousseau hat die Frage mehr beschäftigt als gemeinhin angenommen wird, ob das demokratische Volk zur Einsicht in Richtiges, zu Vernunfterkenntnis tatsächlich fähig sei. Er ist in seinem demokratietheoretischen Hauptwerk, dem ›Gesellschaftsvertrag‹, mit seiner – bisher wenig beachteten – Figur des »Gesetzgebers« bei einer Lösung angelangt, die letztlich als hierarchisch oder elitär erscheint und im Gegensatz zu seinem sonst radikaldemokratischen Anliegen steht.

Die richtige Ordnung des Gemeinwesens hat bei Rousseau ihre Grundlage im *contrat social,* einem Akt des Zusammenschlusses, in dem alle auf ihre rein egoistischen Interessen verzichten *(aliénation totale)* und ausschließlich nach dem gemeinsamen Besten, dem Gemeinwohl *(volonté géné-*

[1] Das gleiche Dilemma hat auch Karl Jaspers, Zukunft, S. 422ff. exemplarisch formuliert: »Die Demokratie will die Herrschaft der Vernunft durch die Herrschaft des Volkes. Wie aber kann das Volk herrschen, wenn es noch nicht vernünftig ist? (...) Hier liegt der Knoten, der in allen demokratischen Gestaltungen irgendwann in einer kritischen Situation unauflöslich werden kann«. Die Spannung zwischen demokratischer Freiheit und elitärer Autorität im politischen Denken Karl Jaspers' thematisiert Fritz Böversen, Der einzelne, die Gemeinschaft und die Autorität. In: Salamun, Jaspers, S. 110ff.

rale) fragen, dem sie sich unterordnen. Der Mensch, der bisher nur sich selbst im Auge hatte, sieht sich als *citoyen* gezwungen, nunmehr seine Vernunft zu befragen, bevor er seinen Neigungen, Begehren und Trieben folgt[2]. Rousseau scheint aber der Fähigkeit eines Volkes zu demokratischer Selbstbestimmung doch zu mißtrauen. Trotz guten Willens aller kann ein Volk unrichtig entscheiden, weil es z.B. schlecht informiert, durch Sonderinteressen fehlgeleitet oder durch wenige manipuliert ist und ihm daher die Einsicht ins gemeine Beste fehlt: »(...) die Bedingungen der Gesellschaft zu regeln kommt nur denen zu, die sich vergesellschaften: aber wie sollen sie sie regeln? Wird es durch eine allgemeine Einigung geschehen, durch eine plötzliche Eingebung (...). Wie soll eine verblendete Menge, die oft nicht weiß, was sie will, weil sie nur selten weiß, was ihr zum Guten gereicht, durch sich selbst ein derart großes, derart schwieriges Unternehmen ausführen, wie ein System der Gesetzgebung es ist? (...) Die Einzelnen sehen das Gute und weisen es zurück: die Öffentlichkeit will das Gute und sieht es nicht. Beide bedürfen gleicherweise der Führung. Die einen müssen gezwungen werden, ihren Willen der Vernunft anzupassen, die andere muß erkennen lernen, was sie will.«[3]

Aus diesem Grund bedarf das im *contrat social* zusammengeschlossene Volk für die Gesetzgebung, d.h. die Setzung allgemeiner Regeln, der weisen Leitung durch eine Instanz, die Rousseau den »Gesetzgeber« nennt. Dieser soll durch machtlose Überzeugungskraft zur Einsicht in die Vernunft führen, »ohne Gewalt mitreißen und ohne zu überreden überzeugen«[4]. In der Gestalt dieses »Gesetzgebers« »erscheint als machbar, was grundsätzlich nicht manipulierbar sein dürfte«[5].

Der »Gesetzgeber« verkörpert eine höhere Vernunft; er ist eine Instanz, »die alle Leidenschaften der Menschen sieht und selbst keine hat, die keinerlei Ähnlichkeit mit unserer Natur hat und sie dabei von Grund auf kennt, deren Glück

[2] Rousseau, Gesellschaftsvertrag, S. 22.
[3] Rousseau, Gesellschaftsvertrag, S. 42.
[4] Rousseau, Gesellschaftsvertrag, S. 46.
[5] Iring Fetscher, Rousseaus politische Philosophie. 3. Aufl., Frankfurt a.M. 1981, S. 255.

von uns unabhängig ist und die gleichwohl bereit ist, sich um unseres zu kümmern«; dem Gesetzgeber ist eigen, daß er sich mit seiner Vernunft erst im Lauf der Zeit Ruhm erwirbt, »in einem Jahrhundert arbeitet und in einem anderen genießen kann«[6]. Die Stimme dieses gleichsam göttlichen Gesetzgebers verleiht dem Gemeinwesen jenen »großen und mächtigen Geist, der über dauerhafte politische Einrichtungen herrscht«[7].

Ist dieser »Gesetzgeber« bloße Idee oder reale Instanz? Rousseau hält es zwar für ein Wunder, wenn ein Volk einen solchen Lehrer der Vernunft für seine Gesetze findet; mit Blick auf die Geschichte stellt er solche Wunder fest: Es gibt die Vernünftigen, die schon vor der Gesetzgebung sehen, was die Menschen durch die Gesetze werden sollen[8]: In Moses, Mohammed, aber auch Calvin[9] erblickt Rousseau Väter der Nationen, »große Seelen« der Gesetzgebung[10], die weder durch Gewalt noch durch rhetorische Überredung wirkten, sondern »ihre Zuflucht zum Himmel als Mittler« nahmen, ihre Einsichten als religiös begründet legitimierten, »damit die Völker (...) frei gehorchen und das Joch des öffentlichen Glücks tragen, ohne zu murren«[11]. »Religion als Mittel der Politik«[12] heißt das manipulative Rezept geglückter Gesetzgebung.

Rousseau hat dem Veränderungsprozeß des egoistischen Individuums zum gemeinwohlorientierten Bürger mißtraut, den er selbst für das Funktionieren des Sozialvertrages als unentbehrlich erachtete. Der weise Gesetzgeber leistet im Grunde, was nach dem Kern des *contrat social* von den vergesellschafteten Menschen gefordert wäre: daß in ihrem Verhalten der Sinn für Gerechtigkeit an Stelle ihrer Interessen, Neigungen und Triebe bestimmend ist[13].

Ist der Rückgriff auf eine höhere Vernunftinstanz, die

[6] Rousseau, Gesellschaftsvertrag, S. 43.
[7] Rousseau, Gesellschaftsvertrag, S. 47.
[8] Rousseau, Gesellschaftsvertrag, S. 46.
[9] Rousseau, Gesellschaftsvertrag, S. 44 und S. 47.
[10] Rousseau, Gesellschaftsvertrag, S. 47.
[11] Rousseau, Gesellschaftsvertrag, S. 46.
[12] Rousseau, Gesellschaftsvertrag, S. 47; vgl. auch das 4. Buch, Kapitel 8.
[13] Rousseau, Gesellschaftsvertrag, S. 22.

über den betroffenen Menschen um das Richtige weiß, für eine demokratische Gesellschaft vertretbar? Gibt es ein Wissen um das Wohl aller jenseits der Verständigung unter den konkreten Menschen, die eine Ordnung gemeinsamen Lebens suchen? Im beschriebenen Rousseauschen Dilemma erkennt man die Frage, wo letztlich die Vernunft ihren Sitz habe, in einem übermenschlichen Wissen oder in der »leisen Stimme« der Reflexion und einer gewaltfreien Auseinandersetzung zwischen konkret betroffenen Menschen, die gemeinsam um die Formulierung des allgemeinen Besten ringen.

II. Kants Idee des vernünftigen Staates und die Immunisierung realer Herrschaft

Das souveräne Volk, dem sich in der *volonté générale* Vernunft erschließt, bedarf bei Rousseau in der Praxis der Lenkung durch den weisen »Gesetzgeber«. Auch für Kant stellt sich die Frage, wie Vernunft in den sozialen Beziehungen zu verwirklichen sei. Rousseaus Antwort ist – wie wir gesehen haben – widersprüchlich: sie liegt in einer hohen idealistischen Verpflichtung der Bürger auf das Gemeinwohl und die Preisgabe eigener egoistischer Interessen einerseits, in der Stimme eines weisen, vernünftigen Gesetzgebers, die sich manipulativ Gehör verschafft, andererseits. Kant zieht sich demgegenüber auf den formal-abstrakten Gesichtspunkt der *Idee* eines von allen getragenen (hypothetischen) Vertrages zurück: eine Idee, die im Bereich der Moral ihre Entsprechung im Kategorischen Imperativ hat. Dieser fordert von allen ein Handeln nach Maximen, die sie auch als Kern eines *allgemeinen* Gesetzes, dem alle unterstehen würden, gelten lassen könnten.

Den Vertragsgedanken als regulative Idee des politischen Gemeinwesens formuliert Kant wie folgt: Der Staatsvertrag »ist eine bloße Idee der Vernunft, die aber ihre unbezweifelte (praktische) Realität hat: nämlich jeden Gesetzgeber zu verbinden, daß er seine Gesetze so gebe, als sie aus dem vereinigten Willen eines ganzen Volkes haben entspringen können, und jeden Untertan, so fern er Bürger sein will, so anzusehen, als ob er zu einem solchen Willen mit zusammen gestimmet habe. Denn das ist der Probierstein der Rechtmäßigkeit eines jeden öffentlichen Gesetzes.«[14]

Die Frage nach der richtigen, vernünftigen politischen Ordnung wird mit der Formulierung der *Idee* des Vertrages aller mit allen[15] aus dem gesellschaftlichen Raum herausgehoben; es wird keine Brücke geschlagen zu den konkreten historischen Gegebenheiten und Erfordernissen, wie es Rousseau mit dem »Gesetzgeber« tat, jedenfalls soweit er ihn in konkreten historischen Instanzen sah. Für die Beurteilung der Gerechtigkeit wird der einzelne bei Kant auf ein Gedankenexperiment[16] verwiesen, in dem geprüft wird, ob ein Gesetz die allgemeine Zustimmung finden könne, d.h. ob die Freiheitssphären der einzelnen »nach einem allgemeinen Gesetze« miteinander in Übereinstimmung zu bringen sind. Kant hat damit »die faktische demokratische Willensbildung durch eine (...) logische Operation ersetzt und dadurch (...) die Erfüllbarkeit des Vertrages von der faktischen Herrschaftsordnung unabhängig gemacht«[17].

[14] Immanuel Kant, Über den Gemeinspruch. Werkausgabe, Bd. XI, Frankfurt a.M. 1984, S. 153f.

[15] Diese Idee taucht auch im Kantschen Begriff des Rechts auf, das »den Inbegriff der Beziehungen [darstellt], unter denen die Willkür des einen mit der Willkür [wir würden heute sagen: dem Willen] des andern nach einem Gesetze der Freiheit zusammen vereinigt werden kann«; Immanuel Kant, Metaphysik der Sitten. Werkausgabe, Bd. VIII, Frankfurt a.M. 1984, S. 337; zur Funktion des Vertragsbegriffs in Kants politischer Theorie vgl. nun auch die Studie von Ingeborg Maus, Zur Aufklärung der Demokratietheorie. Frankfurt a.M. 1992, S. 45–90 und S. 285ff.

[16] So auch Otfried Höffe, Ethik und Politik. Frankfurt a.M. 1979, S. 213; Günter Frankenberg u. Ulrich Rödel, Von der Volkssouveränität zum Minderheitenschutz. Frankfurt a.M. 1981, S. 12.

[17] Wolfgang Kersting, Stichwort ›Vertrag, Gesellschaftsvertrag, Herrschaftsvertrag‹. In: Geschichtliche Grundbegriffe. Historisches Lexikon zur politisch-sozialen Sprache in Deutschland. Bd. 6, Stuttgart 1990, S. 936f.; Kersting gibt einen Überblick über die Vertragslehren von der Antike (etwa der Lehren vom Vertrag bei den Sophisten und Epikureern) bis hin zu den neuesten Vertragskonzepten aus dem angloamerikanischen Raum (John Rawls, Robert Nozick, James Buchanan).

Die Frage stellt sich, ob Gerechtigkeit sozialer Ordnungen in einem vernünftigen Gedankenexperiment des isolierten Individuums erkennbar sei oder ob dieses Ziel nicht vielmehr in einem kommunikativen Prozeß unter geschichtlichen Menschen zu ermitteln ist, in einem Prozeß also, für dessen Qualität die geschichtlichen Herrschaftsverhältnisse stets mitbestimmend sind.

III. Wiederbelebung der Vertragsidee in der Gegenwart: John Rawls' Theorie der Gerechtigkeit

1. Der Vertragsschluß hinter dem Schleier der Unwissenheit

Im 20. Jahrhundert wurde die Vertragsidee vor allem im angloamerikanischen Raum wiederbelebt. So hat John Rawls in seiner ›Theorie der Gerechtigkeit‹[18] versucht, das Modell des Gesellschaftsvertrages zu verallgemeinern und auf eine höhere Abstraktionsebene zu heben[19], wobei er sich besonders an Kants Vertragsidee anlehnt. Sein Anliegen ist es, die Vertragstheorie als Legitimitätsgrundlage politischer Ordnung auf dem Präzisionsniveau moderner Wissenschaft neu zu formulieren und die Idee des Gesellschaftsvertrages in den Denk- und Sprachrahmen der zeitgenössischen Theorie rationaler Entscheidung (rational decision theory) und strategischer Spiele (game theory)[20] zu übersetzen.

Die Vertragspartner in Rawls' Gerechtigkeitstheorie haben sich für die Grundsätze sozialer Institutionen und Prozesse ihres Zusammenlebens zu entscheiden. Diese Entscheidung findet unter bestimmten Bedingungen statt, die Rawls mit dem Begriff der *original position* (in der ein Äquivalent zur traditionellen Vorstellung des Naturzustandes ge-

[18] John Rawls, Eine Theorie der Gerechtigkeit. 4. Aufl., Frankfurt a. M. 1988; engl. Originalausgabe ›A Theory of Justice‹, erstmals erschienen 1971.

[19] Rawls, Theorie, S. 271.

[20] Siehe dazu Rawls, Theorie, S. 33, 166 ff. mit Anm. 14; Höffe, Über Rawls, S. 21 f.

sehen werden kann) zusammenfasst: Die Vertragspartner stehen unter einem »Schleier der Unwissenheit« *(veil of ignorance)*[21]. Sie wissen, daß die Mitglieder einer Gesellschaft höchst unterschiedlich begabt sind, verschiedene Rollen spielen und ungleiche soziale Positionen einnehmen; sie kennen jedoch ihren eigenen Platz im Spektrum dieser Möglichkeiten nicht. Zwar verfügen sie über allgemeine sozialwissenschaftliche Kenntnisse, sie kennen aber weder ihre Stellung in der Gesellschaft noch ihre natürlichen Talente und Fähigkeiten. Sie wissen nicht, ob sie als König oder als Bettler, ob als Picasso, Einstein oder geistig Behinderter leben. In dieser Situation der Ungewißheit ist es aus der Sicht der Vertragspartner klug, sich für Prinzipien zu entscheiden, die auch dem schlechtestgestellten Mitglied der Gesellschaft noch möglichst große Vorteile in Aussicht stellen[22]. Das Besondere an Rawls' Konzept liegt darin, daß sich die Vertragspartner in ihrem Entscheid nur vom eigenen – in einem Nutzenkalkül errechneten – Vorteil leiten lassen. Diese gleichsam rationale Klugheitswahl[23] führt zur Festlegung von Gerechtigkeitsgrundsätzen, die für jedes Gesellschaftsmitglied gleichermaßen vorteilhaft sind und daher die Zustimmung aller finden[24]. Während sich für den traditionellen Utilitarismus[25] das höchste Ziel politischen Handelns nach der Maximierung des Gesamtnutzens einer Gesellschaft bestimmt, vertritt Rawls – näher bei Kant – die Auffassung, jeder Mensch besitze eine aus der Gerechtigkeit entspringende Unverletzlichkeit; diese dürfe auch im Namen des Wohles der ganzen Gesellschaft nicht aufgehoben werden[26].

Rawls' Theorie unterscheidet sich von den klassischen Ideen des Vertrages dadurch, daß die Entscheidung hinter

[21] Im einzelnen Rawls, Theorie, S. 29, 159–166.

[22] Rawls, Theorie, S. 166, 180, 194, 202; Höffe, Über Rawls, S. 25 und S. 27.

[23] Zum Begriff der rationalen Klugheitswahl und ihrem Stellenwert in Rawls' Theorie siehe Höffe, Über Rawls, S. 20 ff. sowie Ders., Rechtsprinzipien, S. 311 ff.

[24] Höffe, Über Rawls, S. 15.

[25] Siehe z.B. Otfried Höffe (Hrsg.), Einführung in die utilitaristische Ethik. Klassische und zeitgenössische Texte. München 1975; Ders., Rechtsprinzipien, S. 153 ff.

[26] Rawls, Theorie, S. 19.

dem Schleier der Unwissenheit getroffen wird. Begründet wird dieses Verfahren damit, daß es die *Unparteilichkeit* der Vertragspartner und damit die *Allgemeingültigkeit* der gewählten Prinzipien garantiert. Durch die Unkenntnis der eigenen Situation werden beim Vertragsschluß die faktischen Ungleichheiten unter den Menschen, ihr Stärker- oder Schwächersein, ihr sozialer Status und andere natürliche oder soziale Zufälligkeiten als möglicher Bestimmungsgrund für die Umschreibung von Gerechtigkeit ausgesondert und damit unparteiliche Lösungen ermöglicht. Man kann das Konstrukt des Schleiers der Unwissenheit dahin verstehen, daß es die Menschen in der hypothetischen Vertragssituation – vergleichbar Rousseaus *aliénation totale* – dazu zwingt, von allen individuellen Neigungen und partikularen Interessen abzusehen und einen allgemeinen Vernunftstandpunkt einzunehmen[27]. Aus dem beschriebenen rationalen Akt folgen nach Rawls zwingend zwei Gerechtigkeitsprinzipien, die universale Gültigkeit beanspruchen. Man kann sie kurz wie folgt charakterisieren: Allen Menschen stehen die gleichen Freiheiten (politische Freiheiten, Rede- und Versammlungsfreiheit, Gewissensfreiheit, persönliche Freiheit, Recht auf persönliches Eigentum) zu, und sie haben die gleichen Beschränkungen zu ertragen. Der zweite Gerechtigkeitsgrundsatz garantiert allen auch in einem materiellen Sinn gleiche Chancen im Zugang zu Bildungsmöglichkeiten, öffentlichen Ämtern und gesellschaftlichen Positionen; soziale und wirtschaftliche Ungleichheiten gelten nur dann als gerechtfertigt, wenn sie auch dem Schlechtestgestellten der Gesellschaft Vorteile bringen[28].

[27] Zu dieser Interpretation und ihren Schwierigkeiten vgl. Karl G. Ballestrem, Methodologische Probleme in Rawls' Theorie der Gerechtigkeit. In: Höffe, Über Rawls, S. 124.

[28] Vgl. Rawls, Theorie, S. 81 und S. 336.

2. Zur Abstraktheit und Geschichtsferne des Rawlsschen Modells

Festzuhalten bleibt die Einsicht aus Rawls' Konzept, daß jede Rechtsgemeinschaft, die beansprucht, Gerechtigkeit zu verwirklichen, durch einen minimalen Konsens über Gerechtigkeitsfragen geeint sein muß. Das Einstimmigkeitserfordernis, dann aber besonders auch die Formulierung des zweiten Gerechtigkeitsprinzips umschreiben den plausiblen Grundsatz, daß im Grundakt auch die Lage der am wenigsten Privilegierten, der Untersten in der politischen oder wirtschaftlichen Hierarchie zu bedenken ist. Kritisch ist zu fragen, ob durch die hohe Abstraktion und insbesondere das Absehen von realen menschlichen Bedürfnissen die Rawlssche Theorie nicht in einem Ausmaß apolitisch und ahistorisch wird, das ihr die Möglichkeit einer regulativen Funktion gegenüber den je bestehenden gesellschaftlichen und politischen Verhältnissen raubt[29]. Ein weiterer Punkt der Kritik bezeichnet es als – auch vertragstheoretisch – problematisch, die Menschen an die Konsequenzen einer Entscheidung zu binden, die sie unter dem »Schleier des Nichtwissens«, in völliger Unkenntnis ihrer eigenen Bedürfnisse, Interessen und Anschauungen getroffen haben[30]. Schwerer wiegt, daß sich der geschilderte Vereinbarungsakt bei Rawls

[29] Den Vorwurf der unpolitischen und ahistorischen Einstellung hat zum Beispiel Benjamin R. Barber, Die Rechtfertigung der Gerechtigkeit. In: Höffe, Über Rawls, S. 224ff., wie folgt formuliert: »Begriffe, die an die politischen Dilemmata des modernen Menschen erinnern – Rassismus, Entfremdung, Nationalismus, Sozialisierung, Indoktrination – lassen sich in Rawls' Theorie der Gerechtigkeit kaum finden; auch zeigt sich nicht das reale Gesicht der Politik, wie es durch Macht, Befehlsgewalt, Autorität und Sanktion gekennzeichnet ist«; Barber betrachtet Rawls' Theorie als nur begrenzt tauglich, die Ungerechtigkeiten tatsächlicher politischer Systeme zur Sprache zu bringen. Während Rawls nach »einer philosophischen Immunisierung seines Gerechtigkeitsbegriffs gegen besondere Wünsche und Bedürfnisse« strebe, zeige die Geschichte, daß die Stärke eines Bedürfnisses zwar kaum die gerechte Sache definiere, aber doch ein Gesichtspunkt für eine (gerechte) Gesetzgebung sein könne (S. 246 mit Hinweisen auf Rawls).

[30] Nach Karl G. Ballestrem in: Höffe, Über Rawls, S. 127, liegt hier einer der entscheidenden Unterschiede zwischen Rawls' Vertragsmodell und dem Habermasschen Diskursmodell.

letztlich auf ein großangelegtes, wissenschaftlich begründetes Gedankenexperiment[31] reduzieren läßt, das von konkreten menschlichen Situationen klar abstrahiert.

Gerechtigkeit als eine Frage der Gestaltung von Zwischenmenschlichkeit kann – so scheint mir – nicht zwischen fingierten, emotionslosen Subjekten ohne Mitgefühl[32] errechnet werden, sondern erfordert immer wieder konkrete Lösungen, die Menschen gemeinsam in geschichtlicher Situation aushandeln. Dabei ist die Kenntnis und Formulierung der eigenen Bedürfnisse ebenso entscheidend wie die Bereitschaft sich in die Situation der anderen einzufühlen und deren Anliegen wahrzunehmen. Im Raster der Rawlsschen Theorie formuliert, könnte dies heißen: Damit ich auch die schlechteste Position im zu gestaltenden Rechtsgefüge als die meine akzeptieren könnte, muß ich mir der Situation und der Bedürfnisse des Armen, des Sträflings, des Ausländers – gerade auch in Differenz zur eigenen Lage – im Konkreten und nicht nur abstrakt als Gegenstand sozialwissenschaftlichen Wissens[33] bewußt sein.

Rawls will mit seinem Vertragsmodell von konkreten Interessenkonflikten geschichtlicher Menschen soweit abstrahieren, daß ein moralisch relevanter Sachverhalt von Ferne betrachtet und als solcher unparteilich beurteilt werden kann. Dem sei die Auffassung gegenübergestellt, daß sich die Frage der Gerechtigkeit stets als Problem des Ausgleichs konkreter Bedürfnisse historischer Menschen stellt und von diesen auch in ihrer geschichtlichen Bedingtheit bewältigt

31 So auch Kersting, Vertrag (Anm. 17), S. 945; so auch Rawls, Theorie, S. 35.

32 Rawls wendet sich ausdrücklich gegen David Humes Verständnis des »idealen Beobachters«, der durch *Mitgefühl* gegenüber allen Menschen gekennzeichnet ist. Er zieht die Konstruktion des Urzustandes vor, in dem die Vertragspartner konsequent durch »gegenseitiges Desinteresse« charakterisiert werden (Rawls, Theorie, S. 211–217).

33 So aber Rawls, Theorie, S. 160f.: Die Parteien des Vertrages sollen nur die »allgemeinen Tatsachen über die menschliche Gesellschaft kennen, die sich aus dem Alltagsverstand und allgemein anerkannten Analysemethoden ergeben«. Hingegen dürfen die Parteien »die besonderen Verhältnisse in ihrer eigenen Gesellschaft nicht kennen, d.h. ihre wirtschaftliche und politische Lage, den Entwicklungsstand ihrer Zivilisation und Kultur.«

werden muß. Es sind Verfahren einzurichten, in denen die einzelnen als Menschen (und nicht als zu leeren Hülsen abstrahierte Vertragspartner) zueinander in Beziehung treten, wo sie ihre konkreten Bedürfnisse äußern können und den Anliegen der anderen Gehör schenken. Die eigenen Wünsche wie auch diejenigen der andern sind unter dem Gesichtspunkt der Allgemeinverträglichkeit in die Entscheidbildung einzubeziehen. Unverzichtbar für demokratische Verfahren ist die Bereitschaft der Beteiligten, die eigenen Bedürfnisse oder Standpunkte zu relativieren und die Anliegen und Sichtweisen der Mitmenschen mit zu berücksichtigen; nur so werden Auseinandersetzungen zwischen realen Menschen nach Regeln eines Verfahrens möglich, das von der Gleichwertigkeit der Menschen ausgeht.

Was Rawls als ein Ergebnis des komplexen Vertragsakts beschreibt, nämlich die Anerkennung elementarer Grundrechte wie die der Gleichheit (auch der Partizipation)[34] und Meinungsfreiheit[35], ist jedenfalls *auch* notwendige Voraussetzung der Konstitutierung des Rawlsschen Entscheidverfahrens (mit dem Charakteristikum des Schleiers der Unwissenheit, dessen elementare Funktion darin liegt, Gleichheit zu verwirklichen[36]. In der kulturell-historischen Verfassungswirklichkeit sind Grundrechte Voraussetzungen eines Prozesses, in dem Gerechtigkeit stets neu definiert werden muß, mit ihr aber auch die Tragweite von Grundrechten in sich wandelnden geschichtlichen Situationen. Darin liegt die

34 Rawls rechnet die politischen Rechte ebenso wie Gleichheit und Meinungsfreiheit zu den Gerechtigkeitsprinzipien, die *zwingendes* Ergebnis des Vereinbarungsaktes im Urzustand sind. Dabei übersieht er oder macht jedenfalls nicht explizit, daß die genannten Rechte konstitutiv für das elementare Entscheidverfahren in der hypothetischen Vertragssituation sind.

35 Rawls, Theorie, S. 82.

36 Gegenüber Rawls wird in diesem Sinn zu Recht bemerkt, seine Gerechtigkeitsprinzipien seien in einem bestimmten Sinn »tautologisch«: Durch das Verfassungsspiel werde die Gerechtigkeit bzw. Fairness einer Gesellschaftsordnung, zu der Rawls ja auch Grundrechte wie Gleichheit und Meinungsfreiheit zählt, nicht begründet; in der Form von Anfangsbedingungen sei sie der Wahl (Grundakt) vielmehr je schon vorausgesetzt; Otfried Höffe, Kritische Einführung in Rawls' Theorie der Gerechtigkeit. In: Höffe, Über Rawls, S. 35.

Dialektik der Grundrechte: sie sind einerseits Voraussetzung einer auf Einvernehmen gegründeten politischen Ordnung und anderseits ein immer wieder zu gewinnendes Ergebnis eines permanenten elementaren Einigungsprozesses. Diese Dialektik kann nicht durch die Operation eines logisch ablaufenden Vertragsvorganges ersetzt werden.

3. Präzisierungen Rawls' an seinem Vertragskonzept

In neueren Schriften[37] gibt John Rawls nun dem »Faktum des Pluralismus«, wie es moderne Gesellschaften kennzeichnet, ausdrücklich mehr Gewicht. Er anerkennt, daß es eine Vielzahl vernünftiger und gleichwohl miteinander *unvereinbarer* Konzeptionen des Guten gibt. »Es ist (...) unvernünftig, die (...) praktische Gewißheit unauflösbarer vernünftiger Meinungsverschiedenheiten allerersten Ranges zu leugnen.«[38] Ihre Wurzeln liegen nicht in subjektiven und prinzipiell vermeidbaren Unzulänglichkeiten der Beteiligten, sondern sind der Vernunft immanent; sie stellen gleichsam ihre »Bürde« dar[39]. Darin ist das Prinzip der Toleranz begründet. Darüber hinaus muß sich aber die politische Gemeinschaft zu einem Konsens in Fragen ihrer Grundstruktur finden, d.h. sie muß sich über faire Bedingungen sozialer Kooperation einigen[40]; diesem »übergreifenden Konsens«[41] kann sich nicht entgegenstellen, wer grundsätzlich bereit ist, sich fairen Bedingungen zu unterwerfen. Zur Fairness gehört die Bereitschaft, »beim Eintritt in Diskussionen den anderen eine gewisse Gutwilligkeit zuzugestehen«[42]. Die Vielfalt als Normalzustand einer demokratischen Gesellschaft abzulehnen, würde nach Rawls heißen, »die menschliche Natur zu hassen; denn es

[37] Sie sind in deutscher Übersetzung in einem Sammelband erschienen: John Rawls, Die Idee des politischen Liberalismus. Hrsg. von W. Hinsch. Frankfurt a.M. 1992.

[38] Rawls, Politischer Liberalismus, S. 340.

[39] So Rawls, Politischer Liberalismus, S. 306f., 336ff.

[40] Rawls, Politischer Liberalismus, S. 270ff., 303, 320.

[41] Rawls, Politischer Liberalismus, S. 295, 299, 318, 320f., 344f.

[42] Rawls, Politischer Liberalismus, S. 340f.

bedeutet, ihre vielen nicht unvernünftigen Äußerungen zu hassen, die sich unter freien Institutionen entwickeln«[43].

Zum Inhalt des »übergreifenden Konsenses« gehören erstens Garantien der Verfahrensgerechtigkeit, insbesondere von Grundrechten, wie sie Rawls bereits früher in seinem ersten Gerechtigkeitsgrundsatz formuliert hat, zweitens sind aber auch Maßnahmen nötig«, die sicherstellen, daß alle Personen in der Gesellschaft über hinreichende materielle Mittel verfügen, um diese Grundrechte wirklich zu nutzen«[44]. Es geht hier nach Rawls um *notwendige* Elemente gerechter politischer Ordnung; die Beschränkung auf solche »wesentliche Verfassungsinhalte«[45] erhöht die Chancen, daß überhaupt ein übergreifender Konsens zustande kommt.

Als wichtigste Entwicklung innerhalb seiner »politischen Gerechtigkeitskonzeption«[46] bezeichnet Rawls die Neuformulierung der Theorie der *Grundgüter* (Grundfreiheiten, materielle und formelle Chancen[47]). Das Schwergewicht ihrer Funktion liegt darin, die Menschen zu befähigen, »Bürger zu sein, das heißt freie und gleiche Teilnehmer eines fairen Systems sozialer Kooperation auf der Grundlage gegenseitiger Achtung«[48].

Mit der Anerkennung des »Faktums des Pluralismus« wird ein historisch-politischer Aspekt der Rawlsschen Theorie sichtbar, der sie für unsere Wirklichkeit verstärkt

43 Rawls, Politischer Liberalismus, S. 341 (m. Anm. 6) mit Hinweis auf Plinius den Jüngeren: »Wer die Laster haßt, haßt die Menschheit.«

44 Rawls, Politischer Liberalismus, S. 319; vgl. auch S. 321, Anm. 28.

45 Rawls, Politischer Liberalismus, S. 299, 318, 320f., 344f.

46 Rawls bezeichnet sein Konzept von »Gerechtigkeit als Fairness« nun ausdrücklich als »eine politische Gerechtigkeitskonzeption« (Politischer Liberalismus, S. 257.)

47 Vgl. auch die Übersicht bei Hinsch, Einleitung des Herausgebers. In: Rawls, Politischer Liberalismus, S. 36f.

48 Hinsch, Einleitung (Anm. 47), S. 36ff., insb. S. 44 und auch Rawls, Politischer Liberalismus, S. 256, Anm. 2, wonach die Grundgüter in ihrer – wiederum an Kant orientierten – überarbeiteten Fassung »von einem eindeutigen Begriff der Person und deren höherrangigen Interessen« abhängen. Es werde auch durchwegs »ein stärkeres Gewicht (...) auf den Gedanken (gelegt), daß die Rechtfertigung einer Gerechtigkeitskonzeption eine praktisch gesellschaftliche Aufgabe und kein epistemologisches oder metaphysisches Problem« sei.

relevant erscheinen läßt; allerdings bleibt der dominierende theoretische Rahmen nach wie vor eigenartig ahistorisch und hypothetisch[49].

4. Wandel eines Kritikers: Robert Nozick

Als Kritiker von John Rawls' Prinzipien der Verteilungsgerechtigkeit ist im angloamerikanischen Bereich vor allem Robert Nozick bekannt geworden. Er vertritt in seinem Werk ›Anarchy, state, and utopia‹[50] von 1974 ein ultraliberales Konzept des Minimalstaates. Nozick wirft Rawls vor, nicht nach Herkunft und Entstehung der nach einem sozialen Gerechtigkeitskonzept zu verteilenden Güter zu fragen; erst dadurch aber könnten Antworten auf die Frage nach Rechtsansprüchen gewonnen werden, deren Durchsetzung *ausschließliche* Aufgabe eines gerechten Staates sei. In einem 1989 erschienenen Werk[51] hat Nozick sich von seiner früheren libertären Position distanziert. Nach eigenem Verständnis versucht er nunmehr, den ganzen Menschen *(the whole of our being)* in den Blick zu bekommen[52] und dadurch auch die Sicht des Politischen zu erweitern. Nach Nozick ging die früher vertretene Theorie insoweit »in die Irre«[53], als sie ausschließlich den *Zweck* der Regierung, nicht aber ihren *Sinn* betrachtete; »daher beurteilte sie auch den Zweck übermäßig eng (...). Das völlige Fehlen eines öffentlichen symbolischen Ausdrucks von Fürsorge und Solidarität würde uns andere einer Gesellschaft berauben, die menschliche

[49] So ausdrücklich Rawls, Politischer Liberalismus, S. 271.

[50] Robert Nozick, Anarchy, state, and utopia. New York 1974; dt.: Anarchie, Staat und Utopia, München (1976).

[51] Robert Nozick, The examined Life. Philosophical Meditations. New York, London 1989 (zit.: Meditations); dt. Übersetzung von M. Pfeiffer: Vom richtigen, guten und glücklichen Leben. München, Wien 1991; im folgenden wird die englische Ausgabe zitiert.

[52] Nozick, Meditations, S. 17.

[53] Nozick, Meditations, S. 287 mit Anm.; »Die libertäre Position, für die ich einst eintrat, erscheint mir heute ernsthaft inadäquat zu sein. Zum Teil, weil sie die menschlichen Rücksichtnahmen und die gemeinschaftlichen Anstrengungen, für die sie Freiraum läßt, nicht genügend in ihre Struktur einbaut«. (S. 286f., Übersetzung des Autors).

Verbundenheit bekräftigt.«[54] Auf einen solchen Ausdruck seien wir aber als Glieder einer politischen Gemeinschaft auch persönlich, für die Integrität unseres Selbstgefühls, angewiesen[55]. Die konkrete Intensität und Ausdehnung des gemeinschaftlichen Ausdrucks von Solidarität seien nicht durch ein abstraktes Prinzip, sondern durch jenes »Zick-Zack« demokratischer Politik zu ermitteln, in dem unterschiedliche Präferenzen und Werthaltungen in Konkurrenz zueinander treten[56]. Es zeigt sich eine unerwartete Parallele zu Rawls' Anerkennung des Faktums des Pluralismus und einer unverzichtbaren minimalen Kommunikationsbereitschaft und Solidarität als Grundlage des Politischen.

IV. Die kommunikative Wende: Die politische Vernunft zwischenmenschlicher Verständigung

Die Kantsche Idee des Vertrages als Vernunftprinzip hat bei Rawls in gewissem Sinn eine Zuspitzung in der Formulierung einer wissenschaftlich begründeten Theorie der Gerechtigkeit erfahren. In anderer Weise hat das Verallgemeinerungsprinzip, das der Ethik und der Rechtslehre Kants zugrunde liegt, im Rahmen der *Theorie des kommunikativen Handelns* von Jürgen Habermas neue Aktualität erlangt. In seiner Diskursethik, die er in Anlehnung an Karl-Otto Apel formuliert hat, verlagert er die im kategorischen Imperativ oder dem Vertragsgedanken angelegte Argumentationsstruktur gleichsam über das isolierte Subjekt hinaus in den größeren Rahmen, in die Zwischenmenschlichkeit. Vernunft und damit auch die Richtigkeit sozialer Normierung erschließt sich nicht dem einsam reflektierenden, auf sich selbst bezogenen Intellekt. Vielmehr eröffnen sich Vernünftigkeit und mit ihr Gerechtigkeit in der Intersubjektivität, in zwischenmenschlichen Dialogen oder Diskursen.

54 Nozick, Meditations, S. 288, dt. Ausg.: S. 322.
55 Nozick, Meditations, S. 289, dt. S. 322.
56 Nozick, Meditations, S. 286–296 (›The Zigzag of Politics‹).

Habermas steht in der Tradition der Kritischen Theorie der »Frankfurter Schule«[57], deren Defizite er erkennt und mit einem neuen Verständnis von Rationalität überwinden will. Die Hauptexponenten der Frankfurter Schule, Max Horkheimer und Theodor W. Adorno, hatten die aufklärerische Hoffnung auf Emanzipation, d.h. auf Verwirklichung der Selbstbestimmung des Menschen, aufgegeben. Sie waren angesichts des Nationalsozialismus, aber auch der technologischen Entwicklung und ihrer Auswirkungen auf die Gesellschaft, zu einer fast grenzenlosen Skepsis[58] gegenüber dem Vernunftsanspruch der herkömmlichen Wissenschaft und dem Wahrheitsgehalt bürgerlicher Ideen gelangt. Adorno diagnostizierte eine Verirrung des Fortschritts, der das Leben jedes einzelnen verwalt- und ersetzbar gemacht hat, und nach Horkheimer droht der Fortschritt »das Ziel zunichte zu machen, das er verwirklichen soll – die Idee des Menschen«[59].

Habermas nimmt das Projekt der Aufklärung wieder auf. Er versucht, über den zu eng gewordenen, rein instrumentell verstandenen Begriff der Vernunft hinauszuweisen und diese wieder umfassender zu begreifen, nämlich in ihrer theoretischen, moralisch-praktischen und ästhetischen Dimension[60]. Die Kommunikationsverhältnisse, in denen sich der Mensch als soziales Wesen immer schon vorfindet, treten ins Zentrum seiner soziologisch-philosophischen Untersuchungen. In Anlehnung an den Sozialpsychologen George Herbert

[57] Zur Frankfurter Schule ausführlich Rolf Wiggershaus, Die Frankfurter Schule. München, Wien 1986; Ulrich Gmünder, Kritische Theorie. Stuttgart 1985.

[58] Nach Habermas haben sich Horkheimer und Adorno in einer »total gewordenen« Ideologiekritik »einer hemmungslosen Vernunftskepsis überlassen«. (Habermas, Philosophischer Diskurs, S. 156), vgl. auch ebd. S. 143f.; eingehend mit der kritischen Gesellschaftstheorie von Horkheimer und Adorno befaßt sich Axel Honneth, Kritik der Macht. Frankfurt a.M. 1985, insb. S. 12–111.

[59] Max Horkheimer, Zur Kritik der instrumentellen Vernunft. Frankfurt a.M. 1985, S. 13; engl. Originalausgabe erstmals erschienen 1947.

[60] Habermas, Unübersichtlichkeit, S. 174.

Mead[61] sieht er zwischenmenschliche Kommunikation als Kern der Herausbildung menschlicher Moralität[62]: der Fähigkeit zur rationalen Bewältigung moralischer Problemsituationen. Das denkende Individuum ist immer auch ein vergesellschaftetes Individuum, seine Rationalität auch ein soziales, kommunikativ erzeugtes Phänomen. So sind auch Wahrheits- und Gerechtigkeitsfragen niemals bloß gedankliche Produkte isolierter Individuen, sondern Ergebnis intersubjektiver Kommunikationsprozesse. Die Wahrheit von Aussagen oder die Richtigkeit von Normen kristallisiert sich in den Kommunikationen der Menschen, die sich verständigen. Vernunft wird damit zu einer Angelegenheit zwischenmenschlicher Erfahrung und Verständigung[63].

61 Meads Forschungen galten wesentlich der Ausbildung von Identität und Persönlichkeitsstruktur der einzelnen in ihren Interaktionen mit der sozialen Umwelt. Ein ausführliches Verzeichnis der Schriften Meads findet sich bei Joas, Intersubjektivität, S. 236ff.; in deutscher Sprache erschienen sind bisher George Herbert Mead, Geist, Identität und Gesellschaft. Frankfurt a.M. 1975; Ders., Philosophie der Sozialität. Hrsg. von H. Blumenberg, J. Habermas u.a. Frankfurt a.M. 1969 sowie Ders., Gesammelte Aufsätze. 2 Bde. Hrsg. von H. Joas. Frankfurt a.M. 1980/1983.

62 Joas, Intersubjektivität, S. 134f.

63 Die Zwischenmenschlichkeit tritt auch in anderen philosophischen Richtungen des 20. Jahrhunderts vor dem isoliert denkenden Subjekt als Ort der philosophischen Erkenntnis in den Vordergrund, so z.B. bei Karl Jaspers und Martin Buber. – Wie bei Habermas ist auch bei *Jaspers* Kommunikation Schlüsselbegriff der Rationalität, die auch seiner Staats- und Rechtsphilosophie zugrunde liegt (vgl. Jaspers, Philosophie II, S. 376–382). »Die Quelle der Vernunft liegt (...) für alle Dinge in den einzelnen und ihre(n) Kommunikationen (...). Nur wo in Kommunikationen füreinander verlässliche Menschen verwirklichen, was Vertrauen findet, kann die politische Gemeinsamkeit aller auf die Bahn der Vernunft kommen« (Jaspers, Zukunft, S. 308f.). Jaspers konkretisiert sein Verständnis kommunikativer Rationalität in einer Weise, die den Grundanliegen der Diskursethik nahekommt: »Wahrheit, die sich ursprünglich an Kommunikation bindet (...), horcht (...) auf den Widerhall und prüft sich noch an dem Anderen, wie er das Mitgeteilte auffängt, versteht, beantwortet, verwendet. Diese Wahrheit ist gar nicht, außer in der Verwirklichung der Kommunikation« (Jaspers, Wahrheit, S. 972). – Zur Tragweite der Kommunikation in seiner Philosophie vgl. vor allem Jaspers, Philosophie II, S. 50–148 und Ders., Wahrheit, passim, insb. S. 575–588 und 966–986. Die Bezüge zwischen

V. Zentrale Anliegen der Diskursethik (J. Habermas, K.-O. Apel)

1. Solidarität als Grundlage kommunikativer Normbegründung im lokalen und universalen Rahmen

In Abgrenzung zu individualistisch konzipierten Staatsvertragstheorien ist nach Habermas die Vorstellung der Vereinbarung zwischen originär vereinzelten Subjekten zu ersetzen »durch die Idee einer vernünftigen Willensbildung innerhalb einer Lebenswelt vergesellschafteter Individuen«[64]. Die Menschen treten nicht aus einem »Urzustand« als rational motivierte Einzelne zueinander in Beziehung, sondern sie stehen als Sozialwesen immer bereits in sozialen Abhängigkeiten, um die sie zumindest intuitiv wissen. Auf diesem lebensweltlichen Hintergrund elementarer, lebenssichernder Solidaritäten erwächst nach Habermas der Keim zu rationaler Gestaltung und Veränderung sozialer Beziehungen und Ordnungen.

Für die elementare zwischenmenschliche Verständigung als Kern von Rationalität wird also ein »soziales Band« vorausgesetzt, »das einen jeden mit allen vorgängig verknüpft[65]«. Die hier angesprochene Solidarität verharrt aber

dem kommunikativen Verständnis von Vernunft bei Jürgen Habermas und Karl Jaspers sind erst in Ansätzen aufgearbeitet; siehe dazu Helmut Fahrenbach, Kommunikative Vernunft. Ein zentraler Bezugspunkt zwischen Karl Jaspers und Jürgen Habermas. In: Salamun, Jaspers, S. 189–216. – Den zwischenmenschlichen Dialog hat auch *Buber* – ohne eine Lehre auszubilden oder den Gedanken der Zwischenmenschlichkeit systematisch zu durchdringen – ins Zentrum seines – stark religiös fundierten – philosophischen Denkens gestellt. Es geht ihm beim »dialogischen Prinzip« nicht so sehr um ein Verfahren der Konfliktlösung oder Normsetzung, sondern um die Tiefe existentieller menschlicher Erfahrung. Anliegen war ihm, die Echtheit des menschlichen Zusammenlebens, die Unmittelbarkeit der Beziehungen davor zu retten, vom Machttreiben der Politik verschlungen zu werden; siehe vor allem: Martin Buber, Das dialogische Prinzip. 5. Aufl., Heidelberg 1989; Robert Weltsch, Bubers politische Philosophie. In: P. Schlipp u. M. Friedmann (Hrsg.), Martin Buber. Stuttgart 1963, S. 384 ff.

[64] Habermas, Erläuterungen, S. 72.

[65] Habermas, Erläuterungen, S. 72.

nicht in dumpfen Zusammengehörigkeitsgefühlen oder -zwängen, sondern diese werden durch Diskurse und die ihnen eigene Reflexivität durchbrochen; die archaischen Bindungen (Familie, Stamm, Dorf, Nation) öffnen sich gleichsam zu einer rationalen Sozietät, die jede urwüchsige Gemeinschaft schließlich transzendiert, bis hin zu jener universalen Rechtsgemeinschaft, die für die Unversehrtheit aller sensibel ist[66].

Sowohl das Prinzip der Solidarität als auch seine Tendenz zur Universalisierung werden m. E. anschaulicher, wenn man die Sozialphilosophie George Herbert Meads miteinbezieht, auf die sich Habermas im wesentlichen stützt. Nach Mead entwickeln sich Individualität und Moralität in einer gesellschaftlichen und politischen Praxis. Der Wertorientierung an konkreten Menschen (z. B. Eltern) folgt im Laufe der Identitätsbildung die Ausrichtung an der eigenen Gruppe, geht über diese hinaus zu immer umfassenderen sozialen Einheiten und erreicht schließlich die universalistische Perspektive, die grundsätzlich auf den Einbezug der Menschheit tendiert: Dieses Perspektive hebt uns aus dem *Verhaftetsein* in jeder konkreten Gemeinschaft heraus und führt zur Anerkennung des Universalisierungsprinzips[67]. Man erkennt in dieser Stufenfolge bereits die von Lawrence Kohlberg[68] im Anschluß an Mead ausgearbeiteten Stufen der individuellen moralischen Entwicklung[69].

Auch bei Habermas realisiert sich das Prinzip der Universalisierung von Normen schrittweise im Prozeß einer immer umfassenderen Berücksichtigung der Anliegen anderer in den eigenen Entscheiden. Dieses Mitbedenken der andern, der Einbezug ihrer Sichtweisen, ihrer Perspekti-

66 Ähnlich Habermas, Erläuterungen, S. 70f.

67 Diese Darstellung folgt Joas, Intersubjektivität, S. 133.

68 Dazu insb. Lawrence Kohlberg, The philosophy of moral development. Moral stages and the idea of justice. San Francisco 1981; vgl. auch nachfolgend Anm. 69 und Anm. 27 in Kap. 3.

69 Vgl. statt vieler Joas, Intersubjektivität, S. 133 mit Anm. 33; Jürgen Habermas, Gerechtigkeit und Solidarität. In: Habermas, Erläuterungen, S. 49ff.; Ders., Moralbewußtsein, S. 130–143.

ven in der eigenen Reflexion[70] schließt zunächst die Angehörigen der Gemeinschaft ein, in der die Individuen sozialisiert wurden; im Laufe der persönlichen Entwicklung ergreift das wachsende Bewußtsein die weitern menschlichen Gemeinschaften und schließlich alle Menschen. Das hier maßgebliche Prinzip der *Perspektivenübernahme* mündet damit in Solidarität mit einer »idealen Kommunikationsgemeinschaft«, die alle Menschen umfaßt[71]. Habermas versucht also, das Universalisierungsprinzip, das schon bei Kant – dort allerdings in monologischer Form – in Fragen der Moral und des Rechts bestimmend war, kommunikativ umzusetzen. Das Prinzip der Universalisierung realisiert sich in Diskursen, in denen sich alle Teilnehmer »auch in die Lage all derjenigen versetzen können, die von der Ausführung einer problematischen Handlung oder von der Inkraftsetzung einer problematischen Norm betroffen wären«[72].

Die Aktualität der universalen Perspektive in der Wahrnehmung politischer Probleme ist offensichtlich in den globalen Bedrohungen menschlichen Lebens und seiner Mitwelt. Weiter wird auch die soziale und politische Situation in verschiedenen Weltteilen zunehmend als Faktor globaler Stabilität oder Instabilität erkannt. Exemplarisch seien die durch soziales Gefälle oder politische Repression mitverursachten (oder drohenden) Migrationen erwähnt.

Nach Karl-Otto Apel zeigt sich gerade in solchen Problemen der Mitverantwortung für die Folgen kollektiver Tätig-

[70] Habermas spricht in diesem Sinn von einer »öffentlichen Praxis gemeinsamer, gegenseitiger Perspektivenübernahme: Jeder sieht sich genötigt, die Perspektive jedes andern zu übernehmen, um zu prüfen, ob eine Regelung auch aus der Perspektive des Welt- und Selbstverständnisses eines jeden andern akzeptabel ist.« Habermas, Revolution, S. 121.

[71] So die grundlegende These von Habermas; vgl. z.B. Habermas, Erläuterungen, S. 157; siehe jetzt auch Ders., Faktizität und Geltung, S. 564ff.

[72] Habermas, Erläuterungen, S. 154; dieser Prozeß der Perspektivenübernahme bleibt aber nicht als bloß stellvertretender Diskurs maßgeblich, sondern die einzelnen Betroffenen sind mit ihren Ja- und Nein-Stellungnahmen letzte Instanz: Habermas, Erläuterungen, S. 72f.; vgl. auch Habermas, Moralbewußtsein, S. 78.

keit im planetaren Maßstab die Überlegenheit der Diskursethik gegenüber jeder Form traditioneller Individualethik, die bei der Rolle (und den damit verbundenen Verpflichtungen) der Einzelnen im Rahmen der Familie oder der staatlichen Ordnung ansetzt. »Wie sollte auch irgend ein Einzelner als Privatmensch oder im Rahmen einer institutionalisierten Rollenverantwortung – und wäre er selbst Umweltminister – die Verantwortung für die Bewältigung der menschlichen Ökosphäre übernehmen können?«[73] fragt Apel. Beinahe jede umfassendere Frage in der heutigen Wirtschafts-, Wissenschafts- und Technikpolitik gewinnt ihren Sinn »letztlich nur unter der Voraussetzung, daß der Fragende sich je schon als gleichberechtigter Beteiligter und Mitverantwortlicher, keineswegs aber als Alleinverantwortlicher im Gemeinschaftsunternehmen diskursiver Problemlösung versteht«[74]. Dies gilt ganz besonders, wo es um die Neubegründung *rechtlicher* Normen geht; die Interessen der Betroffenen und das Wissen der Experten sind zusammenzubringen und durch Argumente so zu vermitteln, daß nach Möglichkeit universal konsensfähige Lösungen erreicht werden. Das hier angesprochene Projekt der diskursethischen Mobilisierung und Organisation kollektiver Mitverantwortung auch im weltweiten Rahmen sieht Apel in der politischen Wirklichkeit insoweit implizit als verbindlich anerkannt, als zahllose politische Gespräche und internationale Konferenzen öffentlich den Anspruch erheben, Mitverantwortung diskursiv wahrzunehmen. Dieser Diskursivierung kommt der Umstand entgegen, daß wir, »erstmals in der menschlichen Geschichte, einerseits mit technischen und wirtschaftlichen Systemzwängen im planetaren Maßstab konfrontiert sind, andererseits aber auch mit der Tatsache einer *kritisch räsonnierenden Weltöffentlichkeit*«[75]. Durch die prozedurale Organisation einer Kommunikationsgemeinschaft müssen die Menschen gleichsam die Initiative gegenüber den behaupte-

[73] Apel, in: Apel/Kettner (Hrsg.), Zur Anwendung der Diskursethik, S. 29f.

[74] Apel, in: Apel/Kettner (Hrsg.), Zur Anwendung der Diskursethik, S. 30.

[75] Apel, in: Apel/Kettner (Hrsg.), Zur Anwendung der Diskursethik, S. 31.

ten Sachzwängen der technischen Zivilisation und ihrer sogenannten »autopoietischen Systeme«[76] zurückgewinnen.

Auch bei Habermas ist das Problem der technisch-gesellschaftlichen Sachzwänge und der Behauptung menschlicher Autonomie in den Sozialgestaltungen zentral. Habermas stellt eine Tendenz fest, den institutionellen Rahmen der Staats- und Rechtsordnung immer mehr in den Dienst der wirtschaftlich-technisch fortschreitenden Systeme zu stellen und entsprechend zu planen. Er diagnostiziert die Gefahr schwer greifbarer manipulativer Zwänge eines technisch-operativen Staates, denen schwerer beizukommen sei als den manifesten Machtansprüchen der traditionellen autoritären Herrschaft; je mehr das System gesellschaftlicher Normen in den Bann technisch-fortschreitender Systeme gerate, desto mehr müsse sich soziales Handeln eigentümlich aufspalten: nämlich in das zweckrationale Handeln der Wenigen, welche die geregelten Systeme einrichten und technische Störungen beheben, einerseits; in das adaptive Verhalten der Vielen, die in die Routinen der geregelten Systeme eingeplant sind, andererseits[77]. Die Irrationalität der Herrschaft in einer Gesellschaft, die gerade in klassischen Bereichen individueller Freiheit (Wahl-, Konsum-, Freizeitverhalten) eher durch geplante Stimuli und entsprechende eingeschliffene Reflexe und konditionierte Verhaltensweisen als durch Kommunikation gesteuert werde, sei heute zu einer kollektiven

[76] Apel, in: Apel/Kettner (Hrsg.), Zur Anwendung der Diskursethik, S. 32.

[77] Habermas, Theorie und Praxis, S. 352–357; im Rahmen seiner neueren Schriften thematisiert Habermas die Spannung zwischen menschlicher Autonomie in der Gestaltung des Sozialen einerseits und den Zwängen wirtschaftlicher bzw. bürokratischer Systeme andererseits als »Kolonialisierung der Lebenswelt« durch Systemimperative; vgl. z.B. Habermas, Theorie II, S. 452 sowie Habermas, Unübersichtlichkeit, S. 189; vgl. jetzt wieder Ders., Faktizität und Geltung, z.B. S. 58ff., 77f., 107f., 365f.; dort (S. 78) spricht Habermas dem Recht »eine eigenartige Doppelstellung« zwischen Lebenswelt und gesellschaftlichen Systemimperativen zu; das Recht funktioniere als »Transformator, der erst sicherstellt, daß das Netz der sozialintegrativen gesamtgesellschaftlichen Kommunikationen nicht reißt«.

Lebensgefahr geworden[78]. Diese könnte nur durch eine politische Willensbildung bezwungen werden, die sich an das Prinzip allgemeiner und herrschaftsfreier Diskussion bindet. Die Rationalisierung der Herrschaft dürfen wir nach Habermas »nur erhoffen von Verhältnissen, die die politische Macht eines an Diskurse gebundenen Denkens begünstigen. Die lösende Kraft der Reflexion kann nicht ersetzt werden durch die Ausbreitung technisch verwertbaren Wissens.«[79]

2. Diskurse als Verfahren vernünftiger Konfliktlösung

Innerhalb einer durch Solidarität verbundenen Verständigungsgemeinschaft unterscheidet Habermas grundlegend zwischen *kommunikativem Handeln*, das auch unseren alltäglichen und eingeübten zwischenmenschlichen Umgang prägt, und *Diskurs*[80]. Kommunikation ist gleichsam das Grundelement aller sozialen Phänomene, die uns in der Gesellschaft, in der wir leben, immer schon umgeben: Kommunikation konstituiert die Lebens-, Handlungs- und Redewelt mit ihren traditionell geltenden, auch nicht hinterfragten

[78] Die Entwicklung vom autoritären Staat, dessen Herrschaft manifest ist, zu den subtileren Zwängen eines technisch-operativen Staates geht nach Habermas einher mit dem Verlust verinnerlichter Normen, der Entstrukturierung des Über-Ichs in der »vaterlosen Gesellschaft« (vgl. auch unten S. 132f.) und der zunehmenden Dominanz eines konditionierten Verhaltens, das situativ auf bestimmte externe Reize verläßlich reagiert. »Vielleicht gelingt es, zunächst einzelne Institutionen (...) und am Ende gar das Gesellschaftssystem im Ganzen so einzustellen, daß sie selbstregulativ arbeiten (...) und maximale Zuverlässigkeit verbürgen.« (Habermas, Theorie und Praxis, S. 355).

[79] Habermas, Theorie und Praxis, S. 357.

[80] Während Habermas unter *Kommunikation* bzw. *kommunikativem Handeln* die alltäglichen zwischenmenschlichen Verhaltensweisen versteht, definiert er *Diskurs* als ihre bewußte Unterbrechung; bisher selbstverständlich hingenommene Voraussetzungen (»Hintergrundüberzeugungen«) werden problematisiert und argumentativ geklärt; Habermas in: Habermas/Luhmann, S. 117, 134, 197; vgl. auch Habermas, Vorstudien, S. 122f.; Ders., Faktizität und Geltung, S. 32ff.

Wahrheiten und Normen[81]. Diese können brüchig werden, indem eine im Alltag unreflektiert hingenommene Annahme in Frage gestellt, mit anderen Worten ihre Geltung nicht mehr von allen als selbstverständlich hingenommen wird. Bisher stillschweigend vorausgesetzte Meinungen und Normen[82] werden von bestimmten Gesellschaftsmitgliedern bestritten. Dadurch problematisch gewordene *Geltungsansprüche* und die mit ihnen konkurrierenden Wahrheits- und Richtigkeitsvorstellungen müssen nun *Diskursen* zugeführt werden, damit die Mitglieder wieder jene Verständigung finden, die vernünftiges soziales Handeln ermöglicht.

Diskurs bezeichnet bei Habermas die durch Argumentation gekennzeichnete Form der Kommunikation, in der problematisch gewordene Geltungsansprüche zum Thema gemacht und auf ihre Berechtigung hin untersucht werden. Die Wahrheit von Behauptungen bzw. die Richtigkeit von Normen entscheidet sich im Verfahren des Diskurses. Die Formulierung von Diskursregeln wird demnach zu einem zentralen Problem der Philosophie. Diskurse sind ausgezeichnet durch Anerkennung und Ernstnehmen der andern Gesprächspartner, den Verzicht auf Instrumentalisierung der andern und die Bereitschaft, eigene Überzeugungen unter den Vorbehalt gemeinsamer Begründungsbemühungen zu stellen[83]. Merkmal eines

[81] Dazu und zum folgenden grundlegend Habermas in: Habermas/Luhmann, S. 114ff. sowie Habermas, Theorie I, S. 38ff.

[82] Die für die Konsensustheorie der Wahrheit entworfenen Bedingungen kommunikativer Rationalität (vgl. Habermas in: Habermas/Luhmann, S. 124f. und Habermas, Vorstudien, S. 127ff.) sind auch für die Anerkennung von Ansprüchen auf (moralische) Richtigkeit maßgeblich: Sowohl Wahrheits- wie auch Richtigkeitsansprüche sind nur diskursiv einlösbar; vgl. Habermas, Moralbewußtsein, S. 68f. und Habermas, Erläuterungen, S. 133; siehe etwa auch Habermas, Theorie I, S. 65f.

[83] Der Begriff »Diskurs« wird in der zeitgenössischen Philosophie teils synonym mit dem Begriff »Dialog«, teils aber in einem spezifischen – mehr an die Vorstellung rationaler Argumentation gebundenen – Sinn verwendet; vgl. Stichworte Diskurs/Dialog, in: Jürgen Mittelstrass (Hrsg.), Enzyklopädie der Philosophie und Wissenschaftstheorie. Bd. 1. Mannheim, Zürich, Wien 1980, S. 466 und S. 492.

Diskurses ist ferner, daß »kein Zwang außer dem des besseren Argumentes ausgeübt wird (...). Da prinzipiell alle Betroffenen an der praktischen Beratung teilzunehmen mindestens die Chance haben, besteht die »Vernünftigkeit« des diskursiv gebildeten Willens darin, daß die zur Norm erhobenen reziproken Verhaltenserwartungen ein *täuschungsfrei* festgestelltes *gemeinsames* Interesse zur Geltung bringen (...). »Vernünftigkeit« darf der diskursiv gebildete Wille heißen, weil die formalen Eigenschaften des Diskurses (...) hinreichend garantieren, daß ein Konsens nur über (...) Bedürfnisse, die *kommunikativ* geteilt werden, zustande kommen kann.«[84]

Die Menschen treten in den Diskursen also gleichsam aus dem gewohnten Handlungszusammenhang ihrer Lebenswelt heraus, um in argumentativer Auseinandersetzung neue Konsense über die handlungstragenden Normen des Zusammenlebens zu finden. Wird nun diskursiv ein neues Einverständnis herbeigeführt, kann es sich wiederum zu einer traditionell vorgegebenen Annahme verdichten oder verfestigen und einen »naiven« Geltungsmodus annehmen[85].

Die Diskursethik teilt mit der philosophischen Tradition der Aufklärung das Prinzip der gleichen Freiheit aller Menschen als unvertretbarer und sich selbst bestimmender Individuen[86]. Moralische und rechtliche Normen sind nur legitim, wenn sie getragen sind von Verfahren, die gleichen Respekt vor der Würde und Selbstbestimmung aller sicherstellen. Als Grund normativer Verbindlichkeit kommt daher nur Zustimmung und daraus fließender Konsens aller Betroffenen in Frage. Er ist das tragende Fundament aller Normgeltung. In Abgrenzung zu Kant ist der Ort der Regelbildung nicht das isolierte Individuum, das in seinem Innern die moralische Regel erdenkt. In der Diskursethik er-

[84] Jürgen Habermas, Legitimationsprobleme im Spätkapitalismus. Frankfurt a.M. 1973, S. 148f.

[85] Habermas in: Habermas/Luhmann, S. 115 mit Anm. 20.

[86] So zuletzt wieder in Habermas, Erläuterungen, S. 70; insoweit bleibt Habermas, im Gegensatz etwa zu Emmanuel Lévinas, eindeutig in der aufklärerischen Tradition, welche die Individuen als moralische Handlungszentren versteht.

hält die intuitive oder reflexiv erarbeitete Einsicht ihre moralische oder Gerechtigkeitsqualität erst durch Bewährung in der zwischenmenschlichen Auseinandersetzung[87]. Die subjektive Seite bleibt zwar wesentlich, weil Wahrhaftigkeit und Aufgeschlossenheit den Personen und Themen gegenüber[88] Voraussetzungen vernünftiger, d.h. moralisch gültiger oder gerechter Ergebnisse sind; aber erst im *forum externum,* in den argumentativen Auseinandersetzungen der betroffenen Menschen, erhalten die zunächst einseitig erhobenen oder in der Tradition vorgefundenen und nun fragwürdig gewordenen Normen oder Wahrheiten Anspruch auf Geltung.

Ein philosophisches Hauptinteresse der Diskursethik bezieht sich auf die Frage, wie *echte* Konsense (im Gegensatz zu falschen, trügerischen) zu erreichen sind. Als echt erscheint ein Konsens, der die nicht erzwungene Übereinstimmung sich *frei* entscheidender Individuen zum Ausdruck bringt und zwar in einer Situation, in welcher alle Gesprächspartnerinnen und Gesprächspartner dasselbe Recht zur Teilnahme, Thematisierung und Argumentation haben, und in welcher Wahrheits- und Richtigkeitsansprüche allein durch die Kraft von Argumenten entschieden werden. Dies setzt Freiheit von äußeren und inneren Zwängen voraus und die Bereitschaft, die eigenen Motive und Interessen offenzulegen, damit geprüft werden kann, ob die konkret erhobenen Ansprüche mit den Anliegen der Gesamtheit vereinbar seien. Die Gesprächsbeteiligten handeln dabei ohne Täuschungs- oder Manipulationsabsicht. Sie lassen sich auch nicht allein durch Emotionen leiten; anstelle eines blinden Beharrens auf Traditionen und Konventionen

[87] Vgl. dazu Thomas McCarthy, Kritik der Verständigungsverhältnisse. Frankfurt a.M. 1980, S. 370f. und Karl-Otto Apel, Ist die philosophische Letztbegründung moralischer Normen auf die reale Lebenspraxis anwendbar? In: K.-O. Apel, D. Böhler u. G. Kadelbach, Funk-Kolleg Praktische Philosophie/Ethik: Dialoge 2. Frankfurt a.M. 1984, S. 134: »Der vorkommunikative Rigorismus der Moralität des vereinzelten guten Willens, von dem Kant ausgeht, kann den situationsbezogenen Inhalt der Normen, die auf wirklicher Verständigung zwischen den Betroffenen beruhen, nicht vorwegnehmen.«

[88] Zu den Diskurserfordernissen der Wahrhaftigkeit, Authentizität und Aufgeschlossenheit siehe S. 66f., 74, 164f., 185, 207.

wählen sie durch Beobachten und Befragen den Weg der kommunikativ mitteilbaren Nachprüfung von Behauptungen[89].

Echte Konsense setzen gewaltfreie Diskurse voraus, in denen keine Meinungen oder Bedürfnisse unterdrückt oder Dissense durch autoritäre Einflußnahme verschleiert werden. »Der gewaltfreie Diskurs hat gerade das Ziel, im Interesse der begründeten Konsensbildung alle Dissense aufkommen zu lassen und niemals einzuschränken, also etwa durch nichtargumentative Mittel zu verhindern. Das letztere wäre die Methode eines autoritären Diskurses (...). Diskurse, die nicht nur Ausdruck des Machtwillens, bzw. des Aufeinanderprallens von Machtsystemen sind, sondern in denen tatsächlich die Meinungen und Bedürfnisse der Betroffenen vertreten werden dürfen, sind das Anzustrebende in der heutigen Weltlage. Sie bezeichnen die einzigen Lösungsmittel, die für die doch bestehenden Meinungsverschiedenheiten zwischen verschiedenen (...) Gruppen, Staaten oder Gesellschaften human sind.«[90]

Habermas hat seit 1971 in verschiedenen Publikationen *Regeln* formuliert, die für konsensstiftende Diskurse maßgeblich sind. Für Einzelheiten sei grundsätzlich auf diese Darstellungen, die auch einen Entwicklungsgang Habermas' deutlich machen, verwiesen[91]. Die für die normativ-politische Zielsetzung des vorliegenden Buches wichtigsten Gesichtspunkte können als Anforderungen an die Gesprächsbeteiligten und an die Kommunikationsstruktur zusammengefaßt werden. Dies ist im folgenden darzustellen.

89 Habermas, in: Habermas/Luhmann, S. 129f.

90 Karl-Otto Apel in: Florian Rötzer (Hrsg.), Denken, das an der Zeit ist. Frankfurt a.M. 1987, S. 71f.; wie bereits ausgeführt, haben Habermas und Apel bei der Formulierung der Diskursethik eng zusammengearbeitet.

91 Am wichtigsten erscheinen Habermas in: Habermas/Luhmann, Ders., Theorie; Ders., Moralbewußtsein; Ders., Erläuterungen und Ders., Faktizität und Geltung. Eine Art kondensierter Form von Habermas' Analyse der Diskurssituation findet sich in den von Robert Alexy formulierten Diskursregeln; siehe dazu Habermas, Moralbewußtsein, S. 99.

3. Bedingungen rationaler Argumentation

Anforderungen an die Diskursbeteiligten[92]

- Alle Betroffenen müssen ihre Einstellungen, Wünsche und Bedürfnisse in den Diskurs einbringen und jede andere Behauptung problematisieren können. Sinn dieser Regelung ist, daß »alle irgend relevanten Stimmen Gehör finden (und) die besten aller beim gegenwärtigen Wissenstand verfügbaren Argumente zur Geltung gelangen«[93]. Die Diskursbeteiligten müssen *einander* Chancengleichheit in der Teilnahme an den Argumentationen und damit Öffentlichkeit des Zugangs zu den Diskursen gewährleisten.
- Von den Diskurspartnern wird gefordert, daß sie sich gegenseitig als gleichwertige Subjekte auch in ihrer Verschiedenheit anerkennen[94]. Die *Reziprozität* in der Anerkennung als autonome Person begründet erst jene Selbstachtung, die Voraussetzung echter Kommunikation ist[95].
- Die Teilnehmerinnen und Teilnehmer müssen *vernünftig* sein, was bei Habermas zweierlei bedeutet: Er nennt einen Menschen vernünftig, »der dem Gesprächspartner und den besprochenen Gegenständen (gegenüber) aufgeschlossen ist«. Gefordert ist ferner Wahrhaftigkeit: »Wahrhaftig sind die Äußerungen eines Sprechers, wenn er weder sich noch andere täuscht.«[96] Wahrhaftigkeit »läßt sich nicht begründen, sondern nur zeigen; Unwahr-

[92] Zum Folgenden vgl. auch Habermas, Vorstudien, S. 81, 111f., 588f.

[93] Habermas, Revolution, S. 131.

[94] Habermas in: Habermas/Luhmann, S. 179ff.: Die vernunftbegründende Kommunikation umfaßt »mindestens zwei sprechende Subjekte, die sich in ihrer absoluten Verschiedenheit zugleich erkennen und anerkennen« (179); Habermas, Vorstudien, S. 76f.

[95] Habermas, Erläuterungen, S. 147: Selbstachtung kann nach Habermas kein ursprüngliches Phänomen sein, das im einsamen Subjekt vor aller Vergesellschaftung bestehen könnte. Das Selbst der Selbstachtung »bildet sich (...) erst in (...) Verhältnissen reziproker Anerkennung aus« (150); vertiefend dazu vgl. Axel Honneth, Integrität und Mißachtung. Grundmotive einer Moral der Anerkennung. In: Merkur 44 (1990) S. 1043–1054.

[96] Habermas in: Habermas/Luhmann, S. 130f.

haftigkeit kann sich in der mangelnden Konsistenz einer Äußerung und den mit ihr (...) verknüpften Handlungen verraten.«[97]

- Gesprächsteilnehmer sind zudem verpflichtet, *verständlich* zu reden, d.h., sich so auszudrücken, daß die wörtliche Bedeutung dessen, was sie sagen, das und nichts anderes bezeichnet, als was sie meinen[98]. Der Angesprochene muß wissen, worauf er antworten soll.
- Von allen wird die Fähigkeit verlangt, die Perspektive aller anderen einzunehmen. Gefordert ist Empathie, also die Fähigkeit, sich auch »über kulturelle Distanzen hinweg in fremde und prima facie unverständliche Lebensumstände, Reaktionsbereitschaften und Deutungsperspektiven einzufühlen«. Dies bedeutet, daß man »die Augen öffnet für die ›Differenz‹, d.h. für die Eigenart und das Eigengewicht des in seiner Andersheit verharrenden Anderen«[99].
- Zur Diskursfähigkeit gehört folglich auch Einfühlungsvermögen. Bestimmte Handlungskonflikte können wir als moralische Probleme überhaupt nur wahrnehmen, wenn wir *empfinden*, daß die Integrität einer Person bedroht oder verletzt wird. Gefühle, das »Sensorium für das Leiden einer versehrbaren Kreatur«, Sympathie oder Mitgefühl bilden also die »Basis unserer Wahrnehmung von etwas als etwas Moralischem«[100]. Gefühle können moralische Probleme erschließen, sie können hingegen nicht letzte Instanz für deren Beurteilung sein. Wollen wir in unseren Argumentationen – im Sinne der idealen Rollenübernahme – alle Menschen als mögliche Gesprächspartner mitbedenken[101], müssen wir uns auf moralische Einsichten verlassen und können nicht allein auf spontane Gefühle vertrauen.

[97] Habermas, Theorie I, S. 69.

[98] Habermas, Theorie I, S. 400.

[99] Habermas, Revolution, S. 143; Habermas, Erläuterungen, S. 73. Zur schrittweisen Öffnung der Perspektive von der lokalen zur universalen Kommunikationsgemeinschaft siehe S. 56ff.

[100] Habermas, Revolution, S. 140.

[101] Habermas, Revolution, S. 143f.

Die Gesprächssituation muß sicherstellen, daß »nur der zwanglose Zwang des besseren Arguments« entscheidbestimmend ist. Dies schließt Zwänge durch äußere Einwirkungen aus oder solche, die in der Struktur der Kommunikation selbst liegen oder auch im Innern der Sprechenden (z.B. als festgelegte Vormeinungen) wirksam sind. Die Kommunikationsstruktur ist dann frei von verzerrenden Zwängen, wenn für alle Beteiligten eine *symmetrische* Verteilung der Chancen zu sprechen und damit ihre Einstellungen, Gefühle und Wünsche zum Ausdruck zu bringen, gegeben ist[102]. Man kann diesen für Diskurse postulierten Zustand als »Herrschaftsfreiheit« charakterisieren, was aber auch zu Mißverständnissen geführt hat[103]. Entscheidend ist, daß »wir normative Fragen des elementaren Zusammenlebens nicht durch direkte oder verschleierte Gewalt, durch Pression, Einflußnahme oder durch die Macht des stärkeren Interesses, sondern durch gewaltlose Überzeugung auf der Grundlage eines rational motivierten Einverständnisses entscheiden«[104].

Habermas hat die skizzierten Anforderungen an die Struktur der Diskurse im Begriff der »idealen Sprechsituation«[105] zusammengefaßt; in früheren Schriften sah er darin

102 Habermas, Vorstudien, S. 177ff. und insbes. Habermas in: Habermas/Luhmann, S. 137.

103 Dazu z.B. K.-O. Apel in: Vosskamp (Hrsg.), Utopieforschung, S. 349, der auf den »gefährlichen Utopismus der anarchistischen Interpretation der Formel von der ›herrschaftsfreien Kommunikation‹« hinweist.

104 Habermas, Revolution, S. 118.

105 Zur Gegenüberstellung der »idealen Sprechsituation« im Sinne von Habermas und der diesbezüglichen Position Jacques Lacans vgl. E. Seifert (Hrsg.), Perversion der Philosophie. Berlin 1992, S. 28f.: Nach Habermas impliziert Diskurs stets die Vorstellung einer zwangfreien Kommunikation; die »Störungen«, die den Lauf der rationalen Kommunikation durch unreflektierten (innern) Zwang beeinträchtigen, haben den Charakter empirischer Hindernisse auf dem Weg einer annähernden Verwirklichung der regulativen Idee, wie sie die »ideale Sprechsituation« umschreibt. Anders Locan: nach ihm kann es keinen Diskurs geben, der von unbewußten Zwängen unbeeinflußt, keine Kommunikation, die nicht im Kern asymmetrisch, und kein Gespräch,

zugleich die »kontrafaktischen Bedingungen einer idealen Lebensform«[106]. Diese Bezugnahme auf die *Lebensform* in der Formel der »idealen Sprechsituation« hat Habermas später als »mißverständlich, weil zu konkretistisch« bezeichnet; er hat sie ferner deshalb abgelehnt, weil Fragen der idealen Lebensform nicht Gegenstand argumentativer Diskurse seien[107]. Er will damit auch jedem totalitären Verständnis seines Moral- und Gerechtigkeitskonzepts vorbeugen.

4. Die Unendlichkeit der idealen und die Beschränkung der realen Diskurse

Die Idee der Rationalität im Sinne der von Habermas vertretenen Konsensus-Theorie zielt auf die Zustimmung aller Menschen, die je von einem Wahrheits- oder Richtigkeitsanspruch betroffen sein könnten[108]. Dieses Ideal der Wahrheits- bzw. Richtigkeitssuche schließt also das Urteil all derer mit ein, mit denen als Mitbetroffenen je ein Gespräch aufgenommen werden könnte, wenn die eigene Lebensge-

in dem nicht auch Herrschaft wäre. Lacan entwirft besondere Verfahren für ein psychoanalytisches Setting, in dem die sonst permanenten Herrschaftsverhältnisse und Zwänge suspendiert werden können. – Zum Versuch, die Regeln des psychoanalytischen Settings für die Formulierung demokratischer Grundstrukturen normativ fruchtbar zu machen, vgl. Jörg Paul Müller, Zum Problem der Macht. Auf dem Weg von der subordinativen Herrschafts- zur koordinativen Grundrechtsordnung. In: manuskripte. Zeitschrift für Literatur, Heft 83 (1984), S. 35ff.; vgl. auch unten Anm. 167.

106 Habermas in: Habermas/Luhmann, S. 139.

107 Habermas, Revolution, S. 131, und zur Abgrenzung von Fragen unseres Selbst- und Weltverständnisses gegenüber moralischen und rechtlichen Urteilen ebd. S. 118; vgl. auch Habermas, Vorstudien, S. 538f.

108 Habermas in: Habermas/Luhmann, S. 124: Ich darf »dann und nur dann einem Gegenstand ein Prädikat zusprechen, wenn auch jeder andere, der in ein Gespräch mit mir eintreten *könnte,* demselben das gleiche Prädikat zusprechen *würde.«* – Der Diskursethik wird wegen dieses Rekurses auf eine ideale Kommunikationsgemeinschaft der Vorwurf gemacht, die von ihr erstrebten Konsense seien rein fiktiver Art; so z.B. Arthur Kaufmann, Rechtsphilosophie in der Nach–Neuzeit. 2. Aufl., Heidelberg 1992, S. 49 und 33.

schichte gleich umfassend wie die Geschichte der Menschenwelt wäre[109]. Damit ist erneut das Prinzip der Universalisierung (oben S. 56ff.) nunmehr in seiner kommunikativen Ausprägung, angesprochen. Der Kategorische Imperativ findet eine neue, kommunikationsethische Formulierung: »Handle nur nach einer Maxime, von der du, aufgrund realer Verständigung mit den Betroffenen bzw. ihren Anwälten oder – ersatzweise – aufgrund eines Gedankenexperiments, unterstellen kannst, daß die Folgen und Nebenwirkungen, die sich aus der allgemeinen Befolgung für die Befriedigung der Interessen jedes Betroffenen voraussichtlich ergeben, in einem realen Diskurs von allen Betroffenen zwanglos akzeptiert werden können.«[110]

Es besteht nie Gewißheit, ob eine Behauptung, die wir hier und jetzt – mit der Möglichkeit zu irren – äußern, »unter den gültigen Aussagen sein wird, die in der unbegrenzten Kommunikationsgemeinschaft *immer wieder ad infinitum* Zustimmung finden würden«[111]. In unserer tatsächlichen Argumentationspraxis, die sich in Raum und Zeit lokalisieren läßt, müssen wir uns jedoch mit einer bloß »hinreichenden« Annäherung an die idealen Diskursbedingungen zufriedengeben. Diese Diskrepanz darf uns aber nicht hindern – wenn wir überhaupt an Wahrheit orientierte bzw. moralisch vertretbare und gerechte Lösungen anstreben –, die Diskursvoraussetzungen (Diskursregeln) so weit wie mög-

109 Habermas in: Habermas/Luhmann, S. 124; Ders., Erläuterungen, S. 158; »Wahre oder richtige Aussagen (gelten) nicht nur für Dich und mich (...). Gültige Aussagen müssen sich mit Gründen verteidigen lassen, die jedermann jederzeit und an allen Orten überzeugen können« (S. 157). Damit kommt die Diskursethik dem Universalisierungsgrundsatz Kants nahe; das Gewicht hat sich jedoch verschoben »von dem, was jeder (einzelne) ohne Widerspruch als allgemeines Gesetz wollen kann, auf das, was alle in Übereinstimmung als universale Norm anerkennen wollen, (...) (also) auf eine kooperative Durchführung der jeweiligen Argumentation« (Habermas, Moralbewußtsein, S. 77).

110 Karl-Otto Apel, Diskurs und Verantwortung. Frankfurt a.M. 1988, S. 123; vgl. auch die kurze Formulierung von Annemarie Pieper: »Handle (stets) so, als ob du Mitglied einer idealen Kommunikationsgemeinschaft wärest!« (zit. in Apel, Zur Anwendung der Diskursethik, S. 36).

111 Habermas, Revolution, S. 132.

lich faktisch zu machen, obwohl wir diese nie voll zu realisieren vermögen[112]. Es wäre nach Apel »die Todsünde« der politischen Ethik, »wenn jeder Mensch – vor allem jeder verantwortliche Politiker – wegen des Nichtbestehens idealer Bedingungen konsensualer Kommunikation sich auch davon freigestellt hielte, zu ihrer Verwirklichung beizutragen«[113].

Die örtlichen und zeitlichen Beschränkungen realer Diskurse werden besonders aktuell in den rechtlich institutionalisierten Entscheidungsprozessen, etwa in der parlamentarischen Willensbildung: Der Inhalt einer verfahrensgerecht – das heißt unter diskursiven Bedingungen – erarbeiteten Mehrheitsentscheidung erscheint als das rational motivierte, aber *fehlbare Ergebnis einer unter Entscheidungsdruck vorläufig beendeten Diskussion*[114].

Es wird weiter unten zu untersuchen sein, inwieweit eine an die Diskursethik anschließende Theorie des Rechts, bzw. der Demokratie das vorgestellte Diskursmodell fruchtbar machen und insbesondere Institutionen und Verhaltensweisen umschreiben kann, welche die anspruchsvollen Kommunikationsvoraussetzungen für die differenzierten Fragestellungen und komplex vernetzten Verfahren rechtlicher und politischer Entscheidbildung optimal zu realisieren vermögen[115].

VI. Erläuterungen und Fragen zur Diskursethik

1. Begründet Konsens die Geltung von Normen?

Die Diskursethik läßt – jedenfalls in ihrer Formulierung durch Habermas – die für die Rechtsordnung entscheidende Frage offen, *warum* aus Zustimmung und Konsens Bin-

[112] Habermas, Revolution, S. 132.

[113] Apel, Diskurs (Anm. 110), S. 141.

[114] Habermas, Revolution, S. 126.

[115] Dazu ausführlich unten S. 145ff. Zu Recht betont Habermas, Faktizität und Geltung, S. 565, daß die Grenzen zwischen Recht und Moral nicht verwischt werden dürfen. Zuzustimmen ist ihm auch darin, daß der »Moralbezug« des Rechts nicht dazu verleiten darf, »die Moral dem Recht im Sinne einer Normenhierarchie überzuordnen« (S. 137).

dungswirkungen erwachsen. Als Ausgangspunkt und Grundlage der demokratischen Rechtsgemeinschaft haben wir oben eine gegenseitige faktische Abhängigkeit und eine damit verbundene elementare Solidarität[116] beschrieben. Grund der Bindungwirkung oder Geltung von Verständigungen in gemeinsamen Angelegenheiten ist in dieser Sicht primär das Vertrauen, das solidarische Menschen in die – expliziten oder impliziten – Zusicherungen der andern setzen dürfen. Dieses Vertrauensprinzip grenzt sich ab gegenüber einem Ansatz, der im Zusammentreffen individualistischer Willenserklärungen den Geltungsgrund vereinbarter Ordnungen sieht. Nicht der Wille als verstandesmäßig gesetzter Akt, sondern die Verläßlichkeit erweckter Erwartungen, die alle einander schulden, begründet die Legitimität von Geltungsansprüchen[117]. In der Rechtswissenschaft findet dieser Legitimationstyp Ausdruck in der *Bindungswirkung des Prinzips des Vertrauensschutzes.* In ihm kann der tiefere, nämlich in elementaren Geboten der Solidarität verwurzelte Grund der Vertragstreue gesehen werden[118]. Das Prinzip des Vertrauensschutzes stellt normativ jene Stabilität in den zwischenmenschlichen Beziehungen sicher, die für das Leben

[116] Dazu oben S. 28ff., 56f.

[117] Es ist Aufgabe der Gesamtrechtsordnung, die Legitimität sozialer Erwartungen im Sinne rechtlicher Verbindlichkeit auszudifferenzieren. Dies geschieht im politischen Prozeß, der auf die Formulierung verbindlicher Entscheide (Regelungen) hinzielt, und in den gerichtlichen Verfahren der Rechtsanwendung mit der konkreten Verbindlichkeit ihrer Entscheide und deren Präjudizienwirkung.

[118] Das Vertrauensprinzip steht in gewissem Gegensatz zum Willensdogma in der traditionellen Privatrechtslehre des 19. Jahrhunderts; vgl. z.B. F. Wieacker, Privatrechtsgeschichte der Neuzeit. 2. Aufl., Göttingen 1967, S. 517; A. Meier-Hayoz, Das Vertrauensprinzip beim Vertragsabschluß. Aarau 1948, insb. S. 49ff., 67ff. Im öffentlichen Recht erscheint das Vertrauensprinzip zunehmend als regulative Idee des Verhältnisses zwischen Staat und Rechtsadressaten; in dieser Funktion wird dem Prinzip Grundrechtscharakter zuerkannt; zur diesbezüglichen schweizerischen Lehre und Praxis vgl. Müller, Grundrechte, S. 253ff.; zur entsprechenden Rechtsprechung des Europäischen Gerichtshofes vgl. z.B. Albert Bleckmann, Europarecht. 5. Aufl., Köln 1990, S. 146, Rz. 306 mit Anm. 28; s. auch R. Streinz, Vertrauensschutz und Gemeinschaftsinteresse. In: Die Verwaltung 23 (1990), S. 153ff.

des einzelnen und die Rechtsgemeinschaft als Ganzes unentbehrlich ist[119].

Das Vertrauensprinzip als Geltungsgrund konsensualer Lösungen erlaubt etwa auch eine differenziertere Bewertung der grundsätzlichen Position derjenigen, die sich im politischen Prozeß nicht äußern und z. B. an Wahlen und Abstimmungen nicht teilnehmen: Ihr Stillschweigen darf nur insoweit als den Mehrheitsentscheid mitlegitimierendes Verhalten gedeutet werden, als sie auch hinsichtlich ihrer sozialen Stellung und persönlichen Fähigkeiten (z. B. Bildung), aber auch unter den konkreten objektiven Umständen tatsächliche Möglichkeiten und faire Chancen zu faktischer Einsicht in die Tragweite des Entscheids und

[119] Zur normbegründenden Funktion des Vertrauensschutzes im Völkerrecht vgl. Müller, Vertrauensschutz sowie Ders. in: Bruno Simma (Hrsg.), Charta der Vereinten Nationen. Kommentar zu Art. 2 Ziff. 2. München 1991, S. 50–58; illustrativ zur Funktion des Vertrauensschutzes als Geltungsgrund von *Gewohnheitsrecht* vgl. Müller, Vertrauensschutz, S. 35 f.: »Das Völkerrecht stellt in seiner Grundstruktur eine dezentralisierte und im Institutionellen wenig gesicherte Rechtsordnung dar. Was als Recht gilt, wird infolge des Mangels an zentralen Organen der Rechtsetzung in einem weiten Bereich von den Rechtssubjekten selbst in einem ständigen Prozeß der Vereinbarung, Anerkennung, Duldung, Bestätigung oder Bestreitung konkretisiert. Die Staatenpraxis – als das Verhalten der Völkerrechtssubjekte in rechtlich relevanten Bereichen des zwischenstaatlichen Verkehrs – bringt nicht nur deklarativ bestehendes Recht zum Ausdruck, sondern ist unter gewissen Bedingungen auch konstitutiv für seine Festigung, Änderung oder Aufhebung. Staatenpraxis im genannten Sinn kann man verstehen als einen ständigen Kommunikationsprozeß zwischen Völkerrechtssubjekten«. – »Auf eine gewohnheitsrechtliche Regel kann sich ein Völkerrechtssubjekt (also) dann mit Erfolg berufen, wenn seine Erwartung, zukünftiges Verhalten eines andern oder anderer Staaten werde mit der bisherigen Übung konform sein, auf Grund aller Umstände des Falles als gerechtfertigt erscheint (...). Es ist nicht das spekulative Moment einer nicht weiter erklärbaren *opinio iuris,* sondern das gerechtfertigte Vertrauen in die Konstanz fremden Verhaltens in rechtlich relevanten Handlungsbereichen, das die Verbindlichkeit einer Übung begründen kann« (a. a. O., S. 84); vgl. zur Funktion des Vertrauensprinzips im Rahmen einer internationalen Organisation Jörg Paul Müller, in: Bruno Simma (Hrsg.), Charta, Rz. 17–19 (S. 55 f.).

zur mitbestimmenden Äußerung hatten[120]. Ferner muß die explizite Stellungnahme unter den gegebenen Umständen zumutbar sein.

Das Vertrauensprinzip stellt in diesem Sinn das Korrelat der diskursethischen Forderung nach Authentizität[121] der Rede dar: Nur die hier angesprochene Übereinstimmung von Äußerung und Handlung vermag den politischen Diskursen jene Glaubwürdigkeit und Tragfähigkeit zu geben, die für ihre Entscheid- und Legitimationsfunktion im demokratischen Gemeinwesen unentbehrlich ist.

2. Ist Staatsgewalt diskursethisch zu rechtfertigen?

K.-O. Apel stellt den idealen Diskursgemeinschaften die Rechtsordnung mit ihrem Zwangscharakter gegenüber. Jene sieht er annähernd in Kommunikationsforen in den Bereichen der Wissenschaft, der Philosophie und der »räsonnierenden Öffentlichkeit« realisiert[122]. Zwischen solchen Diskursforen und dem staatlichen Zwangssystem besteht nun nach Apel ein Verhältnis gegenseitiger Abhängigkeit: Aus den Diskursen der Philosophie oder der politischen Öffentlichkeit fließt der Herrschaft »moralische« Rechtfertigung, Legitimität zu[123], während gleichzeitig die angesprochenen Diskursforen, also z. B. die wissenschaftliche Auseinandersetzung oder die gesellschaftliche Meinungsbildung im Bereich der Politik, des Schutzes durch die Zwangsbefugnisse der Herrschaft bedürfen.

An diese Überlegungen anschließend hat Apel in einer Untersuchung von 1992 die Frage der diskursethischen Be-

[120] Zur notwendigen advokatorischen Unterstützung marginalisierter Gruppen im politischen Prozeß vgl. S. 70 (Zitat Apel) sowie unten S. 204, 216.

[121] Zur zentralen Stellung der Authentizität in der Diskursethik s. oben S. 66.

[122] Apel in: Vosskamp (Hrsg.), Utopieforschung, S. 346.

[123] Vgl. Apel in: Vosskamp (Hrsg.), Utopieforschung, S. 348, 350; »Politisch-historisch und juristisch nämlich liegt ein revolutionärer Schritt mit langfristiger Wirkung darin, daß ein Rechtsstaat als Institution sich eine metainstitutionelle Instanz der diskursiven Legitimation und Kritik leistet und diese selbst schützt und garantiert.« (S. 348).

gründung des Zwangscharakters des *Rechts*[124] zum ersten Mal ausdrücklich thematisiert[125]. Er hält zwar an einer prinzipiellen Notwendigkeit der analytischen Trennung von verständigungsorientierter Kommunikation und zwangsbewehrter Herrschaft fest, auch mit dem erneut[126] explizit erwähnten Motiv, dem Verdacht eines schwärmerischen und utopischen Anarchismus entgegenzutreten[127]. Er versucht aber doch, eine Begründungsstruktur für »eine normative Rechtfertigung auch des Rechtszwangs und der Sanktionsgewalt des Staates im Sinne des Konsensbildungspostulates der Diskursethik« freizulegen[128]. Demnach sind jedenfalls *idealiter* auch die Garantie- und Schutzfunktionen, die der Staat mit seinem Gewaltmonopol wahrnimmt, konsensgetragen, allerdings in einem rein fiktiven (unterstellten) Sinn[129].

Apel ist zweifellos zuzustimmen, daß die von der Diskursethik postulierten praktischen Diskurse der situationsbezogenen Normbegründung stets unter den anthropologischen Grundbedingungen des Eingebundenseins in Raum und Zeit stattfinden. Sogar ein philosophischer Diskurs – beispielsweise anläßlich eines Kongresses – bedarf einer gewissen verbindlichen Organisation und Verfahrensleitung; diese kann z.B. einer *chair person* anvertraut sein mit dem Ziel, ein Höchstmaß an Gewalt- und

124 S. dazu auch unten Teil 2, S. 188ff.

125 Apel bezieht sich dabei auf nicht veröffentlichte Vorlesungen von Habermas über Rechtsphilosophie in den Jahren 1985/86; Apel, Zur Anwendung der Diskursethik, S. 38 und 42f.

126 So schon Apel in: Vosskamp (Hrsg.), Utopieforschung, insb. S. 346ff.

127 Apel, Zur Anwendung der Diskursethik, S. 44 auch unter Bezugnahme auf O. Höffes Vorwurf an die Diskurstheorie, sie stelle den »ethikfreien Institutionentheorien« des Rechtspositivismus eine institutionsfreie, »anarchistische Utopie der Herrschaftsfreiheit« gegenüber (S. 41).

128 Apel, Zur Anwendung der Diskursethik, S. 46, 60f.

129 Nach Apel ist die Zwangsfunktion des Rechtsstaats »nicht für die realen Kontrahenten« konsensfähig, »wohl aber für alle kontrafaktisch unterstellbaren Mitglieder einer idealen Kommunikationsgemeinschaft«; Apel, Zur Anwendung der Diskursethik, S. 35.

Herrschaftsfreiheit für die Argumentation zu ermöglichen[130].

Um die Koordination in Raum und Zeit zu sichern, ist aber – wie mir scheint – noch nicht eine »Delegation von Herrschaftsbefugnissen an eine unabhängige dritte Instanz« notwendig, wie Apel annimmt[131]; die Chairperson aktualisiert vielmehr den faktischen Konsens aller Beteiligten über ein Verfahren, das noch nicht als »Herrschaft« qualifiziert sein muß, sondern die schlichte Funktion erfüllt, vernehmliche Äußerungen und Antworten im Sinne eines Diskurses zu ermöglichen. Die Chairperson bleibt in den Konsens der Beteiligten permanent eingebunden; ihr Mandat ist widerrufbar, wenn die rational begründete Zuständigkeit überschritten wird und etwa Mittel für die Ausübung der Ordnungsfunktion eingesetzt werden, die nicht von der Zustimmung der Diskursgemeinschaft getragen sind. Wo die Grenze der Zumutbarkeit[132] bzw. Unzumutbarkeit von diskursbeeinträchtigenden Interventionen von einzelnen oder Gruppen liegt und entsprechende Maßnahmen des Chairmans als legitim erscheinen, ergibt sich aus den übereinstim-

130 Vgl. Apel, Zur Anwendung der Diskursethik, S. 45; so auch schon Ders., in: Vosskamp (Hrsg.), Utopieforschung, S. 347.

131 Apel, Zur Anwendung der Diskursethik, S. 45, im Anschluß an das im Text geschilderte »Chairperson«-Beispiel.

132 Die Frage der Zumutbarkeit der Diskursbereitschaft und des Gewaltverzichts nimmt in der Diskursethik zu Recht eine zentrale Rolle ein; eine verständigungsorientierte Befolgung der Diskursprinzipien ist ganz allgemein nur gegenüber Partnern zumutbar, die selber entsprechende Diskursbereitschaft zeigen und auf Gewalt und kommunikationsverzerrende Täuschung verzichten. Ebenso ist der Widerstand der Gemeinschaft nicht nur erlaubt, sondern in dem Maße geboten, als einzelne oder Gruppierungen sich mit Gewalt oder Täuschung, ohne nach der Annehmbarkeit für die andern zu fragen, durchzusetzen versuchen; vgl. z.B. Apel, Zur Anwendung der Diskursethik, S. 35. Zur Nichtzumutbarkeit (d.h. Nichtverantwortlichkeit) der Befolgung der idealen Normen strategiefreier Konsensbildung in durch Gewalt verzerrten Kommunikationssituationen vgl. ebd., S. 57; so ist etwa den verantwortlichen Repräsentanten einer unterdrückten politischen Gruppe »nicht zuzumuten, daß sie im Verkehr mit den Unterdrückern die der eigenen Gruppe vorenthaltenen Spielregeln der konsensualen Kommunikation ohne strategischen Vorbehalt anwenden«; Apel, ebd. (Anm. 87), S. 138.

menden, mitunter erst diskursiv zu ermittelnden Vorstellungen der Diskursgemeinschaft und nicht aus einem vorgegebenen Herrschaftsanspruch der Chairperson. Wichtig erscheint mir, daß sich auch der im Beispiel genannte Kongreß nur dann als *Diskursgemeinschaft* konstituieren kann, wenn er sich als menschliche Gemeinschaft versteht, die in ihren Handlungen, Maßnahmen, Zuständigkeiten usf. die Perspektive aller betroffenen Menschen (der konkret Betroffenen und der Außenstehenden) stets miteinschließt. Jede totale Identifizierung der Person mit einem bloß partikularen Selbstbehauptungssystem läuft der regulativen Idee der Diskursgemeinschaft radikal zuwider[133].

Apel scheint in seiner Begründung der Staatsgewalt als einer permanenten Instanz davon auszugehen, daß die Kommunikationssituationen in der realen Tagespolitik chronisch verzerrt sind, so daß der Rechtsstaat gleichsam ständig auf der Hut sein muß, mit seiner »Anti-Gewalt-Gewalt«[134] gegen Gewalt und Manipulation vorzugehen: Die Herrschaftsfunktion des Staates mit ihrer Sanktionsgewalt rechtfertigt sich demnach angesichts der Realität politischer Praxis dadurch, daß sie »letztlich der langfristigen Herstellung der Anwendungsbedingungen gewaltfreier Konsensbildung«[135] dient.

Eine solche Rechtfertigung der Staatsgewalt als »Anti-Gewalt-Gewalt« oder »Strategiekonterstrategie«[136] macht zu wenig deutlich, daß die angesprochenen Selbstbehauptungsakte des Rechtsstaats niemals nur an ihrer Effizienz in der Gewalthinderung oder -bekämpfung gemessen werden dürfen. Als Akte einer diskursorientierten Rechtsgemeinschaft müssen sie immer auch vor den Grundrechten standhalten, die willkürliche Zwangsmaßnahmen ausschließen und nur solche zulassen, die den Grundsatz der Verhältnismäßigkeit und den Kerngehalt der Grundrechte respektieren. Insofern sind Gegen-Gewalt-Maßnahmen

133 Ähnlich Apel in: Vosskamp (Hrsg.), Utopieforschung, S. 349.

134 So Apel, Zur Anwendung der Diskursethik, S. 46 und 57.

135 Apel, Zur Anwendung der Diskursethik, S. 57, ähnlich S. 46 und 36.

136 Vgl. Anm. 134.

des Gemeinwesens durchwegs von anderer Qualität als die Gewaltakte, die es zu bekämpfen gilt.

Im Apelschen Versuch der Rechtfertigung des staatlichen Rechtszwangs bleibt eigenartig offen, ob diese »Konzession« an Gewalt und Strategie wirklich nur eine konsequente Entfaltung des Diskursprinzips (im Sinne der beschriebenen herrschaftlichen Sicherung von Diskursvoraussetzungen) sei. Oder: Hat sich da eine gefährliche Referenz gegenüber einem Residuum des Obrigkeitsstaates eingeschlichen, die im Gunde der Autonomie der Kommunikationsgemeinschaft mißtraut und Zuflucht zu einer (historisch oder soziologisch) vorgefundenen Staatsgewalt nimmt und sie dadurch zugleich fixiert? Diese würde letztlich das stabilisierende Rückgrat des Verfassungsstaates ausmachen, an dem die Rechtsadressaten durch Kritik und punktuelle Einflußnahme (Wahlen und Referenden) »partizipieren« dürfen ohne wirklich in ihrer konstituierenden Funktion ernstgenommen zu werden.

Es ist zu fragen, ob der geschilderte Versuch einer diskursethischen Rechtfertigung des Rechtsbegriffs nicht insoweit von überholten Prämissen ausgeht, als er das Zwangselement als primäres Charakteristikum rechtlicher (im Gegensatz zu moralischen) Regeln versteht[137]. Der Zwang ist »zwar ein

[137] Die Frage ist auch an Habermas zu stellen, der m. E. das Recht zu ausschließlich von seinem Zwangscharakter her bestimmt; vgl. z. B. Habermas, Faktizität und Geltung, S. 46 ff.; darum vermag Habermas auch den dem Obrigkeitsstaat verhafteten Begriff der »Staatsgewalt« nicht konsequent nach den Legitimitätsbedingungen des demokratischen Verfassungsstaates zu rekonstruieren; vgl. z. B. ebd., S. 166 ff.: »(...) der Staat hält gleichsam ›zur Deckung‹ seiner Befehlsmacht eine kasernierte Gewalt in Reserve« (167). Obwohl bei Habermas die »staatlich organisierte Macht (...) nicht gleichsam von außen neben das Recht (tritt)«, wird sie von diesem doch *»vorausgesetzt«* (168). An anderer Stelle postuliert Habermas, »die zum Zweck der Rechtsdurchsetzung (...) in Anspruch genommene politische Gewalt, der das Recht seine Positivität verdankt, (sei) selber in den Formen legitimen Rechts zu organisieren« (ebd., S. 58); vgl. auch ebd., S. 364: Die »diskursive Rationalisierung« von Regierung und Verwaltung durch demokratische Verfahren »bedeutet mehr als bloße Legitimation, aber weniger als Konstituierung der Macht«; siehe aber auch die elastischere Formulierung auf S. 231 f.: »Die rechtliche Zähmung naturwüchsiger politischer Gewalt darf nicht

notwendiges, zur politischen Sphäre gehöriges, aber im Grunde doch ein Randphänomen. Wer allzusehr unter dem Zwang des Zwanges steht, übersieht nur zu leicht die anderen, viel wichtigeren Züge des Wirklichkeitsaspektes des Rechts und bereitet den Boden für heillose Verzerrungen von Recht und Staat«[138]. Rechtsnormen qualifizieren sich gegenüber anderen sozial wirksamen Normen durch den Konsens der Rechtsgemeinschaft, daß sie *unbedingt* gelten sollen, d.h. auch gegenüber Personen, die sich im Einzelfall widersetzen. Wie diese angestrebte »Unbedingtheit« realisiert wird, ist durch differenzierte Regeln der Rechtsdurchsetzung *innerhalb* der Rechtsordnung selbst zu beantworten[139]. Die Frage, ob und allenfalls mit welchen Mitteln (materielle) Rechtsnormen zu vollstrecken seien, ist ebenso eine Frage demokratischer Normsetzung wie die Festlegung des materiellen Rechts. Ganz entscheidend scheint mir, daß der demokratische Rechtsstaat in seiner Existenz nicht auf Gewalt (auch nicht auf »Gewaltkontergewalt«[140]), sondern primär auf *demokratischer Legitimität* gründet, d.h. auf einem

als Disziplinierung einer in ihrer Substanz unbeherrschbar kontigenten Willensmacht begriffen werden. Sie löst vielmehr diese Substanz auf und überführt sie in eine ›Herrschaft der Gesetze‹.« In dieser kann sich »die politisch autonome Selbstorganisation der Rechtsgemeinschaft« (S. 232), aber auch der Paternalismus gegenüber unterworfenen Rechtsadressaten (S. 154) ausdrücken. – Es geht m.E. im demokratischen Verfassungsstaat nicht nur um »Kanalisierung« (Habermas, ebd., S. 166 unten) einer vorausgesetzten Staatsgewalt mit den Mitteln legitimen Rechts, sondern um eine *genuine* Begründung sämtlicher Hoheitsfunktionen in den Verfahren demokratischer Entscheidbildung; zur konsequent diskursiven Begründung der Demokratie mit ihren Sanktionsmechanismen vgl. Müller, Versuch, S. 628ff. mit kritischer Bezugnahme auf O. Höffe. – Zum Postulat der rechtlichen Konstituierung der Sanktions- und Exekutivfunktionen des Rechts siehe unten S. 188ff. – Für einen differenzierten Sanktionsbegriff plädiert aus rechtssoziologischer Sicht auch Niklas Luhmann, Rechtssoziologie. Reinbek 1972, S. 60f.

138 Hans Ryffel, Grundprobleme der Rechts- und Staatsphilosophie. Philosophische Anthropologie des Politischen. Neuwied, Berlin 1969, S. 187; vgl. auch ebd., S. 402.

139 Ausführlicher zur Funktion des Rechtszwanges im demokratischen Gemeinwesen unten S. 188ff.

140 Der Ausdruck stammt von Apel, Zur Anwendung der Diskursethik, S. 57.

Grundkonsens aller Betroffener, diskursiv und gewaltfrei zu kooperieren. Fällt dieser Konsens auseinander (indem z.B. in einem Vielvölkerstaat wie der Schweiz die verschiedenen Sprach- oder Kulturgruppen im Grundsatz nicht mehr zu gewaltfreier Kooperation bereit sind), vermag sich dieser Staat als demokratisches Gemeinwesen nicht zu erhalten, auch wenn er als Herrschaftssystem, z.B. unter autoritärer Führung, weiterzubestehen vermöchte. Er zerfällt, jedenfalls als demokratische politische Einheit. Daß der demokratische Grundkonsens stets prekär ist und letztlich nicht mit Zwangsmitteln gesichert werden kann, ist eine Einsicht moderner Verfassungstheorie, auf die bereits oben hingewiesen wurde[141]. Solange aber der Grundkonsens in den Institutionen und in der politischen Kultur lebendig ist, muß die Kommunikationsgemeinschaft fähig sein, ihren durch Verfahren legitimierten Entscheiden faktische Geltung zu verschaffen. Dies geschieht wiederum durch Mittel, die in einem diskursiven Verständigungsverfahren zu legitimieren sind. Sie richten sich z.B. gegen den Widerstand angemaßter Macht von Sonderinteressen einzelner oder von Gruppen, die für die Realisierung ihrer Anliegen nicht den beschwerlichen Weg offener Argumentation und Auseinandersetzung wählen.

Setzt man als Bedingung konsensorientierter Verfahren den sichernden Raster einer Herrschaftsfunktion voraus[142], geht das demokratische Anliegen einer Selbstgesetzgebung der Betroffenen als Mark und Substanz des politischen Gemeinwesens im Ansatz verloren. Der *demokratische* Rechtsstaat konstituiert sich aus der Mitverantwortung aller Betroffenen auch für die Lösung derjenigen Probleme, die sich aus den nichtidealen Bedingungen notwendiger Konfliktentscheidungen in der Gesellschaft ergeben; organisatorische Maßnahmen gegen manipulative Durchsetzungsversuche von Partikularinteressen etwa in Wahlen und Abstimmungen oder parlamentarischen Verfahren sind genauso Aufgabe

[141] Siehe oben S. 22ff. und statt vieler D. Grimm, Stichwort ›Verfassung‹. In: Staatslexikon, Bd. 5. 7., völlig neu bearb. Aufl., Freiburg i.Br., Basel, Wien 1989, Sp. 633ff.

[142] So aber verstehe ich Apel, Zur Anwendung der Diskursethik, S. 58.

demokratischer Rechtsetzung und -durchsetzung wie eine adäquate Organisation und gesetzliche Bindung des Vollstreckungswesens im Privatrecht, des Strafvollzugs oder der Polizeifunktionen.

Zusammenfassend kann das hier vertretene Anliegen auch wie folgt umschrieben werden: Die von Apel geprägte Formel vom Rechtsstaat als »Vermittler« zwischen Moral und Politik verweist die Institutionen der Rechtsdurchsetzung in eine eigenartige Grauzone zwischen konsensgetragener Legitimation und strategischer Selbstbehauptung. Ich meine, gerade auch im Blick auf die Geschichte sei eine moralische »Entlastung« der Bürgerinnen und Bürger (die im Rahmen der demokratischen Partizipation immer auch »Politiker« im weiten Sinn des Wortes sind, wie es Apel gebraucht) von der Verantwortung für die praktisch notwendigen Zwangsbefugnisse des Gemeinwesens gefährlich[143]. Es genügt nicht, den Rechtszwang nur »idealiter«[144], nicht aber real – wenigstens approximativ – konsensfähig zu gestalten. Auch die Garantie des Rechtsstaats für die Erzwingbarkeit von Recht muß in die institutionalisierten parlamentarischen oder direktdemokratischen Verfahren der diskursiven Entscheidbildung eingebunden sein.

Diese kritischen Bemerkungen zu Apels Versuch, die Herrschaftsfunktion des modernen Staates diskursethisch zu begründen, sollen nicht den Eindruck erwecken, die Diskursethik sei nicht sensibel für das Problem der Staatsgewalt mit ihrer Tendenz zu Eigengesetzlichkeit. Diese Sensibilität kommt etwa zum Ausdruck in der Auseinandersetzung mit dem Souveränitätsbegriff, bei dem es zentral um die dem modernen Staat eigentümliche Hoheitsgewalt geht. So wurde der Übergang vom Obrigkeitsstaat zum demokratischen Verfassungsstaat mit dem Bild einer »Verflüssigung« der Souveränität beschrieben: »Wenn die Idee der Volkssouve-

143 Nach Apel, Zur Anwendung der Diskursethik, S. 58, soll die öffentlich-staatlich monopolisierte Zwangsgewalt »den Einzelnen von der moralisch zu verantwortenden Gewaltanwendung gerade entlasten (...) (in dem Sinne, in dem nach Arnold Gehlen alle Institutionen den einzelnen von der begründeten Verantwortung für sein Handeln im Alltag entlasten).«

144 So aber ausdrücklich Apel, Zur Anwendung der Diskursethik, S. 58.

ränität auf hochkomplexe Gesellschaften noch realistisch Anwendung finden soll, muß sie von der konkretistischen Deutung einer Verkörperung in physisch anwesenden (...) Gliedern eines Kollektivs abgelöst werden (...). Die (...) Volkssouveränität kann sich nur noch in jenen subjektlosen, freilich anspruchsvollen Kommunikationsformen ›verkörpern‹, die den Fluß der politischen Meinungs- und Willensbildung so regulieren, daß ihre falliblen Ergebnisse die Vermutung praktischer Vernünftigkeit für sich haben. Die kommunikativ verflüssigte Souveränität bringt sich in der Macht öffentlicher Diskurse zur Geltung, die Themen von gesamtgesellschaftlicher Relevanz entdecken, Werte interpretieren, Beiträge zu Problemlösungen leisten, gute Gründe produzieren und schlechte entwerten. Diese Meinungen müssen freilich in Beschlüssen demokratisch verfaßter Körperschaften Gestalt annehmen.«[145]

Damit ist erneut die Frage gestellt, wie sich die verschiedenen Grundanliegen einer demokratischen Gemeinschaft: das menschliche Bedürfnis nach stabilisierender Ordnung und nach Realisierungschancen partikularer individueller oder kollektiver Selbstbestimmungsinteressen[146] in optimaler Weise miteinander verbinden lassen. Das Thema wird für den weiteren Fortgang der vorliegenden Arbeit wegleitend sein.

3. Habermas' Metapher »Inseln der Diskurse im Meer der Lebenswelt«

Recht und Staat bzw. die Ordnung des politischen Gemeinwesens sind Teil menschlicher Wirklichkeit mit ihren vielfältigen Dimensionen: Die rechtlichen und politischen Ordnungen sind geprägt von rationalen Entscheidungen, Verfahren, Satzungen und Zielen; daneben sind traditionelle Faktoren, irrationale Triebkräfte und rein konventionelle Motivationen wirksam. Auf diesen Bereich der Rechtswirklichkeit werden wir später zurückkommen (Kapitel 3).

145 Habermas, Strukturwandel, S. 43f.; vgl. nun aber Habermas, Faktizität und Geltung, S. 170, 363ff., 610ff.

146 Diese Ambivalenz ist zentral für die im folgenden dargestellte normative Theorie der Demokratie; s. unten S. 98ff., 103f., 121ff., 138f., 211ff.

Die Diskursethik mit ihrem Ziel einer rationalen Lösung sozialer Konflikte erreicht gewissermaßen nur einen Aspekt von Recht und Politik: nämlich denjenigen, der einer bewußten und vernünftigen Gestaltung überhaupt zugänglich ist. Dabei droht der andere, eher in Gewohnheit und unbewußten Mechanismen verankerte Teil aus dem Blickfeld zu fallen. Würde diese Befürchtung zutreffen, gliche die Diskursethik mit ihrem Anspruch, verbindliche Aussagen zu Fragen der Legitimität sozialer Ordnungen zu machen, einer Geographie, die im Versuch, die Erde zu beschreiben, sich auf die Kontinente und Inseln konzentriert, nicht aber den umfassenderen Teil des Planeten, die Meere, untersucht.

Tatsächlich ist damit nicht einfach eine Polemik ausgedrückt, sondern eine Problematik umschrieben, die Habermas selber ins Licht rückt: Rationale Diskurse haben nach ihm »einen unwahrscheinlichen Charakter und heben sich wie Inseln aus dem Meer der alltäglichen Praxis heraus«[147]; oder, noch pointierter formuliert: »(...) praktische Diskurse (gleichen), wie alle Argumentationen, den von Überschwemmung bedrohten Inseln im Meer der Praxis«[148]. Das Meer der Alltagspraxis bezeichnet die Diskursethik – in Anlehnung an Edmund Husserl[149] – als »Lebenswelt«.

Die Lebenswelt bildet gleichsam »im Rücken der Interaktionsteilnehmer den fraglosen Kontext des Verständigungsvorgangs«. Aus dieser Lebenswelt schöpfen die Beteiligten ihre im Sozialisationsprozeß erworbene Sprachkompetenz, das Hintergrundwissen für die Artikulation ihrer Ansprüche, aber auch die stillschweigend vorausgesetzten und normativ gefestigten Beziehungsmuster, die gleichsam das einigende Band, die Solidarität[150] einer Kommunikationsgemeinschaft darstellen[151]. Die Lebenswelt besteht nach Habermas »aus sozial eingeübten Praktiken, dem intuitiven Wissen, *worauf* man sich in einer Situation verlassen kann,

147 Habermas, Erläuterungen, S. 162.

148 Habermas, Moralbewußtsein, S. 116.

149 Dazu Habermas, Kontexte, S. 34–48; zum Konzept der Lebenswelt vgl. Habermas, Theorie I, S. 107ff., S. 123f. sowie Habermas, Theorie II, S. 182ff.

150 S. dazu beispielsweise Habermas, Erläuterungen, S. 72f. und Habermas, Philosophischer Diskurs, S. 377f.

151 Habermas, Philosophischer Diskurs, S. 365.

nicht weniger als aus den trivialerweise gewußten Hintergrundüberzeugungen«[152]. Die »lebensweltlichen« Selbstverständlichkeiten haben »die Gewißheit eines präreflexiven und unthematischen Wissens, worin Faktizität und Geltung eigentümlich verschmelzen. Sie treten im Modus einer unmittelbaren und unfehlbaren Gewißheit auf«[153]. Aus diesem Hintergrundwissen nähren sich einerseits die rationalitätsstiftenden Diskurse. In ihnen werden bisher selbstverständlich hingenommene Geltungsansprüche problematisiert und aufgearbeitet. Andererseits läßt sich die »Lebenswelt« im Sinne von Habermas[154] nicht durchwegs argumentativ bewältigen; sie stellt auch ein notwendiges *Gegengewicht* zu den verunsichernden, mit einem Dissensrisiko belasteten diskursiven Verständigungsprozessen dar. Sie hat als »Amalgam aus Hintergrundannahmen, Solidaritäten und einsozialisierten Fertigkeiten« eine »konservative« Funktion, die ein »unerschütterlich gewisses« Wissen sicherstellt, »das nicht nach Belieben problematisiert werden kann«[155].

Die »Lebenswelt« nach dem Verständnis von Habermas weist somit eine Ambivalenz auf: Sie bietet ein notwendiges konservatives Gegengewicht zum Risiko des Dissenses[156], das mit jedem Verständigungsvorgang in der Gesellschaft verbunden ist; gleichzeitig aber drohen die Inseln der Diskursgemeinschaft vom Meer der nicht hinterfragten »Lebenswelt« überspült zu werden – anders formuliert: diffuse,

152 Metzler Philosophen-Lexikon. Stuttgart 1989, S. 304.

153 Habermas, Kontexte, S. 42; Ders., Faktizität und Geltung, S. 39: »Das Hintergrundwissen kann nicht als solches falsifiziert werden (...). Was ihm seine eigentümliche Stabilität verleiht, (...) ist die eigenartige Einebnung zwischen Faktizität und Geltung«; eine ähnliche, wiederum stabilisierende Verschmelzung von Faktizität und Geltung sieht Habermas »in jenen archaischen tabugeschützten Institutionen von Stammesgesellschaften, die mit einem, wie es scheint, unanfechtbaren Autoritätsanspruch auftreten« (ebd.).

154 Besonders plastisch wird das Konzept der »Lebenswelt«, wenn sie Habermas auf »die Binnenverhältnisse eines gegen andere Gruppen sich abschließenden Kollektivs«, auf die »konkrete Lebenswelt der Familie, des Stammes, der Stadt oder der Nation« bezieht; Habermas, Erläuterungen, S. 70f.

155 Habermas, Philosophischer Diskurs, S. 378f.; ähnlich S. 348f.

156 Vgl. Habermas, Theorie I, S. 107.

unproblematische Hintergrundüberzeugungen tendieren dazu, die Chancen einer rationalen Aufarbeitung der sozialen Wirklichkeit und der in ihr herrschenden Normen zu verbauen.

Läßt sich im Rahmen einer normativen Theorie, der die Bewegungen des Meeres und sein Überschwemmungspotential nicht gleichgültig sein können, nicht mehr und Präziseres über diesen unproblematisch hingenommenen Teil gesellschaftlicher Wirklichkeit aussagen? Besteht nicht die Gefahr, daß mit der bloßen Feststellung von dumpfen, einsozialisierten und nicht problematisierten Annahmen und Verhaltensmustern einer Gesellschaft und ihrer Charakterisierung als »Lebenswelt« nicht nur ein sozialwissenschaftliches Faktum festgehalten, sondern diesem auch eine nicht unbedenkliche Legitimität zugesprochen wird, indem es als »notwendig« und nicht nach Belieben problematisierbar charakterisiert wird? Gerade wenn man erkennt, daß Sozialverbände wie politische Gemeinwesen immer auch von nicht hinterfragten Grundannahmen und Haltungen mitgetragen sind, muß man zugleich die Gefahr bedenken, daß solche versteckt wirksamen Kräfte sich nicht nur der Bewußtmachung, Problematisierung und Veränderung entziehen, sondern mit Scheinargumenten begründet, mit andern Worten ideologisiert werden.

> So kann ein Nationalbewußtsein ein notwendiges Element nationalstaatlichen Zusammenhalts sein; in ihm können sich aber auch ideologische Ansprüche einschleichen, mit denen ungehemmtes, gewalttätiges oder kollektiv-egoistisches Vorgehen gegen innere oder äußere »Feinde« gerechtfertigt wird[157]. Oder im kleinsten Rahmen kann der »Familiensinn« notwendig für elementare Sozialisationsfunktionen sein; er kann aber auch unnötige Repression bzw. Herrschaftsansprüche mit Scheinargumenten rechtfertigen.

[157] Nach Joas, Intersubjektivität, ist für G. H. Mead Patriotismus die »funktionale Notwendigkeit einer Gesellschaft, in der nicht alle Menschen ihre Bedürfnisse und Wertungen öffentlich einbringen können und die deshalb der künstlichen Einheitlichkeit bedarf« (S. 137).

Auf der individuellen Ebene könnte solcher ideologischer Abschirmung ein Prozeß der Rationalisierung unbewußt zwanghaften Verhaltens entsprechen: Unbewußt motiviertes Verhalten wird nachträglich mit intellektuell einleuchtenden Gründen versehen, um die negativ bewerteten und deshalb verdrängten Handlungsimpulse abzuschirmen[158]. Die Darstellung der »Lebenswelt« bei Habermas scheint solche Abwehrmechanismen mit ihrer individuellen und sozialen Energie – trotz der in der Diskursethik postulierten Freiheit der Sprechenden auch von inneren Zwängen – zu vernachlässigen[159] und damit auch Schranken und Widerstände für die Freilegung des Vernunftpotentials der faktischen Kommunikationsverhältnisse zu wenig deutlich zu machen. Erst durch Bewußtmachen solcher Aspekte sozialer Wirklichkeit könnte der Weg für eine Entwicklung geöffnet werden, die einer Annäherung an ideale Kommunikationsbedingungen überhaupt eine reale Chance gibt. Wir werden an anderer Stelle der Frage nachgehen, ob »Grundüberzeugungen« eines Kollektivs, die als »unmittelbare und unfehlbare Gewißheit« erlebt werden, nicht dadurch die Starrheit genommen werden könnte, daß sie – statt als sozusagen naturwüchsige[160] Größen – als Ausdruck menschlicher Grundbedürfnisse nach minimaler Geborgenheit und Sicherheit verstanden, oder als menschliche Grenzen der Konfrontation mit Konflikten und der Bereitschaft und Fähigkeit des Infragestellens gesehen würden (vgl. Kapitel 3). Solange solche Bedürfnisse unbewußt wirken, sind sie rationaler Kontrolle, Befriedigung und Begrenzung entzogen; bewußt gemacht, können sie mit gegenläufigen Interessen (z. B. nach Öffnung, Änderung) in Bezug gesetzt und von ihrem zwanghaften Charakter befreit werden. Dies ist vor allem dort entscheidend, wo Sicherheitsbedürfnisse – z. B. infolge traumatischer Unsicherheitserfahrungen – übermächtig und lebensbehindernd geworden sind. Entscheidend scheint uns, daß die Grenzen zwischen unbewußter und bewußter, thematisierbarer und zur Zeit nicht thematisierbarer, veränderbarer und nicht veränderbarer sozialer Wirklichkeit elastisch gesehen und gehalten werden.

[158] Vgl. Anm. 20 in Kap. 3.
[159] Vgl. nachstehend Anm. 167.
[160] Habermas, Erläuterungen, S. 72.

Das Konzept Lebenswelt macht die Geschichtlichkeit des Menschen bewußt, seine Einbettung in Ordnungen und Strukturen, die nicht ohne weiteres thematisierbar sind. Grund dieser Schwierigkeit kann sein, daß diese Ordnungen so tief in die geschichtlichen Menschen eingelassen sind, daß die Distanz zur Thematisierung und diskursiven Aufarbeitung fehlt. Im Kapitel 3 wollen wir versuchen, Aspekte der Sozialpsychologie und Psychoanalyse als Deutungsmuster jener menschlichen Realität fruchtbar zu machen, die sich gegen rationale Erörterung stemmen oder sich als eigentliche Diskurshemmnisse einer »vernünftigen« Bewältigung sozialer Probleme in die Quere stellen. Dieser Versuch geht von der Hoffnung aus, daß das Ansprechen des »Andern« der Vernunft (der unbewußten und irrationalen Triebfedern unseres sozialen Verhaltens) Chancen eröffnet, die Spitze seines Potentials besonders dort zu brechen, wo seine Eigengesetzlichkeit zu offensichtlichem Leiden und Verkümmerung menschlichen Lebens führt oder menschliche Kommunikation elementar blockiert.

Die »Lebenswelt« weist nach Habermas eine weitere Eigentümlichkeit auf: In ihren intuitiv gewußten Hintergrundüberzeugungen sind jene Verständigungsvoraussetzungen der Menschen, die in den Diskursregeln erst ausformuliert werden, bereits eingelassen[161]. In der Annahme die-

[161] Vgl. z.B. Habermas, Kontexte, S. 42f.; Ders., Erläuterungen, S. 132f. – Nach Habermas werden die beschriebenen Bedingungen vernunftbegründender Diskurse nicht von außen an die Sprechsituationen herangetragen, sondern sie liegen im »normativen Gehalt der in Sprachen, Kommunikationen angelegten Idee der Verständigung selbst begründet« (Habermas, Unübersichtlichkeit, S. 185). Wenn Menschen miteinander kommunizieren, setzen sie immer – wenn auch kontrafaktisch – Regeln voraus, die von keiner Seite bestritten werden können, ohne zugleich die eigene Kommunikationsabsicht in Frage zu stellen. Habermas entdeckt also gleichsam eine »normative Binnenstruktur der Sprache«, die von den Beteiligten immer schon als gültig unterstellt werden muß, sobald sie in einen Diskurs eintreten; s. dazu Habermas, Vorstudien, S. 181, und jetzt auch Ders., Faktizität und Geltung, S. 18f. – Nachfolgende Ausführungen gelten der Kritik an diesem Versuch, die Kluft zwischen Sein und Sollen zu überbrücken, mit andern Worten, die Diskursnormen aus faktischen Kommunikationsverhältnissen zu erschließen.

ses »existentiellen Vorverständigtseins«[162], in dem sich in der Lebenswelt die Strukturen idealer Diskurse vorabzeichnen, könnte eine nicht ungefährliche Idealisierung liegen. Die Herleitung idealer Sprechbedingungen aus der kommunikativen Alltagspraxis gelingt Habermas nur durch die These, wonach solche Bedingungen von den Kommunikationsteilnehmern in jedem Gespräch immer schon (zwingend) unterstellt würden. Wir können nach Habermas in der kommunikativen Alltagspraxis nicht umhin, »kontrafaktisch immer wieder so zu tun, als sei dieses Modell (reinen kommunikativen Handelns) wirklich«. Auf dieser unvermeidlichen »Fiktion« beruht nach Habermas »die Humanität des Umgangs unter Menschen«[163].

An dieser Stelle ist zu fragen, ob in der Umschreibung idealer Kommunikationsbedingungen mit Gewaltverzicht und Diskursbereitschaft im Zentrum nicht vor allem ein *normatives Postulat* – und nicht lediglich ein empirischer Befund – formuliert wird, das sich als solches zu erkennen geben soll. Nicht zu Unrecht wird an Habermas die Frage gerichtet, ob normative Fragen nicht »ohne Scheu und Verhüllung zu stellen« wären[164]. Genügt es, ein so wichtiges Grundanliegen wie die Humanität auf die Konstruktion einer Fiktion zu gründen?[165] Wenn »in der Regel« die Grund-

162 So z.B. Habermas, Erläuterungen, S. 72; vgl. auch Anm. 161.

163 Habermas in: Habermas/Luhmann, S. 120; Ders., Faktizität und Geltung, S. 392f. – *Kontrafaktisch* sind die Regeln, welche die sogenannte »Ideale Sprechsituation« konstituieren, nach Habermas also deshalb, weil sie »weder ein empirisches Phänomen, noch bloßes Konstrukt (sind), sondern eine in Diskursen unvermeidliche, reziprok vorgenommene Unterstellung«, »eine operativ wirksame Fiktion« darstellen (Habermas, Vorstudien, S. 180); »Es gehört zu den Argumentationsvoraussetzungen, daß wir im Vollzug der Sprechakte kontrafaktisch so tun, als sei die ideale Sprechsituation nicht bloß fiktiv, sondern wirklich – eben das nennen wir eine Unterstellung. Das normative Fundament sprachlicher Verständigung ist mithin beides: antizipiert, aber als antizipierte Grundlage auch wirksam« (ebd., S. 181).

164 Beyme, Theorie der Politik, S. 338ff. und insb. 358.

165 Kritik am fiktiven Charakter der für die Diskursethik maßgeblichen Konsense übt auch Arthur Kaufmann, Rechtsphilosophie in der Nach-Neuzeit. 2. Aufl., Heidelberg 1992, S. 49 (vgl. oben Anm. 14 in Kapitel 1); er plädiert für eine inhaltliche Ethik und Rechtsphilosophie des »negativen Utilitarismus« (S. 51).

norm eines humanen Umgangs nicht eingehalten wird[166], so ist m. E. alles zu tun, um ihre Einhaltung besser zu gewährleisten, was persönliche und gesellschaftliche Anstrengungen und Veränderungen erfordert; die verschiedenen Perspektiven des sozialwissenschaftlichen Wissens sind fruchtbar zu machen, um die Widerstände, diskurshemmenden Mechanismen und Kommunikationssperren soweit wie möglich sichtbar zu machen[167], mit dem Ziel den notwendigen individuellen und sozialen Lernprozessen eine größere Chance zu geben.

4. Zur Unterscheidung von Anwendungs- und Begründungsdiskursen

Der *Regelbildung* in sog. *Begründungsdiskursen* stellt die Diskursethik nach Habermas die *Anwendungsdiskurse* gegenüber: Hier geht es um Anwendung allgemeiner Prinzipien auf konkrete Menschen in geschichtlichen Situationen. Ein Beispiel bildet das Gerichtsverfahren, in dem die allgemeine Regel nach dem Prinzip der Angemessenheit für das unverwechselbar Besondere des Einzelfalls konkretisiert werden muß[168].

Die kategorische Unterscheidung zwischen Begründungs- und Anwendungsdiskursen wirft m. E. folgende Fragen auf:

a. Die Verfahren der Regelbildung im Gesetzgebungsver-

[166] So Habermas in: Habermas/Luhmann, S. 120.

[167] Die gesellschaftlich systematisch verzerrten Kommunikationen hat Habermas als das *interpersonelle* Gegenstück zu den innerpsychischen Mechanismen unbewußter Konfliktabwehr und entsprechender Abwehrmechanismen nach dem Modell der Freudschen Psychoanalyse beschrieben; er ist aber seit 1974 auf diesen Gesichtspunkt nicht mehr zurückgekommen: s. die Hinweise in: Habermas, Revolution, S. 115 mit Anm. 1.

[168] Habermas, Faktizität und Geltung, S. 280ff.; Ders., Erläuterungen, S. 75; Ders., Revolution, S. 120–123; vgl. ferner K. Günther, Der Sinn für Angemessenheit. Frankfurt a. M. 1988; Ders., Ein normativer Begriff der Kohärenz für eine Theorie der juristischen Argumentation. In: Rechtstheorie 20 (1989), S. 163–190; zur Auseinandersetzung von Habermas mit K. Günther vgl. Habermas, Erläuterungen, S. 138–142; Ders., Faktizität und Geltung, S. 285ff.

fahren und der Entscheidfindung im Gerichtsprozeß sind insofern gleich strukturiert, als beide den allgemeinen Kriterien argumentativer Auseinandersetzung folgen[169]. In beiden Verfahren können sowohl verallgemeinerungsfähige als auch partikulare Interessen problematisiert und argumentativ aufgearbeitet werden[170].

Nach Habermas dominiert in den regelbildenden Verfahren die Frage nach der Universalisierbarkeit von Normen, während in den »Anwendungsdiskursen« die situative Angemessenheit im Hinblick auf geschichtliche Situationen maßgeblich sei. Nun kann man aber auch in den sog. regelbildenden Verfahren (z. B. gesetzgeberische Umschreibung von Straftatbeständen) nie von historisch-gesellschaftlichen Kontexten und damit verbundenen konkreten menschlichen Bedürfnissen, Wünschen und Anliegen abstrahieren; andererseits sind auch in den sogenannten Anwendungsdiskursen die mit der Entscheidung eines einzelnen Falles stets verbundenen präjudiziellen und damit potentiell regel- und rechtsbildenden Wirkungen zu bedenken.

b. Nach Habermas betreffen Fragen der Solidarität, der sozialen Gerechtigkeit, grundsätzlich den Ausgleich konkreter partikularer Interessen und sind nicht in den argumentativen Verfahren, die auf die Klärung verallgemeinerungsfähiger Interessen (wie Regeln über Schutz von Leib und Leben) ausgerichtet sind, zu beantworten[171]. Soziale Fragen, die in der Regel durch staatliche Interventionen, insbesondere durch Umverteilung wirtschaftlicher Güter, zu lösen sind, werden nach Habermas »durch Verhandlung und Kompromiß, nicht durch Argumentation«[172] entschieden. – Kritisch ist gegen diese prinzipielle Unterscheidung der Problemlösungsverfahren im Bereich der regelorientierten und Ge-

[169] Vgl. z. B. Habermas, Erläuterungen, S. 75 f.; Habermas, Strukturwandel, S. 40.

[170] Illustrativ dazu die besonders im angelsächsischen Rechtskreis geläufige, aber auch im kontinentaleuropäischen Recht anerkannte Rechtsfortbildung im Rahmen der Rechtsprechung (*case law*, Präjudizien-, Richterrecht); daß andererseits auch im Gesetzgebungsverfahren Ausgleiche *konkreter* Interessen gesucht werden, ist nachfolgend darzustellen.

[171] Siehe z. B. Habermas, Revolution, S. 119 ff.

[172] So ausdrücklich Habermas, Unübersichtlichkeit, S. 243.

rechtigkeitsfragen einerseits, der »gesellschaftlichen Materien, die heute durch staatliche Interventionen geregelt werden«, andererseits[173], folgendes anzuführen:

Jede Problematisierung bestehender Normen (oder deren Fehlen) geht in der Demokratie von Anliegen oder Bedürfnissen konkreter Menschen oder Gruppen aus. Nur das Bild einer in den wesentlichen Wertvorstellungen homogenen Gesellschaft kann davon abstrahieren, daß auch die Auseinandersetzung um höchst »moralische« Fragen der Rechtsetzung – wie der Abtreibung oder der Militärdienstverweigerung – von Gruppen oder Einzelnen getragen wird, die (weltanschauliche, religiöse oder geschlechtsspezifische) Partikularinteressen vertreten[174]. Es leuchtet nicht ein, warum die Konsensfindung in solchen Materien grundsätzlich dem Prinzip der Universalisierbarkeit folgt, während dies für die Konfliktlösung im Falle divergierender, beispielsweise materieller sozialer Partikularinteressen nicht zutreffen soll[175]. Auch die Ausgestaltung eines Steuersystems, einer Subventionsordnung für Hochschulen oder einer Stipendienregelung für Studierende (mit den daraus resultierenden Umverteilungseffekten) ist in einer Demokratie durch argumentativen Diskurs unter konsenssuchenden Beteiligten zu ermitteln. Im Ergebnis kommt denn auch die Diskurstheorie nicht zu grundsätzlich divergierenden Postulaten bezüglich der regelbildenden und interessenausgleichenden Verfahren rechtlicher Entscheidungen, sondern stellt beide unter die pragmatischen Regeln der Diskursethik[176].

Beispielhaft zeigen sich die Schwierigkeiten einer Unterscheidung von Regeldiskursen (die verallgemeinerungsfä-

[173] Habermas, Unübersichtlichkeit, S. 243.

[174] Dazu auch unten S. 194ff.

[175] Umkehrt ist auch das zunächst als partikular erscheinende Anliegen des Minderbemittelten auf materielle Schonung im Steuer- oder Vollstreckungsrecht im Rahmen der Frage sozialer Gerechtigkeit verallgemeinerungsfähig.

[176] Habermas, Unübersichtlichkeit, S. 243; in ›Strukturwandel der Öffentlichkeit‹ spricht Habermas ausdrücklich von der Notwendigkeit »argumentativer Bearbeitung« auch von Konflikten, die der Kollision von Gruppeninteressen entspringen und Verteilungsprobleme betreffen (Habermas, Strukturwandel, S. 40).

hige Normen betreffen) und politischen Kontroversen (die auf konkrete Situationen bezogen sind und der »Kollision von Gruppeninteressen« entspringen) bei der inhaltlichen Umschreibung von Menschenrechten: ihre Gehalte sind oft nur auf einer sehr *abstrakten* Ebene verallgemeinerungsfähig; wird man *konkret* (fragt man z.B. nach der Zulässigkeit grundrechtswidrig erlangter Beweismittel[177]), so geht der universale Konsens oft rasch verloren. Arthur Kaufmann hat diese Problematik am Beispiel der »Menschenwürde«[178] gezeigt: In der Debatte um den Schwangerschaftsabbruch in den ersten Monaten berufen sich Befürworter wie Gegner auf dieses Prinzip: die einen mit Bezug auf das Selbstbestimmungsrecht der betroffenen Frauen, die andern mit Blick auf das Lebensrecht des Nasciturus[179]. Nach Habermas ist heute nicht sicher, ob es sich beim Abtreibungsverbot um eine im strengen Sinn moralische (und damit auf eine verallgemeinerungsfähige Lösung zielende) Frage oder um eine bloße Kompromißfrage handelt. Beim gegenwärtigen Diskussionsstand haben beide Seiten gute, vielleicht gleichermaßen gute Argumente[180], über die kaum Konsens, sondern höchstens Kompromiß zu erzielen ist. Der Gesetzgeber muß aber den in der Abtreibungsfrage zutagetretenden Konflikt lösen; dies hat m.E. in *diskursiven* Verfahren zu geschehen, gleichgültig, ob man die moralische bzw. Gerechtigkeitsfrage oder den Konflikt zwischen verschiedenen weltanschaulich orientierten Gruppierungen im Vordergrund sieht.

177 Exemplarisch der Entscheid des BVerfG betreffend die Verwertung eines intimen Tagebuchs als Beweismittel im Strafprozeß; BVerfGE 80, 367ff.

178 Zur Garantie der Menschenwürde vgl. Müller, Grundrechte, S. 1ff.

179 Arthur Kaufmann in: ARSP 77 (1991) 2, S. 285.

180 Vgl. Habermas, Erläuterungen, S. 165.

Literatur zu Kapitel 2

Apel, Karl-Otto: Diskurs und Verantwortung. Frankfurt a.M. 1988.

Apel, K.-O. u. Kettner, M. (Hrsg.): Zur Anwendung der Diskursethik in Politik, Recht und Wissenschaft. Frankfurt a.M. 1992.

Batscha, Zwi (Hrsg.): Materialien zu Kants Rechtsphilosophie. Frankfurt a.M. 1976.

Fetscher, Iring: Rousseaus politische Philosophie. Frankfurt a.M. 1980.

Habermas, Jürgen: Theorie des kommunikativen Handelns. 2. Aufl., Frankfurt a.M. 1982.

Ders.: Moralbewußtsein und kommunikatives Handeln. Frankfurt a.M. 1983.

Ders.: Erläuterungen zur Diskursethik. Frankfurt a.M. 1991.

Ders.: Faktizität und Geltung. Frankfurt a.M. 1992.

Höffe, Otfried (Hrsg.): Über John Rawls' Theorie der Gerechtigkeit. Frankfurt a.M. 1977.

Ders.: Politische Gerechtigkeit. Frankfurt a.M. 1987.

Ders.: Immanuel Kant. München 1983.

Ders.: Kategorische Rechtsprinzipien. Ein Kontrapunkt der Moderne. Frankfurt a.M. 1990.

Horster, Detlef: Jürgen Habermas. Stuttgart 1991.

Kern, L. u. Müller, L. (Hrsg.): Gerechtigkeit, Diskurs oder Markt? Opladen 1986.

Maus, Ingeborg: Zur Aufklärung der Demokratietheorie. Frankfurt a.M. 1992.

McCarthy, Thomas: Kritik der Verständigungsverhältnisse. Zur Theorie von Jürgen Habermas. 2. Aufl., Frankfurt a.M. 1989.

Müller, Jörg Paul: Versuch einer diskursethischen Begründung der Demokratie. In: W. Haller, A. Kölz, G. Müller u. D. Thürer (Hrsg.): Festschrift für D. Schindler. Frankfurt a.M. 1989, S. 617ff.

Rawls, John: Theorie der Gerechtigkeit. 4. Aufl., Frankfurt a.M. 1988.

Ders.: Die Idee des politischen Liberalismus. Frankfurt a.M. 1992.

Reese-Schäfer, Walter u. Karl Th. Schuon (Hrsg.): Ethik und Politik. Diskursethik, Gerechtigkeit und politische Praxis. Marburg 1991.

Scharpf, Fritz: Demokratietheorie zwischen Utopie und Anerkennung. Konstanz 1970.

Kapitel 3: Aspekte der Wirklichkeit politischer und rechtlicher Ordnung

I. Macht

1. Das Phänomen Macht und sein diskurshemmendes Potential

Demokratie kann man als einen politischen Prozeß verstehen, in dem alle Betroffenen gleiche Chancen haben, ihre Ansprüche auf Selbstbestimmung und Mitgestaltung des Gemeinwesens wirksam geltend zu machen. Der dabei normativ vorausgesetzten Gleichheit stehen faktische Ungleichheiten in den verschiedensten Lebensbezügen gegenüber. Ungleichheit bietet den Nährboden für Machtverhältnisse[1], welche jene Symmetrie in den Kommunikationsverhältnissen in Frage stellt, wie sie für rationalitätsstiftende Diskurse notwendig wäre. Macht ist in diesem Sinn demokratiefeindlich.

Macht kommt Menschen zu und wird von Menschen gegenüber Menschen ausgeübt. In den entsprechenden Beziehungen schwingen stets auch menschliche Befangenheit und Bedingtheit mit: Sympathie, Abneigung, Geltungsbedürfnis, Unterwerfungsbereitschaft sind im Umgang mit Macht stets mehr oder weniger präsent[2]. Es ist hier nicht auf die Vielzahl

[1] Die Prägung verschiedenster Lebensbereiche durch Machtverhältnisse ist ein dominierendes Thema im Werk Foucaults; vgl. zu seinem Machtbegriff François Ewald, Eine Macht ohne Draußen. In: F. Ewald u. B. Waldenfels (Hrsg.), Spiele der Wahrheit. Michel Foucaults Denken. Frankfurt a.M. 1991, S. 163–170; Dominique Janicaud, Rationalität und Macht. Ebd., S. 251–276; Axel Honneth, Kritik der Macht. Frankfurt a.M. 1985, S. 168–224; vgl. auch Habermas, Philosophischer Diskurs, S. 313–343.

[2] Daß selbst der nach rechtlichen Kriterien unabhängige Richter aus seiner Lebensgeschichte, seinem sozialen Status usf. eine schwer durchschaubare Befangenheit mit sich bringt, die besser eingestanden als verleugnet wird, beschreibt z.B. Kurt Eichenberger, Die Unabhängigkeit des Richters als staatsrechtliches Problem. Bern 1960, insb. 118ff.; Jörg

der Definitionen von Macht[3] einzugehen, sondern wir begnügen uns als Ausgangspunkt mit der Umschreibung von Max Weber: »*Macht* bedeutet jede Chance, innerhalb einer sozialen Beziehung den eigenen Willen auch gegen Widerstreben durchzusetzen, gleichviel, worauf diese Chance beruht.«[4] Als entscheidende Merkmale des Weberschen Machtbegriffs seien hier nur die Elemente a. des Befehls (die Durchsetzung eines Willens), b. des Gehorsams (die Befolgung auch gegen Widerstreben) und c. des Fehlens einer Überzeugungsleistung (Gleichgültigkeit der Motive des Gehorsams) festgehalten.

Macht mit der ihr zugehörigen Chance des wirksamen Befehls und des nicht reflektierten Gehorsams trägt stets die Verlockung in sich, notwendige diskursive Auseinandersetzungen auch dort zu umgehen, wo ein humaner Umgang solche gebieten würde. Da Machtträger und die Systeme, in denen sie Befehlsgewalt ausüben, auf handlungskoordinierende Diskurse nicht angewiesen sind, können sie sich gegen Kritik immunisieren und in ihrer potentiellen Eigengesetzlichkeit unangefochten bleiben, weil sie sich in einer permanenten Befehlshaltung ständig selber bestätigen. Sie müssen Versagen nicht zur Kenntnis nehmen, solange die Befehlsempfänger Gehorsam leisten. Macht bedeutet in diesem Sinn »die Möglichkeit zu reden anstatt zuzuhören«[5]. Mit andern

Paul Müller, Die Garantie des verfassungsmäßigen Richters in der Bundesverfassung. In: ZBJV 106 (1970), S. 249ff; Ders., Grundrechte, S. 313: Kein Richter ist »je restlos frei von gesellschaftlichen Werturteilen (...)«. Dies wäre nach Bundesgericht »nicht einmal wünschbar, denn vom Richter werden mit Recht Lebensnähe, Erfahrung und menschliches Verständnis erwartet.« (BGE 105 I a 162).

[3] Vgl. dazu z.B. Münkler, Im Namen des Staates, S. 21–23; s. auch I. Fetscher u. H. Münkler (Hrsg.), Politikwissenschaft. Begriffe – Analysen – Theorien. Reinbek 1985, S. 317; Görlitz/Prätorius, Politikwissenschaft, S. 276ff.; Hans Paul Bahrdt, Schlüsselbegriffe der Soziologie. 3. Aufl., München 1987, S. 161–180.

[4] Max Weber, Wirtschaft und Gesellschaft. 5., rev. Aufl., Tübingen 1985, S. 28; *Herrschaft* ist nach Max Weber eine qualifizierte Form der Macht: Entscheidend ist vor allem die Dauer der Machtkonstellation und ihr Bezug zu einem definierten persönlichen oder sachlichen Geltungsbereich (vgl. ebd., S. 541ff.).

[5] Karl Deutsch, The nerves of government. 1969, S. 171.

Worten: »Macht hat derjenige, der es sich leisten kann, nichts lernen zu müssen«[6], d.h. Macht erlaubt, fällige Anpassungen in Struktur und Verhalten zumindest hinauszuzögern, was die Lernfähigkeit dauernd verringert.[7] Solche Phänomene der Erstarrung und des Verlusts von Lernfähigkeit finden sich auf verschiedenen Stufen menschlichen Handelns: im internationalen Verkehr zwischen den Staaten, in staatlichen und rechtlichen Institutionen, aber auch in engeren, überschaubareren Beziehungen wie Familienverhältnissen oder Zweierbeziehungen. Charakteristisch dafür sind Rollenverfestigungen mit fixen Leistungs- und Verhaltenserwartungen bei den Beteiligten; es ist oft die prägende Kraft der Gewohnheit, die in ihrer ganzen Tragweite oft unerkannte Befehls- und Gehorsamsstrukturen verinnerlicht, einen bewußten Vollzug ausschließt und das Ganze damit der Thematisierung, Gestaltung und Veränderung in kommunikativen Auseinandersetzungen entzieht. Aus rechtlicher Sicht sind die nicht eingestandenen, unbewußt praktizierten Machtkonstellationen auch deshalb so gefährlich, weil in ihnen Widerstandsmöglichkeiten lahmgelegt werden: Gegen die als »normal«, unabwendbar und unvermeidlich erlebte Machtausübung wird auch im Falle des Machtmißbrauchs kein Rechtsmittel ergriffen, keine Petition lanciert, keine Demonstration veranstaltet.

Im folgenden sind einzelne Möglichkeiten der Etablierung und Expansion von Macht, namentlich in den Institutionen von Recht und Staat, näher zu untersuchen, mit dem Ziel, Macht auch mit ihren psychosozialen Mechanismen transparenter zu machen und damit einen rationaleren Umgang mit ihr zu ermöglichen.

[6] Deutsch, Nerves (Anm. 5).

[7] Nach Deutsch, Nerves (Anm. 5), zerstört darum Macht – ins Extrem getrieben – das System, in dem der Machtwille dominant wird.

2. Über rechtliche Zuständigkeit und persönliche Macht

Das arbeitsteilig organisierte Gemeinwesen muß seinen Organen und Ämtern Zuständigkeiten und Befugnisse zuweisen, wobei die rechtlich umschriebenen Kompetenzen regelmäßig mehr faktische Möglichkeiten einschließen, als im konkreten Fall zur Erreichung der öffentlichen Aufgabe unerläßlich wäre[8]. Verfassungsrechtlich wird jeder überschüssige Handlungsspielraum durch Grundrechte und insbesondere den Grundsatz der Verhältnismäßigkeit einzudämmen versucht. Die rechtlich eingeräumten Instrumente können aber auch in nicht grundrechtsrelevanten Bereichen zweckentfremdet eingesetzt werden, so im zunächst harmlosen Fall des Polizisten, der Blaulicht und Sirene am Dienstfahrzeug ohne Vorliegen eines Notfalls einsetzt, lediglich um den Feierabend rechtzeitig antreten zu können. Die Übergänge zu gefährlichem Machtmißbrauch sind subtil: So fällt dem Schriftsteller Elias Canetti in seiner Beschreibung von Phänomenen der Macht beim polizeilichen und richterlichen Verhör eine Lust am Fragen auf, die gerne zur Überschreitung der Grenze des sachlich Gerechtfertigten führt; dabei muß nicht böser Wille motivierend sein, sondern die Triebfeder kann schlicht ein ungestilltes menschliches Geltungsbedürfnis sein: »(...) denn die Wirkung der Fragen auf den Fragenden ist eine Hebung seines Machtgefühls«[9]. Solche Phänomene zeigen allgemeine menschliche Verhaltenstendenzen und Regungen: Die Machtausübung bewirkt durch die Bestätigung, die jeder Gehorsam dem Machtträger gibt, eine Steigerung des Selbstwertgefühls. Mit zunehmender Gewöhnung kann sich das Verhaftetsein in der Rolle verstärken und so weit in die Persönlichkeitsstruktur eingehen, daß es unentbehrlich wird. Dieser Prozeß kann im innerpsychischen Haushalt eine Eigendynamik entwickeln. Gegen

[8] Dies ergibt sich unter anderem aus der kaum vermeidbaren relativ offenen Umschreibung etwa der Aufgabe der Polizei in Generalklauseln oder des Untersuchungsgrundsatzes im Strafprozeßrecht; illustrativ: BVerfGE 17, 108.

[9] Elias Canetti, Masse und Macht. Frankfurt a.M. 1980, S. 318. Die mit dem Fragen verbundene Macht illustriert Canetti auch am Beispiel des polizeilichen Verhörs und der gerichtlichen Untersuchung (S. 322f.).

außen zeigt sich dies in der Verfestigung, Erstarrung und Abschirmung eingewöhnter Machtstrukturen.

3. Die institutionelle Seite der Macht: Entstehung und Wirkung

Organisationselemente der Rechtsgemeinschaft sind nicht nur Einzelnormen, sondern wesentlich Institutionen[10], d.h. ganze Normsysteme, die zur Erreichung bestimmter gesellschaftlicher Ziele eingerichtet sind: Beispiele sind Verwaltungseinheiten wie Polizei oder soziale Fürsorge, die Universität, Gerichte oder Strafvollzugsanstalten. Geht man über einen engeren juristischen Begriff der Institutionen hinaus, werden diese nicht nur durch die rechtlich umschriebenen Zielsetzungen, Organisationen und Verfahren konstituiert, sondern auch durch die Wirklichkeit der daran beteiligten Menschen. Dadurch, daß Institutionen Rollen definieren und bestimmten Personen zuteilen, entlasten sie die täglichen Entscheidsituationen[11] und vermitteln dadurch ein Gefühl der Geborgenheit und Sicherheit. Mit zunehmender Gewöhnung wachsen die Beteiligten in die institutionellen Rollen hinein, wodurch diese zunächst an Stabilität und – in gewisser Hinsicht auch Effizienz – gewinnen, gleichzeitig aber Gefahr laufen, Eigengesetzlichkeit und Eigendynamik zu entwickeln. Von außen wird dieses Phänomen etwa auch als Gefahr vor der Eigendynamik einer Bürokratie oder als Eigensinn einer Verwaltung diagnostiziert. Mit Bezug auf die beteiligten Personen kann es sich um den Prozeß einer

[10] Zu den verschiedenen Begriffen der Institution in Rechts- und Sozialwissenschaften vgl. etwa W. Lipp in: R. Herzog u.a. (Hrsg.), Evangelisches Staatslexikon. Bd. I, 3., neubearb. und erw. Aufl., Stuttgart 1987, Sp. 1343–1351; H. Willke in: Görlitz/Prätorius, Politikwissenschaft, S. 162ff.

[11] Diese Entlastungsfunktion hat in der soziologischen Anthropologie namentlich Arnold Gehlen beschrieben; vgl. etwa Arnold Gehlen, Anthropologische und sozialpsychologische Untersuchungen. Reinbek 1986, insb. S. 69–77; Ders., Der Mensch. Seine Natur und Stellung in der Welt. Frankfurt a.M., Bonn 1966, insb. S. 62–73; Ders., Moral und Hypermoral. Eine pluralistische Ethik. Frankfurt a.M., Bonn 1969, insb. S. 95–103.

Identifikation mit entsprechenden Rollen handeln. Ein solcher Prozeß bedeutet mitunter eine notwendige Anpassung an die institutionell geprägte soziale Umwelt und kann für das Finden einer eigenen Identität wichtig sein[12]. Andererseits sind die Gefahren zu bedenken: Das Komfortable der Situation des Lehrers, immer einen Wissensvorsprung zu haben, oder des Richters, der des Respekts, den er einflößt, sicher ist, kann gleichsam zur Lebensgewohnheit werden, die den persönlichen Erfahrungs- und Wahrnehmungsbereich, aber auch Lern- und Entwicklungsmöglichkeiten einschränkt[13]. Die einzelnen lassen sich damit gewissermaßen von der Rolle vereinnahmen, die ihnen vom Recht, von den Erwartungen und vom Entgegenkommen der Untergebenen, der Klienten oder überhaupt der Gesellschaft zugewiesen wird. Dies bedeutet Preisgabe eines Stücks persönlicher Autonomie. Wesentlich erscheint uns die Feststellung der psychosozialen Forschung, daß *alle* Beteiligten dem Risiko dieser Eigendynamik ausgesetzt sind: sowohl die mit institutioneller Macht autorisierten als auch die solcher Macht unterworfenen Personen, also einerseits Inhaber leitender Funktionen, andererseits beispielsweise Leistungsempfänger

[12] Zum komplexen Verhältnis von Rolle, Institution und Rollenidentifikation siehe Parin, Widerspruch im Subjekt, S. 101 und 103.

[13] Diese kognitiven Aspekte des Autonomieverlustes beschreibt die Sozialpsychologie mit Phänomenen wie selektive Wahrnehmung oder kognitive Dissonanz. Jene äußert sich darin, daß die Wirklichkeit nur noch insoweit wahrgenommen wird, als diese die Sicherheit der Institution nicht stört und entsprechende individuelle Rollen nicht in Frage stellt. Kognitive Dissonanz kann man in der Weise beschreiben, daß die Verfestigung einer Rolle und die damit verbundene kognitive Beeinträchtigung um so tiefgreifender sind, je mehr Opfer an Autonomie und Lebenskraft in den Prozeß der Anpassung investiert wurden. Je stärker diese Verfestigung ist, um so hartnäckiger wird die erworbene Position mit dem Anspruch auf »Rationalität« verteidigt. Solche Einsichten der Sozialpsychologie können zur Erklärung beitragen, warum die Diagnose und der Abbau überschüssiger institutioneller Macht, wenn sie sich einmal verfestigt hat, so schwierig oder zu Zeiten fast unmöglich ist. Zur kognitiven Dissonanz s. L. Festinger, Theorie der kognitiven Dissonanz. Hrsg. von M. Irle u. V. Möntmann. Bern, Stuttgart, Wien 1978; zur selektiven Wahrnehmung s. Dieter Frey (Hrsg.), Kognitive Theorien der Sozialpsychologie. Bern, Stuttgart, Wien 1980, insb. S. 31: Beziehung zwischen Bedürfnisintensität und Wahrnehmungsorganisation.

oder Anstaltsbenutzer. Die offenbar wirksamen Anpassungsmechanismen prägen da wie dort die Persönlichkeit; diese formiert sich gemäß den institutionellen Umschreibungen ihrer Rolle sowie den spezifischen Erwartungshaltungen und entsprechender Anerkennungsleistungen der Umgebung und bildet entsprechende Handlungsmuster aus[14]. Dadurch treten nicht nur gewisse persönliche Eigenschaften und Fähigkeiten in den Vordergrund, es gehen gleichzeitig andere verloren, sie werden sozusagen enteignet[15]. Psychologisch kann dies auf der einen Seite Übersteigerung des Eigenwertgefühls, auf der anderen Seite die Überhandnahme von Abhängigkeits- und Unterwerfungstendenzen bedeuten[16]. Besonders verhängnisvoll kann sich die Identifikation mit der institutionellen Rolle auswirken, wenn diese bereits bestehenden Persönlichkeitsdefiziten entgegenkommt, z.B. den vielleicht unbewußten Minderwertigkeitsgefühlen und entsprechenden Geltungsbedürfnissen des institutionell Hochgestellten oder dem in seinem Kern zu unselbständig gebliebenen und damit auch wenig widerstandsfähigen hierarchisch Untergeordneten[17]. Diese meist verdrängte kompensatorische Leistung von Institutionen wurde eingehend von Stavros Mentzos beschrieben[18]. Hinter den erwähnten Prozessen verbergen sich nicht nur erhebliche soziale Spannung und unausgesprochenes persönliches

[14] Dazu ausführlich Parin, Widerspruch im Subjekt, S. 96–133; zur »Transformation des Subjekts durch die Macht« im Prozeß der Rollenidentifikation, siehe insb. S. 106 und 123ff.; illustrativ zur Rolle der Polizei: Philip Bonifacio, The psychological effects of police work. New York 1991.

[15] Zu diesem Prozeß der Entfremdung vgl. etwa Dieter Geulen, Das vergesellschaftete Subjekt. Frankfurt a.M. 1986, insb. S. 81ff.

[16] Daß es aus psychoanalytischer Sicht zu den Grundaufgaben des Menschen gehört, immer wieder ein Gleichgewicht zwischen Selbstwertsetzung und sozialer Bindung zu finden, betont Mentzos, Abwehr, S. 119f., 125. Mentzos ist Direktor der psychosomatischen Klinik der Universität Frankfurt a.M. (1988).

[17] So auch Parin, Widerspruch im Subjekt, S. 123 mit Anm. 6.

[18] Siehe Mentzos, Abwehr, S. 115 und 125. Er stellt bei einer großen Mehrheit (wenn nicht sogar bei allen Individuen) ein beträchtliches Potential von Konflikten, Ängsten und Schuldgefühlen fest, welche in der »Kollusion mit der Institution« untergebracht werden; vgl. auch Parin, Widerspruch im Subjekt, S. 123f.

Leiden[19], sondern eine eigengesetzliche Dynamik politisch relevanter, aber undurchsichtiger und wenig greifbarer[20] Machtverhältnisse. Die beschriebene Problematik sozialer Institutionen spitzt sich zu in den sogenannten totalen Institutionen[21].

[19] Stavros Mentzos, Neurotische Konfliktverarbeitung. München 1982, S. 259.

[20] Es sind die Mechanismen der Ideologisierung und Rationalisierung wirksam; zum psychoanalytischen Begriff des Rationalisierens vgl. z.B. Helmut Becker u. Carl Nedelmann, Von der Anwendbarkeit psychoanalytischer Kategorien auf die Politik. In: H. Becker u. C. Nedelmann (Hrsg.), Psychoanalyse und Politik. Frankfurt a.M. 1983, S. 119ff.; zur Ideologisierung vgl. Paul Parin u. Goldy Parin-Mathèy, Aufklärung und Verdrängung. Psychoanalyse und politische Macht. In: Widerspruch, Heft 18, (1989) S. 6–19. »Jede Machtinstitution geht mit einer Ideologie einher, die das Unbewußte der Beherrschten anspricht, indem Ängste beruhigt, abgewehrt und abgelenkt werden« (S. 12). Eine Psychoanalyse der Macht müßte nach Parin bei einer Ideologiekritik anfangen (S. 13). Nach Habermas verhindern die gesellschaftlichen Differenzierungsprozesse der Moderne und die damit einhergehende »Fragmentierung des Alltagsbewußtseins« die Ausbildung einer Ideologie als einheitliches Weltbild; Habermas, Revolution, S. 90f.

[21] Dazu Grubitzsch/Rexilius, Grundbegriffe, S. 494ff. und insb. 1129ff. In totalen Institutionen werden die Lebensäußerungen der von der Organisation betroffenen Individuen umfassend geregelt und kontrolliert, um sie entsprechend dem Organisationszweck zu konditionieren. Die individuell unterschiedlichen Reaktionen der Unterworfenen reichen von Widerstand über Unberührtheit bis zu beflissener Anpassung, die nach genügend langer Zeitdauer beim chronifizierten, deformierten Anstaltstypus enden kann; soweit er zur Selbstreflexion überhaupt noch fähig ist, wird sein Verhalten mit vermeintlichen Vorteilen der Institution (»Hier habe ich wenigstens mein regelmäßiges Essen«) gerechtfertigt (E. Pape in: Grubitzsch/Rexilius, Grundbegriffe, S. 1130). – Einen analogen Mechanismus hat Anna Freud im Phänomen der »Identifikation mit dem Aggressor« beschrieben: Das gedemütigte Kind zeigt eine Neigung, den ihm überlegenen und unausweichlichen Aggressor zu rechtfertigen, indem es sich seine Handlungsmotivationen zu eigen macht und positiv bewertet, obschon ihm der Angriff eigentlich unverständlich und abscheulich sein müßte. Die Schriften der Anna Freud. Bd. 10, München 1980, S. 2781, 2843; Laplanche/Pontalis, Vokabular, Bd. 1, S. 224f. – Über analoge Phänomene in Konzentrationslagern berichtet etwa Moore, Ungerechtigkeit, S. 99ff., 112.

Institutionen erfüllen zunächst rationale Zwecke und sind insoweit für die individuelle und kollektive Lebensbewältigung unentbehrlich. Sie können über Generationen hinweg durch Sozialisationsprozesse weitergegeben werden und vermögen das Dasein zu erleichtern. Sie können aber auch unzweckmäßig, ja lebensbehindernd werden und überholte Wertvorstellungen perpetuieren[22].

Der Staat zeigt in hervorragender Weise die Merkmale einer Institution. Er sichert jene Stabilität in den sozialen Beziehungen, die dem offensichtlichen Grundbedürfnis des Menschen nach Geborgenheit und Sicherheit in seiner sozialen Umgebung entgegenkommt[23]. Wenn man wie Sigmund Freud oder manche Richtungen der Existenzphilosophie von einer konflikthaften Grundstruktur des Menschen ausgeht, gewähren Institutionen wie der Staat kompensatorisch Stabilität sowie innere und äußere Orientierung und Verläßlichkeit[24]. Auch der Staat kann – wie andere Institutionen – in dieser Funktion zugleich eine Tendenz zu Eigengesetzlichkeit entwickeln, damit übermäßig repressiv werden und menschliche Entfaltung in allen Lebensbereichen in einem Ausmaß behindern, das nicht mehr adäquat ist zur gebotenen Gemeinwohlförderung. Für die mit dieser »überschüssigen« Selbstbehauptung und Handlungssteuerung stets verbundenen Ideologisierungstendenz steht exemplarisch die Lehre von der Staatsraison. Sie hat in der Geschichte immer wieder dazu gedient, den Ansprüchen der Institution auch dann zum Durchbruch zu verhelfen, wenn dies den offen-

[22] Zu den Wirkungsmechanismen von Institutionen vgl. z.B. Helmut Willke in: Görlitz/Prätorius, Politikwissenschaft, S. 162ff.

[23] Luhmann hat rechtssoziologisch Vertrauensschutz als zentrales Element jeder Rechtsordnung beschrieben; s. dazu etwa Niklas Luhmann, Vertrauen. Ein Mechanismus zur Reduktion sozialer Komplexität. 2. Aufl., Frankfurt a.M. 1973. – Nach A. H. Maslow ist die Befriedigung des elementaren Sicherheitsbedürfnisses Voraussetzung jeder Persönlichkeitsentwicklung und der Artikulation differenzierterer Bedürfnisstrukturen; vgl. Abraham H. Maslow, Psychologie des Seins. Ein Entwurf. München 1973, S. 199.

[24] Dazu unten S. 110f., 114ff., 136ff.; vgl. ferner Nicola Abbagnano, Philosophie des menschlichen Konflikts. München 1957.

sichtlichen Bedürfnissen der beteiligten Menschen zuwiderlief. Während die Institution angeblich nur als adäquates Mittel zur Erreichung menschlicher Ziele auftritt, wird sie hinter dem Schleier der Staatsraison zum Selbstzweck erhoben[25].

Der Staat teilt somit die oben beschriebene Ambivalenz in der Bewertung der Institutionen:

a. Er erfüllt im sozialen Dasein des Menschen für die Gemeinschaft eine Stabilisierungs- und für die einzelnen eine Entlastungsfunktion. Diese Funktionen sind nicht rein rational faßbar (z. B. als Staatszwecke), sondern haben teil an der Geschichtlichkeit des Menschen mit seinen rationalen *und* irrationalen Seiten. Man kann diese Einbettung des Staates und der in ihm lebenden Menschen in die Geschichte auch unter psychoanalytischer Perspektive[26] angehen. Die innerpsychischen Instanzen (Ich, Über-Ich, Abwehr- und Anpassungsmechanismen), die im Prozeß der Sozialisation aufgebaut werden, sind der Versuch, innere konflikthafte Regungen und Impulse auf tragbare Weise zu organisieren. Diese Instanzen übernehmen gleichzeitig die Funktion von Agenten der in der äußern Sozialordnung geschichtlich gewordenen geltenden Normen und Wertvorstellungen. Dadurch sichern sie nach außen weitgehend gesellschaftskonformes Verhalten[27] und stabilisieren damit zugleich die In-

[25] Zur Funktion der Staatsraison in der Geschichte der Neuzeit vgl. die ausführliche Darstellung von Münkler, Im Namen des Staates, passim. »Im Konzept der Staatsraison ernennt sich der Staat zum politischen Zweck, indem er versichert, auf die Dauer nur ein Mittel zu sein« (S. 13).

[26] Wir sind uns bewußt, daß wir uns in der Beschreibung dieses Ineinanderübergreifens von inneren, psychoanalytisch beleuchteten Prozessen und äußern, soziologisch feststellbaren Mechanismen auf einem noch wenig erforschten Gebiet der psychosozialen Forschung bewegen; aufgenommen wurde die Problematik etwa von Stavros Mentzos (z. B. Mentzos, Abwehr, S. 116).

[27] Es handelt sich hier um die von Lawrence Kohlberg beschriebene konventionelle Stufe moralischen Verhaltens; zu Kohlbergs Konzept der moralischen Entwicklung vgl. Lawrence Kohlberg, Moralische Entwicklung und demokratische Erziehung. In: G. Lind u. J. Raschert (Hrsg.), Moralische Urteilsfähigkeit. Weinheim, Basel 1987; im einzelnen siehe dazu etwa Robert Selman, Die Entwicklung des sozialen Ver-

stitutionen über die Zeitdimension des Lebens der einzelnen hinweg.

b. Auch die beschriebene Stabilisierungs- und Ordnungsfunktion des Staates kann nach außen[28] und nach innen eigengesetzlich, überschüssig werden. Um auf der psychoanalytischen Ebene zu bleiben, läßt sich der entsprechende Prozeß im Innern wie folgt beschreiben: Die in Über-Ich-Bildung oder Anpassungsmechanismen repräsentierten Anforderungen der sozialen Umwelt können – infolge einer tendenziell totalitären oder sonst repressiven gesellschaftlichen Umgebung – dazu führen, daß sie jede Autonomie der einzelnen im Umgang mit eigenen Impulsen behindern oder bereits deren Wahrnehmung einschränken[29]. Dies kann sich im politischen Umfeld in einer Unfähigkeit zu Kritik oder Widerstand gegenüber den Anmaßungen einer eigengesetzlich oder gar tyrannisch gewordenen staatlichen Organisation äußern.

Es sei hier nochmals festgehalten, daß solche Entwicklungen auf einem fatalen Zusammenspiel zwischen innern Mechanismen der Machthaber wie der ihnen Unterworfenen beruhen; ein nicht zu vernachlässigendes Element verfestigter Herrschaftsstrukturen, die sich typischerweise der Kritik entziehen und wenig Veränderungsmöglichkeiten aufweisen, kann auch auf Seiten der hierarchisch Untergeordneten liegen: nämlich in der möglichen Entwicklung einer zunächst als Entlastung erlebten Einfügung in hierarchisch-autoritäre Strukturen, die zusammen mit einer – mitunter früh erworbenen Gehorsamsbereitschaft – zu einer verhängnisvollen Bereitschaft zur Unterwerfung unter jedwelche Macht und zum Erleben ihrer Unvermeidlichkeit[30] führen kann.

Es zeigt sich auch hier, daß staatliche Wirklichkeit mit ihren generationenüberdauernden Institutionen nie als rein

stehens. Frankfurt a.M. 1984, sowie Habermas, Moralbewußtsein, S. 130–143.

28 »Überschüssiger« Ordnungsfunktion begegnet der Grundrechtsschutz der Verfassung mit dem Gebot der Verhältnismäßigkeit staatlichen Handelns; vgl. dazu Jörg Paul Müller, Elemente einer schweizerischen Grundrechtstheorie. Bern 1982, S. 132ff.

29 Dazu illustrativ Parin, Widerspruch im Subjekt, S. 119.

30 Vgl. unten S. 208 mit Anm. 132.

rationales Unternehmen faßbar ist. Sie hat ihre Wurzeln immer auch im weitgehend unbewußten innerpsychischen Haushalt der einzelnen. Diese Prägung ist Teil der Geschichtlichkeit des Menschen und seines Staates. Politische Ordnungen werden mit einer erstaunlichen Konstanz über Generationen hinweg weitergegeben, zusammen mit den eigenartigen Herrschaftsverhältnissen, Gehorsamshaltungen oder auch Widerstandsbereitschaften, die eine politische Kultur prägen. Diese Einbettung ist zu bedenken, wenn man die Frage nach der Kontrolle staatlich-institutionalisierter Macht stellt und nach Möglichkeiten politischer Veränderung im Sinne der Rationalisierung von Macht oder der Demokratisierung der institutionalisierten Entscheidstrukturen sucht. *Das Gelingen grundsätzlicher Verfassungsänderungen in Richtung Demokratisierung ist immer auch abhängig von der Unterstützung durch eine politische Kultur, die gleichsam das Bindeglied zur innern Verfassung der betroffenen Menschen darstellt.* Diese Verbindung ist nicht nur als Bindung der einzelnen an die Institutionen zu verstehen. Sie bedeutet umgekehrt auch eine Chance, die Institutionen durch Einflußnahme vernünftiger (d.h. reflektierender und kommunizierender) Menschen zu verändern[31]. Solche Veränderung setzt eine Transparenz der Institutionen voraus, die sie für Thematisierung und Problematisierung in demokratischen Verfahren erst öffnet. Administrative, bürokratische oder andere politisch relevante Machtstrukturen sind ständig porös zu halten auch gegenüber den Äußerungen einer nicht institutionalisierten, grundrechtsgesicherten Öffentlichkeit mit ihren spontanen Kommunikationschancen. Nur so kann die für jedes demokratische politische System notwendige Kritik sichergestellt, das unerläßliche Innovationspotential freigesetzt und auch der existentielle Legitimationsbedarf befriedigt werden.

[31] George Herbert Mead spricht von einer »Pflicht« der einzelnen in der Demokratie zur Veränderung der Gesellschaft und der Institutionen, von denen sie ihrerseits geprägt sind. Durch ein Zusammenspiel der reflektierenden und kommunizierenden Individuen und die wechselseitige Beeinflussung zwischen diesen und der Gesellschaft vollziehe sich gesellschaftliche Veränderung und Weiterentwicklung; vgl. Joas, Intersubjektivität, S. 133, 136f.

5. Vorkehren gegen Machtmißbrauch

a. Soziale Institutionen haben, wie oben dargestellt, jedenfalls im Zeitpunkt ihrer Ausbildung einen rationalen Kern; sie dienen der Bewältigung einer menschlichen Daseinsaufgabe. Andererseits ist ihre Entwicklung zu Eigengesetzlichkeit und damit verbundener übermäßiger Repression der unterworfenen Menschen nie auszuschließen. Im Individuellen zeigt sich dieser Prozeß in einer Rollenfixierung der Beteiligten, was zu individuellen und kollektiven Beeinträchtigungen der Lern- und Anpassungsfähigkeit führen kann. Institutionelle Ordnungen sind also sowohl von rationalen Zwecken getragen als auch in irrationalen Mechanismen verwurzelt: Eine rationale Kritik – auch als Grundlage einer Neuordnung – hat diese verschiedenen Aspekte in ihrer Interdependenz und Komplexität zu berücksichtigen, will sie überhaupt ihr Ziel erreichen und zugleich die Betroffenen in ihrem Leben und Empfinden ernstnehmen.

b. Institutionalisierte Macht ist nie frei von der Tendenz zu Machtmißbrauch. Ein solcher kann bewußt strategisch zur Durchsetzung bestimmter (mitunter sogar legitimer) Ziele erfolgen; dagegen sind die rechtsstaatlichen Mittel der Machtkontrolle, z.B. der Verwaltungsgerichtsbarkeit, bzw. der materiellen Garantien des Rechtsstaats wie Grundrechte, das Prinzip der Verhältnismäßigkeit als allgemeiner Grundsatz staatlichen Handelns, Verantwortlichkeit der Behörden und Beamten zu mobilisieren. Das Prinzip der Öffentlichkeit auch im Bereich des Verwaltungshandelns könnte weitergehend als Abwehr gegen Machtmißbrauch fruchtbar gemacht werden.

c. Daneben kann sich Machtmißbrauch aus der schleichenden Eigengesetzlichkeit von institutionellen Strukturen ergeben; diesem Machtmißbrauch ist schwieriger beizukommen, da er sich nicht immer in greifbaren und anfechtbaren Einzelakten manifestiert, dann auch aus dem weiteren Grund, daß die betroffenen Machtadressaten mitunter »kolludieren«, d.h. in mehr oder weniger bewußter Kooperation das Erstarren oder Degenerieren von Institutionen mittragen. Ziehen sie insgeheim einen Gewinn aus der Machtexpansion z.B. einer Bürokratie, indem sie in der Verfestigung der Rollen eigene Sicherheit oder sogar zunehmende Entlastung von eigenen Entscheidungszwängen finden, ist der Widerstand »von unten« wie beim offenen Machtmißbrauch nicht mehr gesichert. Hier werden als rechtliche Schranken eigengesetzlicher Macht aus geschichtlichen Erfahrungen bewährte Vorkehren des Rechtsstaats wie Gewaltenteilung, Kollegialitätsprinzip, Amtszeitbeschränkungen, Verbot der Ämterkumulation, Gesetzesbindung der Verwaltung relevant: Sie haben den Sinn, Macht auch dort und dann einzugrenzen, wenn ihr Ausufern im Sinne der oben beschriebenen Prozesse (noch) nicht manifest geworden ist. Darum sind solche »Erfindungen gegen den Machtmißbrauch«[32] auch dann ernstzunehmen, wenn kein konkreter und gegenwärtiger Anlaß zum Einschreiten aufgrund erkannter oder befürchteter Mißstände besteht.

Aufgrund des versteckten und heimtückischen Charakters der Machtphänomene können weder Glaube oder Appelle an moralische Verantwortung die institutionalisierten Machtbegrenzungen ersetzen, noch können die historisch gewordenen und damit nur punktuell wirksamen Institutionen gegen Machtmißbrauch die ganze Realität des Machtphänomens in seiner Gefährlichkeit für eine humane und rationale Gestaltung des Gemeinwesens einfangen.

d. Sicherheitsverbürgende und entlastende Autoritätsstrukturen sind in ihrer Tendenz zu eigengesetzlicher Beharrlichkeit auf die Dauer meist nur um den Preis des Verlusts persönlicher und sozialer Wahrnehmungs-, Lern- und Entwicklungsfähigkeit aufrechtzuerhalten. Vor allem durch – reflexives oder kommunikatives – Bewußtmachen solcher Mechanismen ist eine Öffnung jenes zwanghaften Verhaltens möglich, das die Beanspruchung persönlicher Freiheit und demokratischer Selbstbestimmung hemmt und insgesamt autoritäre politische oder festgefahrene bürokratische Strukturen am Leben erhält. Der Prozeß institutioneller und persönlicher Öffnung, der starre Herrschaftsansprüche und internalisierte Gehorsamsstrukturen elastischer werden läßt, wird unten im Zusammenhang mit der Frage nach den Grundlagen demokratischer Entwicklung näher beleuch-

[32] A. Riklin, Erfindungen gegen den Machtmißbrauch. Ein Beitrag zur Geschichte der politischen Ideen. In: E. Küng (Hrsg.), Wandlungen in Wirtschaft und Gesellschaft. Tübingen 1980.

tet[33]. Bei dieser geht es – wie beim Anliegen eines Abbaus überschüssiger Macht – darum, Chancen des Aufbruchs und der persönlichen und institutionellen Änderung in Richtung eines Gewinns an Freiheit zu eigener und gemeinsamer Lebensgestaltung zu heben.

II. Recht und Staat als vorgegebene und aufgegebene Ordnungen (ein psychoanalytisches Deutungsmuster der Normgeltung)

1. Einleitung (Überblick)

Das Bemühen um rationale Gestaltung von Recht und Staat hat sich immer mit der Geschichtlichkeit des Menschen, seinem sozialen Eingebundensein in gewachsene Strukturen auseinanderzusetzen. Die Berücksichtigung dieser Dimension menschlicher Wirklichkeit bedeutet nicht, einem Determinismus oder Fatalismus zu verfallen. Es sind Möglichkeiten der Gestaltung des Politischen zu suchen und die Chancen von Demokratie abzutasten; damit wird Distanz genommen von einem Konservatismus, der das auf Sicherheit und Erhaltung gerichtete Bedürfnis des Menschen zur dominierenden Norm erhebt und somit tendenziell verabsolutiert, so daß er entmündigend wirkt und keinen Raum für innovative und emanzipatorische Bewegungen läßt. Wir werden weiter unten versuchen, die beschränkten Chancen menschlicher Vernunft angesichts der Ambivalenz menschlicher Triebkräfte, ihrer Potenz und oft verborgenen und erstarrten Abwehr auch unter Bezugnahme auf die Freudsche Psychoanalyse zu verdeutlichen. Neben ihren bekannteren individualgeschichtlichen Aussagen hat sie eine kulturtheoretische Dimension, die für die Probleme der Staats- und Rechtslehre noch wenig fruchtbar gemacht wurde, und die insbesondere Licht auf die elementare Frage zu werfen vermag, wie sich Herrschaftsverhältnisse in der Geschichte perpetuieren. Latente Tendenz zu Eigengesetzlichkeit und

[33] Siehe v. a. S. 207ff.

schließlich Unmenschlichkeit, die jeder politischen Ordnung als Gefahrenpotential inhärent sind, können damit sichtbar gemacht werden.

2. Die Doppeldeutigkeit des Begriffs »Konvention« als Geltungsgrund von Recht und Staat

Wir haben einerseits Versuche aufgezeigt, die Wirklichkeit des Staates aus Vertrag (= Konvention) herzuleiten, und anderseits die Funktion und Gefahren des Staates als vorgefundener menschlicher Institution dargestellt. Die Begründung des Staates auf *konventioneller* Ebene erscheint nun in einem doppelten Licht: Konvention kann rationale Verständigung im Sinne des Vertrages bedeuten, aber auch Bindung im Sinne eines Verhaftetseins an Tradition und entsprechenden gesellschaftlichen Druck. In dieser Bedeutung sprechen wir alltäglich von »konventionellem« Verhalten und meinen damit den unreflektierten Nachvollzug vorgegebener gesellschaftlicher Verhaltensmuster. Diese Form sozialen Verhaltens wird im folgenden als *Konvention I* bezeichnet[34], während die rationale, bewußt gesuchte Verständigung zu *Konvention II* führt.

Konvention I

Konvention I bezeichnet die Sozialordnung, die wir vorfinden, die sich eingespielt hat, die herrscht. Sie hat etwas Naturwüchsiges. Wir werden in ihr sozialisiert, und ihre Gebote und Werte sind auch verinnerlicht, d.h. wir begegnen ihnen nicht nur als äußeren Normen oder gesellschaftlichen Erwartungen, mit denen wir uns allenfalls auseinandersetzen können; sie sind Teil unserer selbst als Glieder dieser Gemeinschaft geworden, und wir erleben die Kraft ihrer Normativität auch in Gewissensbissen und Schuldgefühlen.

[34] Eine Parallele findet sich in Kohlbergs Stufen der moralischen Entwicklung, wo ein Verhalten, das sich an den Ansprüchen der umgebenden Allgemeinheit orientiert, als »konventionell« bezeichnet wird, während Kohlberg ein an reflektierten Prinzipien orientiertes Handeln als »postkonventionell« versteht; vgl. dazu Anm. 68 und 69 in Kap. 2.

Dem Juristen ist die Realität von Konvention I geläufig in der Form des Gewohnheitsrechts, das seinen Geltungsgrund nicht in bewußter Setzung und Gestaltung, sondern in der positiven Bewertung des Herkömmlichen, Tradierten, Unangefochtenen findet. Die Aufrechterhaltung eingespielter Verhaltensabläufe, diese Referenz vor der Gewohnheit erscheint als elementarer Garant des Rechtsfriedens. Quieta non movere.

Die Frage, welche soziologischen oder sozio-psychologischen Prozesse in den zwischenmenschlichen Beziehungen Gewohnheit zu einem so früh wirksamen und alle Lebensbereiche mitbestimmenden Faktor machen, kann hier nicht vertieft werden. Es wird jedenfalls von der Alltagserfahrung bestätigt, wie stark einmal eingespielte Umgangsformen die verschiedensten menschlichen Beziehungen vom Eltern-Kind-Verhältnis bis zur ehelichen Partnerschaft, zum Nachbarverhältnis, zum Stil des Umgangs zwischen Staat und Bürger oder im zwischenstaatlichen Verkehr prägen. Die Tendenz des Menschen, sich gewohnten und bisher unbestrittenen Verhaltensabläufen auch weiterhin zu unterwerfen, und damit zur Stabilisierung geschichtlich bestehender politischer Ordnung beizutragen, ist offensichtlich: Von der Gesellschaft als legitim empfundene etablierte Ordnungen repräsentieren – mitunter mit hohen Kosten erworbene – Ergebnisse geschichtlicher Lernprozesse. Die »Macht der Gewohnheit« fruktifiziert in der Vergangenheit bewährte Strategien des (Über-)lebens für die Gegenwart und Zukunft. Die Einbindung des Menschen in die sozialen Integrationsmechanismen von Konvention I hat also Bedeutung für die Bewältigung des sozialen Daseins und Überlebens. Sozialer Zusammenhalt zehrt somit von den Ergebnissen gesellschaftlicher Lernprozesse.

Auch aus der Sicht des Individuums erscheinen solche Sozialbindungen als bedeutsam: sie können – jedenfalls erlebnismäßig – jene soziale Sicherheit bieten, in die sich die einzelnen ausruhend einlassen, notwendige Phasen der Regression erleben und aus der »Unwirtlichkeit« der Fremde in eine Heimat zurückkehren können, wo man keine Angst zu haben braucht und Geborgenheit erlebt. Darin mag der einzelne ein Stück jenes Sicherheitsbedürfnisses befriedigen, das

Maslow als das Primäre menschlicher Strebung beschreibt[35]. Erst dort, wo die Befriedigung elementarer Sicherheitsbedürfnisse sichergestellt ist, wird nach Maslow die Entfaltung differenzierterer Bedürfnisse: nach Selbstverwirklichung, Kreativität, Autonomie möglich. Kegan[36] beobachtet auch in individuellen Lebensläufen, daß die Fähigkeit zu Autonomie erst möglich wird, wenn Bedürfnisse nach Einbindung, Sicherheit, Geborgenheit befriedigt werden.

Sobald man die Notwendigkeit solcher fundamentaler Einbindung für das soziale und individuelle Leben festgestellt hat, muß man sich wieder die Gefahren einer Überwucherung des Kollektiven und seine potentielle Eigengesetzlichkeit vergegenwärtigen. Es kann durch partikuläre, insbesondere politische Kräfte mißbräuchlich in Dienst genommen werden, was oft unter dem Schleier der Ideologisierung zu Lasten der Autonomie der einzelnen geschieht.

Einsicht in solche Realitäten bedeutet nicht Resignation vor dem Anspruch rationaler Einflußnahme auf unsere politischen und sozialen Ordnungen; es heißt nicht, das Feld für den Einbruch eines Konservatismus zu räumen, der die vorgefundenen Institutionen, Gesellschafts- und Herrschaftsverhältnisse als praktisch unanfechtbar hinnimmt oder gar verherrlicht. Die hier vertretene Demokratietheorie hebt sich von konservativen Deutungen des Staates ab. Solche bleiben oft bei der Beobachtung vorgegebener sozialer Wirkungszusammenhänge stehen und reduzieren die soziale und politische Existenz der einzelnen auf einen bloßen Nachvollzug von außen bestimmter Rollen und systembedingter Regelungsabläufe. Anzuknüpfen ist hier an die Einsicht, daß der Mensch fähig ist, eine Differenz zwischen der Umwelt, die er vorfindet, und einer Vorstellung von dem, wie sie sein soll[37], zu begreifen.

Es ist im folgenden also der Frage nachzugehen: Wie können wir vernünftig mit den sozialen Kräften umgehen, die wir als sozial-kulturelle Gegebenheiten faktisch richtungs-

[35] Vgl. Anm. 23.

[36] R. Kegan, Entwicklungsstufen des Selbst. München 1986.

[37] G. Böhme, Anthropologie in pragmatischer Hinsicht. Darmstädter Vorlesungen. Frankfurt a. M. 1985, S. 283 ff.

weisend vorfinden – Gegebenheiten, die sich außen als Sitte, Konvention, gesellschaftliche Erwartung, und innen als internalisierte Anpassungsforderungen manifestieren? Wo liegen Chancen grundsätzlicher Veränderung, sowohl der eingelebten Institutionen wie der sie tragenden Menschen? Es wird sich zeigen, daß die Hoffnung auf die Kraft der Rationalität zunächst immer etwas utopisch erscheint, daß ohne diese Hoffnung aber weder im eigenen Leben noch in der Politik echte Änderungen zu bewirken sind. Solche Änderungen sind nicht Selbstzweck, sondern notwendige Antworten auf sich wandelnde Lebensbedingungen. Veränderung wird notwendig, wo die von niemandem verantwortete Kraft kollektiver Zwänge übermäßig, eigengesetzlich oder in totalen Institutionen pathologisch und lebensfeindlich wird. Solche Entwicklungen können von ideologischen Verschleierungen begleitet sein, die dem Ziel dienen, »das trügerische Heil einer sei's religiös-metaphysisch, sei's staatlich-institutionell garantierten Harmonie und Einheit des sozialen Körpers sicherzustellen« (Luhmann). Das starre Festhalten an der bestehenden Ordnung kann besonders für Menschen zur erdrückenden Last werden, die unter der Enge des Systems leiden; Außenseiter (etwa Fremde, »Sündenböcke«, Unangepaßte) haben gleichsam die Defizite der scheinbaren Wohlgeordnetheit zu tragen.

Konvention II

Demokratie setzt die Überzeugung voraus, daß der Mensch nicht nur Objekt, sondern aktiver Gestalter politischer Ordnung sei. Während der Untertan ihm zugedachte Rollen in bestehenden Herrschaftsverhältnissen dumpf nachvollzieht, entscheiden demokratische Bürger frei und vernünftig über das Recht, dem sie sich aus Einsicht unterwerfen. Der Vertrag wird zur Chiffre rechtlicher Gestaltung schlechthin: der mündige Mensch »verträgt sich« mit seinesgleichen nach Maßgabe der frei vereinbarten Regel. Der Sozialvertrag fixiert nicht vorgefundene Strukturen und Rollen, sondern definiert diese nach Einsicht in die Notwendigkeiten zweckmäßiger Organisation des Ganzen. Die Funktion des demokratischen Prozesses ist nicht bloß Abbildung tradierter

Ordnung und der sie schützenden innern und äußern Abwehren (Konvention I), sondern normative Konstituierung und Regulierung des Rechts einer Gemeinschaft bewußt handelnder Menschen (Konvention II).

Obwohl dieser Ausgangspunkt in der politischen Theorie der Neuzeit unbestritten ist, hat er – soweit ersichtlich – bis heute nicht zu einer konsequenten Theorie des demokratischen Gemeinwesens geführt: wo das mündige Individuum als Ausgangspunkt der politischen Ordnung verstanden wird, erscheint es doch nicht fähig, Recht und Staat wirklich in eigene Hände zu nehmen, sondern es taucht regelmäßig früher oder später der Rekurs auf heteronome Herrschaftselemente auf, die letztlich die Stabilität des Gemeinwesens sicherstellen: Beginnt staatliche Ordnung bei Hobbes mit einem Akt souveräner Bürger, die sich vertraglich einigen, ist doch das Ergebnis der Einigung die Unterwerfung unter eine Herrschaft, die eine Eigengesetzlichkeit entfaltet. Bei Rousseau steht am Anfang des *contrat social* der zur Freiheit und Selbstbestimmung berufene Mensch. Die Entscheidbildung unter »souveränen Bürgern« bedarf nach Rousseau in der Realität aber doch des Diktats des »Gesetzgebers«, jener pädagogischen Instanz, die den Citoyen erst die Ausrichtung auf das Gemeinwohl lehrt. Eine Parallele kann man im Erziehungsroman ›Emile‹ in den Anleitungen zu manipulativer Pädagogik finden, die nur unter der Annahme eines jenseits demokratischer Entscheidfindung bestehenden »Guten« verständlich wird. Ein Einbruch in die Grundlagen demokratischer Politik findet sich schließlich sogar in der Diskursethik: Selbst ein so sensibler Denker wie Apel rekurriert – wie oben dargestellt – auf Selbstbehauptungssysteme mit Herrschaftsfunktion: Der Utopie der »herrschaftsfreien Kommunikation« steht die »Herrschaftsfunktion« des Staates gegenüber, die zumindest zur Sicherung des Diskurses gegen außen unentbehrlich erscheint. Offenbar tritt auch im aufklärerischen Denken regelmäßig ein gewisses Mißtrauen gegenüber der Selbstregulierungsfähigkeit des mündigen Menschen auf, sobald die praktische Frage der elementaren Friedenssicherung angesprochen ist. Verbirgt sich hinter diesem Mißtrauen eine intuitive Wahrnehmung von Ängsten und Stabilisierungsbedürfnissen des Menschen, die sich auf eine fundamentalere Dynamik beziehen, als sie dem nur rationalen Vertragspartner oder der nur intellektuellen Diskursteilnehmerin verfügbar ist? Es ist zu fragen: Taucht im Einbruch des »notwendigen« Herrschaftselementes in Theorien, die an sich von Selbstbestimmungs- und Diskursfähigkeit vernunftbegabter Menschen ausgehen, etwas vom »Andern der Vernunft« (Böhme) auf, das in jeder rein rationalen Erfassung des Menschen verloren geht?

Wenn man als Akteure des politischen Gemeinwesens von vornherein nicht ausschließlich die bewußt und zwanglos handelnden und argumentierenden Menschen einsetzt, sondern die Realität des stets auch sozial eingebundenen, psychisch unfreien und wirtschaftlich abhängigen geschichtlichen Menschen mitbedenkt, wird die Spaltung in eine frei argumentierende Diskursgemeinschaft und den sie beschützenden herrschaftlichen Staat entbehrlich: Demokratisch handelnde Bürgerinnen und Bürger nehmen in der jeweiligen geschichtlicher Situation von einer vorgefundenen Ordnung, die in ihnen und um sie existiert, Distanz, ohne aus ihr herauszutreten; sie entwerfen kritisch Möglichkeiten besserer Ordnung und versuchen neue Gestaltungen, ohne Totalitäts- oder Allmachtsansprüche zu erheben und im Respekt vor jeder geschichtlich gewordenen Ordnung als (fallibles) Ergebnis menschlicher Lebenspraxis. In dieser Spannung zwischen »konventioneller« Eingebundenheit (Konvention I) und dem Glauben an die Möglichkeit rationaler Gestaltung unserer Lebensverhältnisse lebt demokratische Politik.

3. Die innerpsychische Dynamik sozialer Ordnung bei Sigmund Freud

Methodische Vorbemerkung

Zur Vertiefung der beschriebenen Einbettung des politisch handelnden Menschen in Konventionen und Traditionen (Konvention I) soll hier ein eher ungewohnter Ausgangspunkt gewählt werden: die in der Rechtswissenschaft noch kaum rezipierten Einsichten der *Psychoanalyse* namentlich in ihrer klassischen Formulierung durch Sigmund Freud. Dabei ist zu betonen, daß es sich – auch innerhalb der Psychoanalyse – nur um *eine* der möglichen Sichtweisen des Zusammenspiels von innerpsychischen Prozessen und sozialen Vorgängen handelt.

> Für die psychoanalytische Betrachtung ist kennzeichnend, daß sie ihre Erkenntnisse aus der Erlebniswelt von Menschen schöpft, die – im Rahmen psychoanalytischer Verfahren – über innere Vorgänge berichten. Aus unzähligen kasuistischen Erfahrungen und Mitteilungen aus dem Bereich der Psychoanalyse ist mit der Zeit »ein tendenziell generalisierungsfähiges Bild über zeit- und kulturspezifische konflikthafte Sozialisationserfahrungen und über konstitutionierende Momente der eigenen Subjektivität« entstanden[38]. Die Theoriebildung knüpft daran an und versucht, aus diesem Erfahrungshorizont Einsichten in die Wirkungsweise individueller und sozialer Prozesse zu gewinnen[39].

Will man auf die Frage eingehen, wie weit die Psychoanalyse mit ihren klassischen Kategorien (z.B. der Über-Ich-Bildung, der Abwehr oder der Verdrängung) für die Erkenntnis von Recht und Staat relevant sei, sieht man sich mit dem Umstand konfrontiert, daß offensichtlich eine weitverbreitete Abneigung oder Furcht in den Sozialwissenschaften – unter Einschluß der Staatslehre – besteht, solche Kategorien als mögliche Deutungsmodelle menschlichen Lebens, Erlebens und Handelns einzubeziehen[40].

[38] Wolfgang Mertens, Psychoanalytische Theorien und Forschungsbefunde. In: K. Hurrelmann u. D. Ulich (Hrsg.), Neues Handbuch der Sozialisationsforschung. Weinheim 1991, S. 78.

[39] In diesem Sinn bietet die Psychoanalyse auch eine Theorie der Sozialisation: Ausgangspunkt bleibt hier ebenfalls die *subjektiv* erlebte, erinnerte und mitgeteilte Erfahrung eines Prozesses, der nicht die *faktischen* Verhältnisse der Kindheit und Adoleszenz wiedergibt, sondern eine *psychische* Realität schildert, wie sie von einzelnen erinnert wird; vgl. W. Mertens, Psychoanalytische Theorien (Anm. 38), S. 77. Für eine Einführung in die Konzepte der klassischen Psychoanalyse und ihre neueren Entwicklungen s. z.B. Wyss, Die tiefenpsychologischen Schulen; Kutter, Psychoanalyse; Bodenheimer (Hrsg.), Freud.

[40] Die Frage, ob die Psychoanalyse wissenschaftlich begründet sei, ist kontrovers; vgl. etwa Wyss, Die tiefenpsychologischen Schulen,

Solche Ablehnung geht mitunter vom Mißverständnis aus, die im psychoanalytischen Modell zentrale Stellung der libidinösen oder aggressiven Impulse (man könnte m.E. auch einfach vom Lebenstrieb[41] mit seinen vielfältigen, archaischen und gebrochenen, genuinen und verstümmelten Äußerungen sprechen) führe gleich zu einem Freipass für das Ausleben jeder triebhaften Regung. Jedenfalls im therapeutischen Bereich ist vielmehr eine Prämisse der Psychoanalyse, daß das Bewußtmachen solcher tiefsitzenden Antriebe und die Konfrontation mit ihrer Konflikthaftigkeit erst – bisher durch Verdrängung blockierte – Chancen zur rationalen Auseinandersetzung im Interesse einer befriedigenderen Lebensorganisation schafft[42].

Für den vorliegenden Zusammenhang verzichten wir auf eine Erörterung der verschiedenen Triebmodelle, die von Freud im Laufe seiner Arbeit entwickelt wurden; ebenso ist hier nicht Raum für eine Auseinandersetzung mit den verschiedensten Kritiken an der psychoanalytischen Theorie oder an ihrer Ausprägung durch Freud im besonderen. So kann etwa die Frage nicht diskutiert werden, ob der Sexualtrieb in der Freudschen Sicht des Menschen eine zentrale Stellung einnehme oder ob andererseits die entsprechende Kritik an Freuds Konzept von einem engeren Begriff der Sexualität ausgeht, als er Freud vorschwebte[43]. Ebenso bleibt offen, wie weit etwa die Formulierung der »Urhordentheorie« (dazu nachfolgend S. 123ff.) lebensgeschichtlich durch Erlebnisse und Befürchtungen Freuds bezüglich seiner eigenen Stellung als Gründer und Leitfi-

S. 412ff.; Kutter, Psychoanalyse, S. 69ff. Im vorliegenden Zusammenhang wird die psychoanalytische Theorie Freuds als hermeneutisches Modell zum Verständnis eines Bereichs menschlicher Wirklichkeit fruchtbar zu machen gesucht.

[41] Freud ist selber – was oft verkannt wird – von einem weiten Begriff der Libido bzw. der Sexualität ausgegangen: Sie umfaßt alle Formen der Liebe und Zuneigung (auch Eltern-, Kinder-, Selbst- und Menschenliebe); sie machen den Kern der »Lebenstriebe« aus; s. im einzelnen: Freud, Massenpsychologie, S. 85ff. und S. 96 mit Anm. 1.

[42] Mentzos, Abwehr, S. 121f.

[43] S. dazu die Anm. 41.

gur der psychoanalytischen Bewegung bestimmt war[44]. Auch auf die feministische Kritik an Freuds angeblich patriarchalischer Befangenheit und androzentrischer Betrachtungsweise kann nicht eingegangen werden[45]. Entscheidend ist hier die exemplarische Illustration der Verwurzelung sozialer Ordnung in tief liegenden psychischen Prozessen. Auf die Aktualität der Freudschen Sicht der sozialen Einbettung des Menschen und ihre psychische Dynamik auch im Unbewußten haben in neuerer Zeit vor allem Lohmann und Mentzos hingewiesen[46].

Wir folgen hier der Hypothese, daß der Einbezug von unbewußten Motivationsstrukturen auch in Staatswissenschaft und politischer Praxis zu einer wirklichkeitsnäheren Auseinandersetzung mit den Problemen staatlicher Organisation führen könnte.

Die psychoanalytische Sicht der Sozialisation

a. Die Psychoanalyse stellt für die Geltung des oben als Konvention I beschriebenen Wirkungszusammenhangs ein differenziertes Erklärungsmuster zur Verfügung. Dieser erscheint als das Ergebnis eines komplexen psychischen Prozesses, der sowohl einen kollektiven, kulturgeschichtlichen[47], als auch einen individualgeschichtlichen Aspekt hat: In der frühen Kindheit wirkt die »Familie« als Sozialagentur[48], d.h. sie vermittelt dem abhängigen Kind die bestehende soziale Normstruktur als »reale« Umwelt, die es weitgehend internalisiert, also so stark zum Teil seiner Persönlichkeit macht, daß die entsprechenden Normen wie eigene Be-

[44] Diese Frage wird vertieft etwa von Marianne Krüll, Freud und sein Vater. Frankfurt a.M. 1992.

[45] S. dazu immerhin den Hinweis in Anm. 74; vgl. auch die Studie über die Rolle der Weiblichkeit im Diskurs der Psychoanalyse von Ch. Rohde-Dachser in: Ch. Rohde-Dachser u. W. Mertens (Hrsg.), Expedition in den dunklen Kontinent. Weiblichkeit im Diskurs der Psychoanalyse. Berlin, Heidelberg, New York 1991.

[46] Vgl. auch S. 121 mit Anm. 60 und 61.

[47] Dazu ausführlich unten, S. 123ff.

[48] Diese wurde in der patriarchalischen Gesellschaft zur Zeit Freuds im wesentlichen durch den Vater repräsentiert.

dürfnisse erlebt werden. Diese fraglose Übernahme ganzer Wertsysteme folgt einem ökonomischen Prinzip[49]: In einem Zeitraum, der im Verhältnis zur Länge der den entsprechenden Normen zugrundeliegenden gesellschaftlichen Lernprozessen sehr kurz erscheint, erhält das Kind die in seiner Gesellschaft herrschenden und somit für seine Lebenswelt »realen« Wertungen und Normen vermittelt, die ihm in der konkreten geschichtlichen Situation notwendige Orientierungssicherheit und insoweit Autonomie geben. Es geht um eine notwendige Einbettung in die vorgefundene Kultur, in der spätere emanzipatorische Prozesse erst möglich werden.

Freud hat die Mechanismen der Übernahme kultureller Normen in die psychische Struktur des Individuums wiederholt und differenziert beschrieben. Den von ihm im Verlauf seines Lebens formulierten verschiedenen Strukturmodellen ist gemeinsam, daß die Verinnerlichung mit stärksten emotionalen Prozessen einhergeht (Ödipuskomplex und dessen Auflösung in Zusammenhang mit der Errichtung des Über-Ichs[50]). Der erworbene Normgehalt wird im spätern Leben mit vitalsten psychischen Kräften (Abwehren) sichergestellt. All diese zentralen Abläufe vollziehen sich im wesentlichen unbewußt, d.h. unter Ausschluß der Kontrolle des »vernünftigen« Ich.

[49] Nach Freud hat das Unbewußte eine Tendenz zu möglichst ökonomischer Organisation *(arrangements)* konfligierender Triebe. Zum Ökonomieprinzip vgl. z.B. Sigmund Freud, Triebe und Triebschicksale. Studienausgabe, Bd. IV, Frankfurt a.M. 1982 S. 285; Ders., Das Unbewußte. Studienausgabe, Bd. III, S. 140; ferner Laplanche/Pontalis, Vokabular, Bd. 2, S. 357ff.; R. Eckes-Lapp, Psychoanalytische Traumtheorie und Trauminterpretation. Göttingen 1980, S. 12.

[50] Der Ödipuskomplex stellt nach Freud ein menschliches Grundphänomen dar, von dessen Bewältigung eine befriedigende soziale Integration abhängt; vgl. Freud, Unbehagen, S. 256f.; Reinhard Lempp, Der Ödipuskomplex nach 90 Jahren. In: Bodenheimer, Freud, S. 345–355; Alice Holzhey-Kunz, »... nicht Herr im eigenen Hause«. Freud und Heidegger zusammengedacht. Ebd., S. 356–382; zum »weiblichen Ödipuskomplex« vgl. etwa Ch. Rohde-Dachser in: Expedition (Anm. 45), S. 4ff., 258ff., 308, 310f.; s. auch nachfolgend Anm. 74 (weibliche Über-Ich-Bildung). Zur »Perpetuierung« der in ›Totem und Tabu‹ beschriebenen Mechanismen in der Generationenfolge s. auch Freud, Massenpsychologie, S. 126.

b. Grundlegend ist die Erkenntnis, daß die uns umgebende Gesellschaft mit ihren Normen eine Agentur in jedem Individuum hat, die gleichsam die herrschenden Normen und Ordnungen im einzelnen repräsentiert. Die innere Entwicklung dieser Agentur ist Niederschlag der sichtbaren Sozialisation, wie sie sich vor allem im Laufe der Erziehung von Kindern, aber auch der Assimilation von Ausländern oder der Anpassung von Erwachsenen vollzieht, die sich notwendigerweise in ihre Arbeitswelt oder in ihr sonstiges Umfeld – das z.B. soziale Anerkennung verspricht – zu integrieren versuchen[51]. Eine solche Internalisierung von Normen entlastet im Alltag nicht nur die einzelnen Menschen von der ständigen, bewußten Orientierung an herrschenden Verhaltenserwartungen und von deren kritischer Überprüfung, sie bringt auch einen Gewinn für die soziale Umgebung. Diese profitiert vom Vorteil eines verlässlichen Normvollzugs im gleichsam automatisierten Gehorsam in gesicherten Institutionen und bleibt nicht der (jedenfalls vordergründigen) Unzuverlässigkeit einer ständig reflektierten Handlungssteuerung durch »autonome« Menschen ausgesetzt.

c. Bei der Konstituierung von Herrschaft mit ihren Elementen der Autorität und des Gehorsams spielt im Rahmen der Freudschen Theorie die Angst und ihre Abwehr eine wesentliche Rolle: die Angst vor elementaren inneren menschlichen Impulsen, triebhaften Regungen libidinöser oder aggressiver Art. Schon das Kind erlebt ihr Gefahrenpotential zunächst in der Furcht vor Liebesentzug[52], der den Ungehorsam gegenüber elterlichen Normen sanktioniert oder zu sanktionieren droht. Dem sucht es bereits früh

[51] Anschaulich werden solche Anpassungsmechanismen – über die klassische Psychoanalyse hinausgehend – beschrieben bei Parin, Widerspruch im Subjekt, S. 78f. Die Funktion der »sozialen Angst« beim Erwachsenen, für den die größere menschliche Gemeinschaft an die Stelle der Eltern tritt, hat schon Freud beschrieben; s. Freud, Unbehagen, S. 252.

[52] Freud, Unbehagen, S. 251: »Verliert (das Kind) die Liebe des anderen, von dem (es) abhängig ist, so büßt (es) auch den Schutz vor mancherlei Gefahren ein, setzt sich vor allem der Gefahr aus, daß dieser Übermächtige ihm in Form der Bestrafung seine Überlegenheit beweist. Das Böse ist also anfänglich dasjenige, wofür man mit Liebesverlust bedroht wird; aus Angst vor diesem Verlust muß man es vermeiden.«

durch entsprechende Organisation des innern Haushalts zu begegnen, u.a. durch Verdrängung der in seiner Erfahrung als bedrohlich erlebten innern Impulse. Dies mündet in der späteren Lebensentwicklung auf komplexe Weise in die Errichtung des beschriebenen innern Kontrollorgans »Über-Ich«[53]. Die auf früher Stufe erlebte Furcht vor äußerer Strafe wird nach der Verinnerlichung der Autorität zu einer latenten innern Angst, »denn vor dem Über-Ich kann sich nichts verbergen, auch Gedanken nicht.«[54] Damit sind Mechanismen des Gehorsams und der Unterwerfung unter die je herrschenden Norm- und Wertsysteme, wie sie von den frühesten Bezugspersonen vermittelt werden und die auch die jeweilige Rechtsordnung tragen, durch eine innere Instanz gesichert. So haben Recht und Herrschaft ihren Sitz im Kernbereich der psychischen Realität der einzelnen gefunden. Diese Verinnerlichung repräsentiert die Ansprüche der sozialen Umwelt gegenüber den oft unberechenbaren libidinösen und aggressiven Impulsen, die gezähmt oder unterdrückt werden müssen. Dabei bleibt der Konflikt zwischen den internalisierten Geboten der Sozietät und gegenläufigen triebhaften Strebungen des Individuums stets mehr oder weniger latent. Die Stabilität von Rechts- und Staatsordnungen wäre – in diesem Licht betrachtet – abhängig von einem innerpsychischen Gleichgewicht zwischen elementaren, oft verdrängten, aber dennoch innerpsychisch wirksamen Trieben, mit anderen Worten von Lebensbedürfnissen, Wünschen, Begehren und ihrer – ebenfalls gefühlsmäßig (triebhaft) geladenen – Abwehr[55]. Die Sozialordnung in ihrem internalisierten Gesicht erscheint so weniger als harmonische Konkordanz von Interessen, sondern eher als mehr oder weniger labile Institution, die das Leben des Menschen in seiner geschichtlichen Kontinuität trotz nicht aufhebbarer

[53] Auf die zentrale Rolle des Ödipuskomplexes im Prozeß der Über-Ich – Bildung ist hier nicht einzugehen; s. dazu etwa den Überblick in Laplanche/Pontalis, Vokabular, Bd. 2, S. 351–357 mit vielen Hinweisen.

[54] Freud, Unbehagen, S. 252.

[55] Zu den Abwehrmechanismen vgl. etwa Anna Freud, Das Ich und die Abwehrmechanismen (1936). München 1964; Mentzos, Abwehr, passim; Laplanche/Pontalis, Vokabular, Bd. 1, S. 24–28, 30–33 m. w. H.; Kutter, Psychoanalyse, S. 138–143, 205.

Konflikthaftigkeit ermöglicht[56]. Dieser Konflikt prägt nach Freud das Verhältnis der Individuen zur Kultur überhaupt: Der Mensch findet in ihr (wie ursprünglich in der Familie) ein Stück Sicherheit, tauscht aber dagegen ein Stück »Lebensspontaneität« ein[57].

d. Die Beschreibung Freuds von innerpsychischen Mechanismen, die eine soziale Einbindung des Individuums bewirken, haben durch neuere Interpretationen[58] des entscheidenden Grundkonflikts im Innern jedes Individuums eine Aktualisierung erfahren: Was Freud im Kern als Antagonismus zwischen Zuneigung und Ablehnung (sog. *Ambivalenzkonflikt*[59]) darstellt, kann als Grundkonflikt zwischen elementaren menschlichen Strebungen nach Bindung und Selbständigkeit, nach Altruismus und Selbstbezogenheit, nach Gemeinsinn und Eigennutz gesehen werden. Zu einer ausgleichenden Integration dieser gegenläufigen Impulse im Innern zu finden, ist etwa nach Stavros Mentzos eine dem Menschen immer wieder gestellte Grundaufgabe; die Art, wie sie gelöst wird, entscheidet nicht nur über psychisches Wohlbefinden der einzelnen, sondern auch über eine befriedigende Stellung in den sozialen Beziehungen, ja deren lebensförderliche Organisation überhaupt[60].

Freud empfand die von ihm vorgefundene Kultur als hinderlich für die Organisation eines solchen Gleichgewichts. Er beschreibt sie als übermäßig repressiv, indem sie von ihren Mitgliedern ein *Zuviel* an Triebeinschränkung, Affekt-

56 Jedenfalls in archaischen Institutionen tritt uns auch nach Habermas, Faktizität und Geltung, S. 40, »eine gefühlsambivalent besetzte Autorität« entgegen und »noch heute erinnern unsere tiefverwurzelten Reaktionen auf Verstöße gegen das Inzesttabu an den Umstand, daß die Stabilität (...) durch Überzeugungen gesichert werden mußte, die eine bannende, zugleich bindende und abschreckende Autorität besitzen« (41).

57 Freud spricht von Glücksmöglichkeit; vgl. Freud, Unbehagen, S. 243 sowie S. 122 mit Anm. 63.

58 S. Mentzos, Abwehr, S. 117–125.

59 S. dazu auch Laplanche/Pontalis, Vokabular, Bd. 1, S. 55 f. mit weiteren Hinweisen.

60 Vgl. Mentzos, Abwehr, S. 121, 124, 125 mit dem Hinweis auf Institutionen und Herrschaftssysteme, die sich nähren von den Nöten, die durch einseitige Lösungen des Grundkonflikts entstehen (125).

kontrolle und Abstraktionsvermögen verlangt. Als Folge sah er eine unbewußte Kulturfeindschaft, die sich in antisozialen und destruktiven Einstellungen äußert oder zur Flucht in Neurose und Regression zwingt und damit die Grundlagen menschlichen Zusammenlebens zu zerstören droht[61]. Freud plädiert für eine Kultur, »die keinen mehr erdrückt«[62], welche die unvermeidliche Konflikthaftigkeit jeder Gesellschaft so weit mildert, daß sowohl dem Glücksanspruch[63] der einzelnen (Genußfähigkeit, Fähigkeit zu sinnstiftender Arbeit) als auch den Anforderungen der Gemeinschaft (mit den notwendigen Triebverzichten) Rechnung getragen wird.

Gegen die Freudsche These der unaufhebbaren Konflikthaftigkeit des Menschen kann die Annahme der Humanistischen Psychologie angeführt werden, wonach menschliche Bedürfnisse, auch Grundbedürfnisse, grundsätzlich als befriedbar betrachtet, die menschliche Natur also nicht prinzipiell als konflikthaft gewertet wird[64]. Aber auch im Rahmen solcher anthropologischer Konzepte liegt eine elementare Triebfeder sozialer Bindung und Anpassung im *innerpsychischen* Haushalt, so z.B. im grundlegenden

[61] Freud, Zukunft, S. 149f. und Ders. in: Studienausgabe, Bd. IX, Frankfurt a.M. 1982, S. 21f.: »Die Erfahrung lehrt, daß es für die meisten Menschen eine Grenze gibt, über die hinaus ihre Konstitution der Kulturanforderung nicht folgen kann. Alle, die edler sein wollen, als ihre Konstitution es ihnen gestattet, verfallen der Neurose; sie hätten sich wohler befunden, wenn es ihnen möglich geblieben wäre, schlechter zu sein«; vgl. auch Hans-Martin Lohmann in: Helmut König (Hrsg.), Politische Psychologie heute, in: Leviathan, Sonderheft 9/1988, S. 58f. sowie Ders., Freud zur Einführung. Hamburg 1987, S. 51: »Die kulturellen Errungenschaften und institutionellen Ordnungen, die moralischen Normen und gesellschaftlichen Rationalisierungen bleiben für Freud solange fragwürdig, wie sie von den Menschen oder doch von der Mehrzahl der Menschen mit unangemessenem Glücks- und Triebverzicht, mit Unterwerfung unter falsche Autoritäten, mit Krankheit und Neurose quittiert werden müssen.«

[62] Freud, Zukunft, S. 183.

[63] Dazu etwa Freud, Unbehagen, S. 208–220, 243.

[64] Zur sogenannten Humanistischen Psychologie und ihrem Verhältnis zur Psychoanalyse vgl. Kutter, Psychoanalyse, S. 267ff.; Grubitzsch/Rexilius, Grundbegriffe, S. 464ff.

Sicherheitsbedürfnis, wie es A. Maslow[65] beschreibt, oder in der grundlegenden Funktion des Narzißmus, den eine neuere Richtung der psychoanalytischen Forschung[66] ins Zentrum stellt: Aufgrund frühester Sozialerfahrungen des Kindes wird entweder ein gesundes Selbstwertgefühl aufgebaut, oder der Keim für eine kaum mehr zu stillende Anerkennungsbedürftigkeit mit entsprechenden Abhängigkeiten und Unterwerfungsbereitschaften konstituiert. Soziale Bindung und Akzeptanz, v.a. als innerpsychische Erlebnisse, sind unerläßliche Faktoren individueller menschlicher Entwicklung und Daseinsbewältigung. Folgerichtig werden Androhung oder Realität von Liebesentzug oder sozialer Ächtung mit dem sie begleitenden psychischen Leid und Schmerz zu kraftvollen Anpassungsinstrumenten und für mißbräuchlichen Einsatz um so geeigneter, als auf seiten des Opfers mangelndes Selbstwertgefühl permanente Abhängigkeit von narzißtischer Befriedigung bewirkt. Die politische Relevanz solcher Mechanismen zeigt sich z.B. darin, daß narzißtische Persönlichkeitsstrukturen die Gefahr unkontrollierter Anpassung an herrschende Strömungen und andere Massenphänomene besonders ausgeprägt in sich schließen[67].

Die kulturgeschichtliche und staatsrechtliche Dimension der Psychoanalyse Freuds

a. Wissenschaftlich noch wenig aufgearbeitet ist der kollektive, kulturgeschichtliche Aspekt der psychoanalytischen Deutung des innern Zusammenhalts von Sozialordnungen.

[65] Dazu Anm. 23.

[66] Vgl. Heinz Kohut, Narzißmus. Frankfurt a.M. 1979 und Ders., Die Heilung des Selbst. Frankfurt a.M. 1979; Raymond Battagay, Narzißmus und Objektbeziehungen. Bern, Stuttgart, Wien 1977; S. Zepf, Narzißmus, Trieb und die Produktion von Subjektivität. Berlin 1985, insb. S. 41ff. und 123f.

[67] In Zusammenhang damit kann etwa die sog. »Schweigespirale« gesehen werden: Man unterwirft sich unter die als herrschend vermutete beziehungsweise innerlich vorweggenommene öffentliche Meinung, wodurch sich deren Wirkung verstärkt und gleichzeitig die Hemmung in der Gesellschaft wächst, eine abweichende Meinung zu äußern; vgl. dazu Elisabeth Noelle-Neumann, Die Schweigespirale. Öffentliche Meinung – unsere soziale Haut. Frankfurt a.M. 1982.

In ›Totem und Tabu‹[68] spekuliert Freud über den Prozeß, durch den kulturgeschichtlich soziale Welt, Gemeinschaft, Kultur und Recht entstehen können. Dieses Buch wurde oft als eine Wiedergabe historischer Fakten oder als ethnologische Studie mißverstanden; heute wird seine Aktualität als *Mythologem* gesehen, das »wichtige Probleme unserer Gegenwart in ein klares und scharfes Licht taucht«[69], indem es Einsichten in die *unbewußte* Dimension der Kultur, ihrer gemeinschaftsbildenden Mechanismen, aber auch in die Bedingungen und Funktionsweisen von Herrschaft vermittelt[70].

> In ›Totem und Tabu‹, aber auch in späteren Abhandlungen wie ›Das Unbehagen in der Kultur‹[71] und ›Massenpsychologie und Ich-Analyse[72]‹ erklärt Freud die Entstehung der Kultur und der ihr zugehörigen »Rechts«-Normen aus einem archaischen zwischenmenschlichen Prozeß: Ausgangspunkt ist eine Art Urfamilie, in der dem Oberhaupt eine Allmachtstellung zukommt; um seiner uneingeschränkten Machtfülle zu entrinnen, bringen die unterdrückten Familienglieder (»Urhorde«) den Herrscher in einer gewaltsamen Auflehnung um.

[68] Sigmund Freud, Totem und Tabu (1912/13). Studienausgabe, Bd. IX, Frankfurt a.M. 1982; s. auch die Neuausgabe im Fischer Taschenbuchverlag, Frankfurt a.M. 1991 mit einer Einleitung von Mario Erdheim; vgl. ferner M. Erdheim in: Marschall, Kulturanthropologie, S. 137–150 und für weitere Hinweise S. 337f.

[69] M. Erdheim in: Freud, Totem (1991), S. 25.

[70] So auch Erdheim in: Marschall, Kulturanthropologie, S. 145–148; Freud selber spricht in Zusammenhang mit der im Zentrum von ›Totem und Tabu‹ stehenden »Urhorden-Theorie« von einem wissenschaftlichen *Mythos*, der auch zur Analyse gesellschaftlicher Gegenwartsphänomene fruchtbar gemacht werden kann; Freud, Massenpsychologie, S. 126. – Vor allem in der Auseinandersetzung mit dem französischen Philosophen und Psychoanalytiker Jacques Lacan hat die Freudsche Urhordentheorie erneutes Interesse gefunden; vgl. Thanos Lipowatz, Die Verleugnung des Politischen. Die Ethik des Symbolischen bei Jacques Lacan. Weinheim, Berlin 1986; Edith Seifert (Hrsg.), Perversion der Philosophie. Lacan und das unmögliche Erbe des Vaters. Berlin 1992.

[71] Freud, Unbehagen, S. 191ff.

[72] Freud, Massenpsychologie, S. 61ff.

Die Tat führt zu Reue[73]. Mit ihrer Verdrängung einher geht die Verinnerlichung der väterlichen Autorität. Dieser Prozeß erscheint wie eine Projektion der in der Psychoanalyse sonst im Vordergrund stehenden individualgeschichtlichen Dynamik (Ödipuskomplex und dessen Auflösung mit der Verinnerlichung der durch die Elterninstanz repräsentierten Normen) auf das Kollektiv[74].

[73] Freud beschreibt diesen Vorgang wie folgt: Die »Reue war das Ergebnis der uranfänglichen Gefühlsambivalenz gegen den Vater, die Söhne haßten ihn, aber sie liebten ihn auch; nachdem der Haß durch die Aggression befriedigt war, kam in der Reue über die Tat die Liebe zum Vorschein, richtete durch Identifizierung mit dem Vater das Über-Ich auf, gab diesem die Macht des Vaters wie zur Bestrafung für die gegen ihn verübte Tat der Aggression, (und) schuf die Einschränkungen, die eine Wiederholung der Tat verhüten sollten«; Freud, Unbehagen, S. 258. Bereits hier zeigt sich die doppelte Wirkungsweise der von Freud als »Aggression« bezeichneten Emotion: Sie äußert sich nicht nur nach außen in einer Angriffshaltung, sondern auch nach innen: Hier verleiht sie den im Über-Ich, dem Gewissen, verinnerlichten gesellschaftlichen Normen und Sanktionen ihre Macht; so eindringlich Freud, Unbehagen (wo die zum ersten Mal in ›Totem und Tabu‹ dargestellte Urhordentheorie wieder aufgenommen wird), S. 250: »Die Kultur bewältigt (...) die gefährliche Aggressionslust des Individuums, indem sie es (...) entwaffnet und durch eine Instanz in seinem Inneren wie durch eine Besatzung in der eroberten Stadt überwachen läßt«; zur Entwicklung des Aggressionsbegriffs in der psychoanalytischen Literatur vgl. Laplanche/Pontalis, Vokabular, Bd. 2, Stichwort ›Aggression‹, S. 40ff.; zur geschlechtsspezifischen Sozialisation aggressiver Triebe vgl. Margarete Mitscherlich, Die friedfertige Frau. Frankfurt a.M. 1985, insb. S. 11f., 33ff.

[74] Nach einer neueren Interpretation der Urhordentheorie Freuds sind an der Mordtat am allmächtigen Urhordenvater nicht nur die unterdrückten Söhne, sondern ebenso – wenn auch aus differenzierten Motiven – die *Töchter* beteiligt; vgl. dazu Edith Seifert, »Was will das Weib?« Weinheim, Berlin 1987, S. 16ff.; Seifert geht – unter Einbezug der psychoanalytischen Theorie Jacques Lacans – u.a. der Frage nach, ob und allenfalls inwieweit Freuds Urhordentheorie ein »patrilinearer Mythos« sei. Sie gelangt dabei zur These, Freud vertrete in ›Totem und Tabu‹ nicht einen patriarchalen, sondern im Gegenteil einen »mutterrechtlichen Abstammungsmythos« (S. 41f.). Der Freudsche Mythos wird aus dieser Sicht auch zu einem »weiblichen Mythos« (S. 17). – Zur weiblichen Über-Ich-Bildung vgl. ebd., S. 28–33.

Für Alfred Lorenzer belegt ›Totem und Tabu‹, »daß soziale Prozesse nicht nur an der Oberfläche auf die Verhaltensorientierung wirken, sondern ins Fundament der Persönlichkeit eingelassen sind«[75]. Die Tiefe des Freudschen Mythos der Gesellschaftsbegründung habe das Verdienst eines wohltuenden Kontrasts zu soziologischen Theorien, die in Gefahr seien, »die Einwirkung sozialer Phänomene auf das individuelle Erleben unsinnlich abstrakt und rationalistisch harmlos nach dem Modell der Kommunikation erwachsener Individuen zu sehen«. Nach Lorenzer hat Freud in ›Totem und Tabu‹ die für die Psychoanalyse sonst charakteristische und auch gefährlich enge Dimension konkreter Familienverhältnisse durchbrochen und einen umfassenderen gesellschaftlichen Hintergrund unseres individuellen Erlebens ins Licht gerückt. Hier liegt m. E. der Ansatzpunkt zur Überwindung sowohl psychoanalytischer Blindheit gegenüber den gesellschaftlichen Wurzeln der psychischen Befindlichkeit des Menschen, als auch der Unfähigkeit materialistisch-soziologischer Theorie, zum Einzelmenschen hinter den gesellschaftlichen Vorgängen und Gesetzmäßigkeiten vorzustoßen.

b. Freud hat also die aus der Beobachtung und Deutung individueller psychischer Prozesse gewonnenen Einsichten selber für die Beobachtung, Entstehung und Fortdauer ganzer Sozialordnungen fruchtbar zu machen versucht. Es liegt somit bei der geschilderten Interpretation von Konvention I nicht einfach eine von uns nachträglich konstruierte Übernahme individualpsychologischer Aussagen für die theoretische Durchdringung von Recht und Staat vor, sondern eine Analyse, die bereits in Freuds Schriften sichtbar wird. Gleichzeitig ist uns ein Anliegen, die Freud'sche Konzeption gegenüber dem etwa von C. G. Jung vertretenen Modell eines kollektiven Unbewußten im Sinne einer archetypischen Wesenheit abzugrenzen[76]. Wichtig ist, daß sowohl der individualgeschichtliche Aspekt der Psychoanalyse wie ihre kulturtheoretische Dimension – wie sie exemplarisch in ›Totem

[75] Alfred Lorenzer, Die Geschichtlichkeit menschlicher Lebensentwürfe. In: H. König (Hrsg.), Politische Psychologie heute, Leviathan (1988) 9, S. 68.

[76] Vgl. unten S. 133 ff.

und Tabu‹ und ›Das Unbehagen in der Kultur‹ zum Ausdruck kommt – nicht in ein deterministisches Menschenbild münden; im Individuellen wie im Gesellschaftlich-kulturellen werden Möglichkeiten rationaler Gestaltung sichtbar. »Wir mögen noch so oft betonen, der menschliche Intellekt sei kraftlos im Vergleich zum menschlichen Triebleben, und Recht damit haben. Aber es ist doch etwas Besonderes um diese Schwäche; die Stimme des Intellekts ist leise, aber sie ruht nicht, ehe sie sich Gehör geschafft hat.«[77]

Die gleiche Hoffnung kommt in der kulturgeschichtlichen Analyse Freuds zum Ausdruck: Die Gesellschaftsbildung folgt nicht einfach einem zwanghaften Ablauf, sondern ist auch getragen von rationalen Motiven der Einsicht[78] und gleicht insofern einer Art »Gesellschaftsvertrag«[79]: Die Rechtsgemeinschaft hat ihren Ursprung nicht nur in einer impulsiven Reaktion, sondern in der Auflehnung gegen die Willkür des physisch Stärkeren und der Begründung einer Gemeinschaft, die sich mit ihrem Recht der rohen Gewalt eines einzelnen entgegenstellt. »Diese Ersetzung der Macht des einzelnen durch die der Gemeinschaft ist der entscheidende kulturelle Schritt. Ihr Wesen besteht darin, daß sich die Mitglieder der Gemeinschaft in ihren Befriedigungsmöglichkeiten beschränken (...)«.[80]

Freud spricht in diesem Zusammenhang ausdrücklich von einem Akt der »Gerechtigkeit«, durch den »jeder durch die Rechte des andern beschränkt« wird[81]. Es sei ein Schicksalsproblem der Kultur, ob es auf Dauer gelinge, einen zweckmäßigen Ausgleich zwischen den Ansprüchen auf individuelle Freiheit und den Anforderungen des Zusammenlebens zu finden[82].

[77] Freud, Zukunft, S. 186.

[78] So z. B. Freud, Massenpsychologie, S. 126.

[79] S. Freud, Der Mann Moses und die monotheistische Religion. Drei Abhandlungen (1939). Studienausgabe, Bd. IX, S. 530.

[80] Freud, Unbehagen, S. 226f.

[81] Freud, Massenpsychologie, S. 126.

[82] Freud, Unbehagen, S. 226f.

Freuds Theorie und die klassischen Lehren vom Staatsvertrag

a. Die klassischen Konstruktionen der Staatsbegründung durch Vertrag waren – in ihrem analytischen Aspekt[83] – stets erneuerte Versuche, der vorgefundenen Geltung politischer Ordnungen und sich reproduzierender Herrschaftsverhältnisse auf die Spur zu kommen. Sie zielten darauf, das Postulat menschlicher Handlungsautonomie einerseits und den Befund erstaunlicher Permanenz von Herrschaftsordnungen (die jede individuelle Lebenserfahrung überdauerten) andererseits gedanklich zu vereinbaren[84]. Dies leisteten sie durch die fiktive Konstruktion eines Akts des Zusammenschlusses und der Unterwerfung unter ein gemeinsames Gesetz (Vertragsschluß). Hatten die klassischen Lehren eher statischen Charakter[85], steht bei Freud die innerpsychische Dynamik dieses Prozesses der Entstehung und Aufrechterhaltung von Herrschafts- und Sozialordnungen im Vordergrund.

b. Vergleichen wir Freuds Theorie mit der Lehre von der Staatsbegründung durch Vertrag bei Hobbes: Hier wird wegen des Unvermögens der einzelnen, ihr Zusammenleben gewaltfrei zu gestalten, eine Allmachtsinstanz (»Leviathan«) eingesetzt, die eine Friedensordnung garantiert. Freud sieht die Entwicklung umgekehrt: Menschliche Vergesellschaftung schafft der rohen Gewalt des Einen, der ursprünglichen

[83] Zum normativen Aspekt der Staatsvertragstheorien, der ihnen die Funktion einer »Legitimitätsprüfung« von Herrschaft gibt, vgl. z.B. W. Kersting, a.a.O. (Anm. 17 in Kap. 2).

[84] David Hume hat in seiner Schrift ›Von den Grundsätzen der Regierung‹ diesen Befund thematisiert: »Nichts ist für diejenigen, welche gewohnt sind, menschliche Angelegenheiten mit den Augen der Philosophen zu betrachten, überraschender als die Leichtigkeit, mit welcher sich so viele von so wenigen regieren lassen, und als die blinde Unterwerfung, mit welcher die Menschen ihre eigenen Gefühle und Leidenschaften denen der Regierenden unterordnen«; zit. nach Mario Erdheim in: Marschall, Kulturanthropologie, S. 146.

[85] Heute wird auch der permanente Charakter des Vertragsschlusses als eines ständigen kollektiven Lernprozesses betont; vgl. Klaus Eder, Der permanente Gesellschaftsvertrag. Zur Konstruktion einer sozialen Ordnung. In: L. Kern u. H.-P. Müller (Hrsg.), Gerechtigkeit, Diskurs oder Markt? Opladen 1986, S. 77.

allmächtigen Vaterinstanz, ein Ende. Mit ihrer Beseitigung ist jedoch – folgt man dem Freud'schen Mythologem – noch keine Friedensordnung gewonnen, da sich zunächst alle mit der Vaterfigur identifizieren und seine Allmacht für sich zu beanspruchen suchen. Aus der Erinnerung an die Schrecken der Willkür der Allmacht eines einzelnen und aus der Einsicht in ihre Unerträglichkeit, aber auch aus tiefer Angst vor den eigenen Impulsen, die zu einer erneuten Bluttat führen könnten, finden sich die Brüder zum *Verzicht* auf Geltendmachung und Anerkennung von Allmachtsansprüchen bereit. Sie erkennen sich als gleich und unterstellen sich als Gleiche dem Gesetz[86]: »Indem die Brüder sich einander so das Leben zusichern, sprechen sie aus, daß niemand von ihnen vom andern so behandelt werden dürfe wie der Vater von ihnen allen gemeinsam.«[87] Konstitutiv für die Anfänge rechtlicher Ordnung ist die Angst vor dem Wiederaufleben einer äußerlich überwundenen Allmachtsherrschaft und vor einer erneuten Gewalttat.

Das Spezifische der Freudschen Theorie liegt darin, daß die Gesellschaftsgründung nicht primär einen rationalen Akt darstellt, sondern von tieferliegenden Motiven geleitet ist. Zentraler Beweggrund ist die Angst und ihre Abwehr oder positiv gewendet: das – auch unbewußt wirksame – Sicherheitsbedürfnis des Menschen angesichts latenter Gefahren für das Zusammenleben. Während bei Hobbes Objekt der Angst die Bosheit der andern und ihre potentielle Gewalttätigkeit ist, erfolgt bei Freud eine Differenzierung: es ist nicht nur die fremde, sondern auch die eigene aggressive Potenz und die Erfahrung der Möglichkeit ihres kollektiven Ausbruchs, die Angst auslösen und zu Vorkehren ihrer Bändigung führen. Vielleicht ist für jede Friedensordnung in der Tat nötig, daß soziales Gewaltpotential nicht nur in andern, sondern auch als eigene Möglichkeit bewußt gehalten wird. Die Konfrontation mit Freuds Kulturtheorie kann uns Anlaß zu solcher Bewußtmachung sein.

c. Eine weitere Vertiefung gegenüber Hobbes liegt in der Einsicht, daß die Bändigung von Gewalt in der Gesellschaft

[86] In seinem Kern liegen das Tötungsverbot und das Inzesttabu, was in den Bildern von »Totem« und »Tabu« symbolisiert wird.

[87] Freud, Totem, S. 429.

nicht allein durch rationale Entscheide, Verzichte und Vereinbarungen zu bewerkstelligen ist, sondern der begleitenden Sicherung in einer – auch von der jeweiligen Kultur mitgetragenen – emotionalen Konstellation im Innern jedes Mitglieds bedarf. Diese Verinnerlichung des gewalthindernden Wächteramtes hat allerdings auch ihren Preis und läßt neue Gefahren aktuell werden: Das lebensgeschichtlich *und* kulturell bedingte innere Repressionssystem (Über-Ich) kann selber so absolut und starr werden, daß es elementare Lebensbedürfnisse des Individuums pathologisch behindert. Auch der internalisierte »Leviathan« ist vor Absolutheits- und Allmachtsansprüchen nicht gefeit, und das »Ich« bedarf mitunter der Stützung von außen, der kommunikativen Entlastung und Öffnung, um den verinnerlichten Anforderungen der herrschenden Umwelt nicht zu erliegen. Übermäßige Repression durch innere Zwänge kann nicht nur zu individuellem Leiden, sondern zu jener Unfähigkeit der Wahrnehmung fremden Leidens führen, das die faschistoide Persönlichkeitsstruktur charakterisiert[88].

d. Nach der Freudschen Sicht ist Verzicht auf Geltendmachung und Anerkennung von Allmachts- oder Totalitätsansprüchen einzelner Bedingung rechtlicher Ordnung. Es geht aber nicht nur um eine äußere Beseitigung von Allmacht, sondern die Rechtsordnung wird erst tragfähig durch einen durch jedes Mitglied innerpsychisch zu leistenden Verzicht, an dessen Aufrechterhaltung die Kultur mit den von ihr geforderten innern Verdrängungsmechanismen mitwirkt. Damit erhalten Recht und Gesetz zugleich ein zwiespältiges Gesicht: *Der äußere Friede wird auf Kosten innerer Repression errungen. Die Ambivalenz äußert sich im »Unbehagen« auch in der Rechtskultur, aber ebenso in der tiefen Angst vor ihrer Auflösung.*

Nach Thanos Lipowatz bildet der Verzicht auf Allmacht, den die sich bildende Rechtsgemeinschaft in ›Totem und Tabu‹ leistet, nicht nur eine notwendige Grundlage des Rechts; er sieht im darin implizierten Prinzip der Gleich-

[88] Zur Psychodynamik des autoritären Charakters vgl. Theodor W. Adorno, Studien zum autoritären Charakter. Frankfurt a.M. 1982, S. 322ff.

heit aller sogar den Kern »eine(r) Theorie der Begründung der Demokratie«[89]. Alle haben gleiche Macht, und niemand hat All-Macht. Freud hat nach Lipowatz das Dilemma und den Widerspruch der Demokratie, wie er sich aus der strukturellen Gespaltenheit des Menschen ergebe, »zutiefst erkannt«[90].

Die Allmachtswünsche sind nicht nur ein historisches Thema. Jeder Mensch erlebt zumindest als Kleinstkind Ohnmacht und vergleichsweise Allmacht[91], und diese Erfahrung wirkt bewußt oder unbewußt in jedem Menschen auf die eine oder andere Weise, mitunter auch als wirksames Phantasma, fort. Die kindlichen Wünsche nach Identifikation mit den als allmächtig erlebten Eltern sind vielleicht geeignet zum Aufbau der Persönlichkeitsstruktur in einer bestimmten Lebensphase. Entwickeln sie sich fehl, können sie sich noch im Erwachsenenalter als Größenphantasien[92] äußern oder in sog. projektiven Identifikationen wirksam werden – z. B. indem der eigene uneingestandene Allmachtswunsch im »Führer« erlebt wird, dem man sich kindlich unterwirft. Solche Phantasien und Identifikationswünsche stellen in der Sicht der Psychoanalyse nicht nur Lebensbehinderungen dar, die den Betroffenen keinen realitätsgerechten Umgang im Sozialen ermöglichen; sie können kumuliert zu sozialem

[89] Lipowatz, Die Verleugnung des Politischen (Anm. 71), S. 157.

[90] Ebd.

[91] Die in ›Totem und Tabu‹ beschriebene Allmacht des Urvaters wird verständlicher, wenn man sie sich als Ausdruck von Allmacht der Eltern (oder Elternsubstitute) in der Sicht des vergleichsweise ohnmächtigen Kleinkindes vergegenwärtigt. Dieser lebensgeschichtliche Befund interessiert hier viel mehr als die stammesgeschichtliche Hypothese in ›Totem und Tabu‹. Vgl. auch Lorenzer, Geschichtlichkeit (Anm. 75), S. 7., für den sich der Urhordenvater im Vater der je eigenen Lebensgeschichte spiegelt; es geht um das Erlebnis einer Instanz, von der »die Autoritätsgläubigkeit der Erwachsenen noch zehrt«.

[92] Dies gilt z. B. für narzißtische Persönlichkeiten, die auch als »ideale Träger von Größenideen« beschrieben werden; aber auch jeder psychisch »Normale« kann durch Identifikationsvorgänge zum Mitträger von Größenideen werden und politisch entsprechend handeln; Mario Muck in: Th. Plänkers (Hrsg.), Die Angst vor der Freiheit. Beiträge zur Psychoanalyse des Krieges. Tübingen 1993, S. 51 ff., 54.

Wahn und kollektiven Katastrophen ausarten, wenn unkontrolliertes Allmachtsgebaren einzelner von projektionswilligen Gefolgsleuten ohne innern Widerstand getragen wird. Das Agieren des Mächtigen wird als Erfüllung eigener Phantasien erlebt. Für die Demokratie, die vom Verzicht auf Allmacht aller lebt, bleibt ein möglichst bewußter und reflektierter Umgang mit diesen mehr oder weniger erfolgreich verdrängten Allmachtsvorstellungen und -wünschen zentrale Aufgabe.

4. Exkurs: Zur Entstrukturierung des Über–Ichs in der »vaterlosen« Gesellschaft

Freuds Modell der Normverinnerlichung orientiert sich an der patriarchalisch geprägten bürgerlichen Gesellschaft seiner Zeit. Die von Alexander Mitscherlich[93] diagnostizierte »vaterlose Gesellschaft« bietet andere Sozialisationsvoraussetzungen: an die Stelle des »Vaters« bzw. der Eltern treten zunehmend andere soziale Instanzen, z.B. solche der verwalteten Welt, mit denen kaum persönliche Auseinandersetzung, Reibung und Identifizierung möglich sind. Entsprechend nehmen die innern Repräsentanzen der sozialen Umwelt andere Gestalten an: Die Über-Ich-Instanz mit ihrer Funktion, für das Individuum Orientierung und Einbindung sicherzustellen, weicht eher diffusen Bedürfnisstrukturen: Da tendenziell kein Aufbau eines ödipalen Konflikts und folglich auch keine Auflösung mit der damit verbundenen Über-Ich-Bildung erfolgt, werden die emotionalen Energien oft nicht mehr zu einer identitätsstiftenden Innensteuerung verdichtet. Während in der Kindheit eine mehr situativ abhängige Eigenerfahrung anstelle des elterlichen Befehls prägend wirkt, bleiben auch für die Erwachsenen situative Erwartungsreize bestimmender als die Befolgung internalisierter Normen. Dabei könnte der Zustand wachsender Orientierungslosigkeit den Menschen dem Einfluß einer elektro-

[93] Alexander Mitscherlich, Auf dem Weg zur vaterlosen Gesellschaft. München 1963; vgl. dazu Axel Honneth, Kritik der Macht. Frankfurt a.M. 1989, S. 96ff.; Jürgen Habermas, Alexander Mitscherlichs Sozialpsychologie. In: Habermas, Kontexte, S. 170–183.

nisch fabrizierten Medienwirklichkeit so stark aussetzen, daß er allmählich die kognitive Fähigkeit zur Unterscheidung von Realität und Fiktion zu verlieren beginnt und zu einem »Imitator medial vorgefertigter Existenzstile« wird[94].

Auch bei diesen veränderten gesellschaftlichen Bedingungen und entsprechenden Erlebnismöglichkeiten bleiben frühkindliche Prägungen entscheidend für Struktur und Inhalt späterer sozialer Verhaltenssteuerung.

5. Abgrenzung gegenüber der Komplexen Psychologie C. G. Jungs

Die psychoanalytische Sichtweise, die wir hier für das Verständnis von Recht und Staat fruchtbar zu machen suchen, ist *abzugrenzen* von andern Ansätzen der Tiefenpsychologie[95], namentlich der Komplexen Psychologie, wie sie C. G. Jung begründet hat. Zu den zentralen Interessen Jungs gehörten die Archetypen, universal vorfindliche »Urbilder der Seele«, die sich in einer eigenen Sprache, den Symbolen, äußern. Die Jungsche Richtung der Tiefenpsychologie hat in der schweizerischen Staatsrechtslehre – im Gegensatz zur Psychoanalyse Freuds – erhebliche Beachtung gefunden, so in bedeutenden Untersuchungen von Max Imboden (1964), Hans Marti (1958) und Martin Usteri (1981). Diesen Arbeiten ist gemeinsam, daß sie im »Kollektiven Unbewußten« und besonders in den Archetypen Urbilder von Staatsformen und -strukturen sehen. Sie sind dabei nicht frei von der Gefahr, geschichtlichen politischen Institutionen dadurch einen quasi-ontologischen, statischen Charakter zuzuschreiben, wobei das Spezifische des demokratischen Staates als einer allen aufgegebenen und letzt-

[94] So – in Anlehnung an Jean Baudrillard – Axel Honneth, Pluralisierung und Anerkennung. In: Merkur (1991) 7, S. 625; vgl. dazu die oben (S. 60f. mit Anm. 77) dargestellte Bezugnahme von Jürgen Habermas auf den neuartigen Charakter von Abhängigkeiten in der »vaterlosen Gesellschaft«.

[95] Zu diesem Begriff und den mit ihm erfaßten Schulrichtungen vgl. Grubitzsch/Rexilius, Grundbegriffe, S. 1121ff.; Rolf Fetscher, Grundlinien der Tiefenpsychologie von S. Freud und C. G. Jung in vergleichender Darstellung. Stuttgart-Bad Cannstatt 1978.

lich von allen zu verantwortenden Ordnung, die in Verständigungsprozessen immer neu zu gewinnen ist, verloren zu gehen droht.

Es sei beispielhaft auf das Verständnis der Gewaltenteilung bei *Max Imboden* hingewiesen: Die Dreiteilung der Gewalten erscheint ihm als Ausdruck des Archetyps[96] der Trinität, der »zum Bild rationaler Totalität, zum Ausdruck der sich selbst gestaltenden und in sich selbst ruhenden geistigen Ganzheit« wird. Das archetypische »Dreiheitssymbol steht als Hoffnung versprechendes Zeichen über dem äußern Machtapparat, den einzelnen fördernd und führend...«[97].

Nach *Hans Marti* ist der konstitutionelle Staat weitgehend geprägt durch das Urbild des »Großen Vaters«, für den Risiko und Freiheit charakteristisch sind, dann durch das der »Großen Mutter«, die Hilfe und Sicherung ver-

[96] Archetypen entfalten nach Jung »eine eigene Initiative« und haben »eine spezifische Energie«, sie »schaffen (...) Mythen, Religionen und Philosophien, die ganze Nationen und geschichtliche Epochen charakterisieren«; C. G. Jung, Zugang zum Unbewußten. In: Ders. (Hrsg.), Der Mensch und seine Symbole. Olten 1968, S. 79; vgl. zum Ganzen auch Ewald H. Englert, Analytische Psychologie. In: Grubitzsch/Rexilius, Grundbegriffe, S. 36. Englert geht auch kritisch auf die Stellung Jungs gegenüber dem Nationalsozialismus ein: Jung hat im Nationalsozialismus ein Wiedererwachen des deutschen Archetyps Wotan gesehen: In einem Aufsatz in der Neuen Schweizer Rundschau im Jahre 1936 stellte er Wotan als »kausale Hypothese« für das damalige Geschehen dar und wagte die Behauptung, »daß der alte Wotan mit seinem abgründigen und niemals ausgeschöpften Charakter mehr von Nationalsozialismus erklärt« als der »ökonomische, politische und psychologische Faktor zusammen.« Neue Schweizer Rundschau N. F. 3. (1936), S. 661.

[97] Max Imboden, Politische Systeme, Staatsformen. Basel, Stuttgart 1964, S. 143f. – Hans Marti, Geprägtes Recht. In: C. G. Jung im Leben und Denken unserer Zeit. Olten, Freiburg i. Br. 1975, S. 56–62, nimmt den Archetypus der Dreiheit ebenfalls auf; neben der Trinität von Gesetzgebung, Regierung und Rechtsprechung erscheint das »Volk« als das Vierte, eine Art »Umkehrung der Gottes- bzw. Staatsherrschaft« oder »in der psychologischen Formulierung« als das Kollektive Unbewußte.

spricht[98]. In einer spätern Schrift[99] hat Marti versucht, im Gesetzgebungsverfahren archetypische Elemente des alchemistischen Opus sichtbar zu machen: Zur Teilnahme seien hier wie dort nur Auserwählte berufen; die richtige Lösung liege bei der Gesetzgebung wie in der Alchemie »bereits im Stoff«; sie müsse »aus ihm herauskristallisiert werden«[100].

Nach *Martin Usteri* liegt jedem Gemeinwesen ein kollektives, »in jedem Individuum einer Völkerschaft vorgefundenes Unbewußtes« zugrunde[101]. Mit einer »in die Tiefe der Seele dringenden Betrachtung« will er Staat und Gemeinschaft als »naturgemäß gewachsene, freiwillige, auf gegenseitiger Anerkennung beruhende Hierarchie« durchleuchten[102]. Die Beziehung der Staatsbürger untereinander ist im »Anthropossymbol des kollektiven Unbewußten verankert«[103], aus dem ein ganz bestimmtes Solidaritätsverständnis abgeleitet wird: die gebende, nicht die fordernde (kollektivistische) Solidarität ist zu verwirklichen[104]. M. E. wird hier die Gefahr einer Deutung von Staat und Recht im Rahmen einer Symbolik mit konstanter und überindividueller Bedeutung besonders deutlich. Sie lädt geradezu zu unkritischer Exegese ein; die im »Seelengrund« verselbständigten Symbole werden zur Projektionsfläche nicht problematisierter und nicht argumentativ aufgearbeiteter Vorverständnisse.

[98] Hans Marti, Urbild und Verfassung. Eine Studie zum hintergründigen Gehalt einer Verfassung. Bern, Stuttgart (1958), S. 73.

[99] Hans Marti, Geprägtes Recht (Anm. 97).

[100] Ebd., S. 66–68.

[101] Martin Usteri, Das Verhältnis von Staat und Recht zur Wirtschaft in der Schweizerischen Eidgenossenschaft. Volkstümliches Recht als Gegensatz zur Verwaltungsherrschaft. Zürich 1981, S. 1.

[102] Ebd., S. 4.

[103] Ebd., S. 5.

[104] Ebd., S. 5 mit konkreten Schlußfolgerungen für die »richtige« Ausgestaltung des schweizerischen Wirtschaftsrechts, insb. des Kartellrechts (S. 8 ff.).

6. Vom rationalen Umgang mit Irrationalem – oder die Chancen der Demokratie

a. Der Mensch findet die Wirklichkeit von Recht und Staat in einer bestimmten lebensgeschichtlichen Situation vor: außen als zwangsbewehrte Normen in ihrer geschichtlichen Ausprägung und innen als mehr oder minder zwanghaft, mehr oder minder konfliktuös erlebte Anpassungsforderung, deren aktuelle oder virtuelle Verletzung Angst und Schuldgefühl präventiv oder repressiv sanktionieren. Soziale Prozesse wirken nicht nur an der Oberfläche, sondern sind in ihren wesentlichen Strukturen und Inhalten ins Fundament der Persönlichkeit eingelassen.

Auch der Staat, dem wir je angehören und unterworfen sind, ist nicht nur außen in den sichtbaren Institutionen der Regierung, des Parlaments, der Gerichte oder den äußerlich manifesten Integrationsfaktoren wie Staatssymbolen zu suchen, sondern Staat und Recht haben ihren Sitz auch in jedem Mitglied. »Erfolgreich« sozialisiert trägt es die Ordnungen mit einer viel subtileren Verankerung und Vollzugsdynamik mit sich, als es Appelle zu Patriotismus, Gesetzestreue oder Vollzugsmaßnahmen (Polizei u.a.) von außen je tun könnten. Die gleichsam positive, gemeinschaftsstabilisierende und in einem gewissen Sinn unaufgebbare Seite dieses Sachverhalts hat etwa die Institutionenlehre Arnold Gehlens[105] beleuchtet. Den negativen, menschliche Autonomie bedrohenden oder vernichtenden Aspekt hebt etwa die Faschismusforschung mit ihrer Einsicht in Möglichkeiten eines fatalen Zusammenspiels autoritärer psychischer Strukturen der Führer und spiegelbildlicher Gehorsamsbereitschaft bei den Gefolgsleuten hervor[106]. Noch wenig untersucht sind die spezifischen Aufgaben, welche die skizzierte Berücksichtigung auch unbewußter psychischer Prozesse einer Demokratietheorie stellt, die nach realen Möglichkeiten und

[105] Vgl. Anm. 11.

[106] Ein einprägsames Modell der entsprechenden innerpsychischen Mechanismen bietet z.B. Mario Erdheim in: Marschall, Kulturanthropologie, S. 147f.,; Alice Miller, Am Anfang war Erziehung. Frankfurt a.M. 1983, insb. S. 169–231; Theodor W. Adorno, Studien zum autoritären Charakter. Frankfurt a.M. 1973.

Grenzen der Steuerung sozialer Mechanismen durch verständig handelnde Menschen fragt[107].

Wo bleibt dem Menschen Raum für eine reflektierte, rationale Einflußnahme auf die Gestaltung seines sozialen Umfelds mit seinem Normbestand? Wo liegen Möglichkeiten für eine demokratische Politik bewußt handelnder Menschen?

Demokratie als Aufgabe oder Versuch rationaler Durchdringung der normativen Ordnungen von Recht und Staat beginnt nie wie ein Schachspiel am Punkt Null, von wo aus die Steine nun bewußt und reflektiert zu setzen wären. Der Versuch beginnt immer unter bestehenden Machtverhältnissen und Konventionen, die auch in die tieferen Schichten der handelnden Personen eingelassen sind. Mit andern Worten: Demokratie ist immer aufgegeben vor dem Hintergrund einer Kultur mit ihren vorgefundenen Herrschaftsstrukturen, normativen Vorstellungen und Prägungen[108].

b. Wir haben gesehen, daß in der Tradition Freuds Kulturerscheinungen auch von tiefsitzenden Triebkonstellationen des Menschen getragen sind, die namentlich durch Aggressions- und Schuldgefühle und ihre stets prekäre Ausbalancierung charakterisiert sind[109]. Es wurde auch gezeigt,

[107] Parin, Widerspruch im Subjekt, S. 102: »Wir sind noch lange nicht soweit, die psychosoziale Wirksamkeit auch nur der wichtigsten Institutionen ganz zu durchschauen; ihre psychoanalytische Durchleuchtung, die Freud immer wieder in Angriff genommen hat, kam meist daran zum Stillstand, daß die Analytiker mit den gleichen Norm- und Wertsystemen identifiziert waren, die den Institutionen unter den herrschenden Verhältnissen ihre Legitimation gaben, und nicht die Freiheit hatten, sie in Frage zu stellen.«

[108] Im gegenwärtigen Umbruchprozeß in den ost- und mitteleuropäischen Staaten wird in der Zeitgeschichte illustriert, daß sich Traditionen der Demokratisierung entgegenstemmen können. Der Warschauer Soziologe Jerzy Szacki stellt für die neuen Demokratien fest, daß es leichter sei, neue Gesetze zu schaffen, als Gewohnheiten der Menschen zu ändern; in: Transit (1992/3) 5, S. 29f.

[109] Auf die nur z.T. bewußte emotionale Konflikthaftigkeit des Menschen als Triebfeder der Kultur kommt es hier an, nicht auf die Einzelheiten der Triebtheorie in der Tradition Freuds. Die Aussage bleibt sinnvoll, ob auf der einen Seite die erotische oder aggressive Triebhaftigkeit betont oder ob auf der anderen Seite der Todestrieb oder das mit ihm verbundene Schuldgefühl in den Vordergrund gerückt wird. »Es ist

daß solche Ambivalenz sowohl als Grundlage der Kultur wie auch für die Konstituierung der einzelnen Person in ihrem innerpsychischen Haushalt unumgänglich ist. Dennoch ist diese Konstellation nicht einfach als geschichtliche, kollektive oder individuelle Gegebenheit oder als schicksalsbestimmte Determinante hinzunehmen. Man kann dazu in Akten der Reflexion kritisch Stellung zu nehmen versuchen und an einer Kultur arbeiten, in der Repression und Verzicht zumindest soweit gemildert sind, daß die lebenshindernden Kräfte nicht die Überhand gewinnen oder behalten. Freud selbst kurierte nicht nur Menschen, die an einer übermäßigen Unterdrückung ihrer Lebenskräfte durch neurotische Mechanismen, namentlich einem übermächtigen Über-Ich, litten; er sah auch die Perspektive einer rationalen Neuordnung der Gesellschaft mit dem Ziel, eine Versöhnung mit den Einschränkungen der Kultur derart zu leisten, »daß das Leben für alle erträglich wird und die Kultur keinen mehr erdrückt«[110]. In diesem Sinn kann eine Kultur ihren Druck auf die Menschen »im Zuge einer rationalen Reorganisation ihrer Sozietät mildern, nicht jedoch ihre unumgehbare Ökonomie des Verzichts und des Mangels aufheben«[111].

c. Die geschilderten Phänomene übermäßiger Repression in der Kultur lassen sich im Rahmen einer Diskurstheorie auch formulieren als Kommunikationssperren oder als kommunikationsverzerrende Zwänge[112]. Ihre Bewußtmachung

wirklich nicht entscheidend, ob man den Vater getötet oder sich der Tat enthalten hat, man muß sich in beiden Fällen schuldig finden, denn das Schuldgefühl ist der Ausdruck des Ambivalenzkonflikts, des ewigen Kampfes zwischen dem Eros und dem Destruktions- oder Todestrieb. *Dieser Konflikt wird angefacht, sobald den Menschen die Aufgabe des Zusammenlebens gestellt wird (...).* Ist die Kultur der notwendige Entwicklungsgang von der Familie zur Menschheit, so ist unlösbar mit ihr verbunden, als Folge des mitgeborenen Ambivalenzkonflikts, als Folge des ewigen Haders zwischen Liebe und Todesstreben, die Steigerung des Schuldgefühls«; Freud, Unbehagen, S. 258f.

110 Freud, Zukunft, S. 175 und 183.

111 Robert Heim, Kulturkritik nach Auschwitz. In: Widerspruch 18 (1989), S. 38.

112 Auch Habermas sieht in systematisch verzerrten Kommunikationen (in der Verdinglichung kommunikativer Beziehungen) »das interpersonale Gegenstück zu jenen intrapsychischen Störungen, die die

und Auflösung wird behindert durch »Rationalisierung«[113] im individuellen oder Ideologisierung im kollektiven Leben. Kollektive »Illusionen« (wie der Glaube an die Würde oder Eigengesetzlichkeit von Staatsgewalt, die Vorzüglichkeit des eigenen Volkes und andere Ideologien, z.B. der Glaube an den magischen Gehalt, die Allmacht der Technik mit ihren Auswüchsen der technologischen Gigantomanie) können zwar im ökonomischen Triebhaushalt des soziokulturellen Lebens eine wichtige Rolle spielen, bleiben aber als bloße Symptome eines tiefsitzenden Grundkonflikts zwischen Ich-Strebungen und kulturellen Forderungen einer diskursiven Auseinandersetzung entzogen. Soll Demokratie als rationale Gestaltung des sozialen Lebens aber eine Chance haben, ist die Aufgabe unumgänglich, solche »Phantasmen« soweit als möglich ins Bewußtsein zu heben, ihre herrschaftslegitimierende Kraft aufzuzeigen und sie in rationalen Diskursen zu thematisieren. Auch vorgefundene Kommunikationsverzerrungen sind nicht fatalistisch hinzunehmen; vielmehr sind Strategien zu entwerfen, damit die lösende Kraft der Reflexion und die politische Potenz eines an Diskurse gebundenen Denkens die Irrationalität kommunikationsbehindernder innerer und äußerer Zwänge breche – im Interesse einer (relativ) rationalen Umordnung der rechtlichen und politischen Bezüge und Verhältnisse, wo diese ungerecht oder unnötig repressiv geworden sind.

Es gilt, einen Pfad zu finden zwischen einem psychologisierenden Konkretismus, der die modellhafte Beschreibung und Analyse der individuellen Erlebniswelt als einzige Wirklichkeit verabsolutiert, einem Historizismus, der posi-

Psychoanalyse auf unbewußte Konfliktabwehr zurückführt und mit entsprechenden Abwehrmechanismen erklärt; vgl. z.B. Habermas, Revolution, S. 115 mit Hinweis; Alfred Lorenzer, Sprachstörung und Rekonstruktion. Frankfurt a.M. 1973, deutet Neurose als Kommunikationsstörung; s. auch Anm. 105 in Kap. 2.

113 Zur »Rationalisierung« als Form der Abwehr verdrängter Inhalte vgl. z.B. B. Görlich, Art. ›Psychoanalyse‹ in: Grubitzsch/Rexilius, Grundbegriffe, S. 806: Durch »Rationalisierung« wird das von Sprache und Bewußtsein ausgeschlossene unbewußte Motiv mit ›falschem Namen‹, d.h. durch ein überlagerndes, den ursprünglichen Sinngehalt des unbewußten Verhaltensentwurfs verdeckendes Motiv ersetzt; s. auch Anm. 20.

tivistisch das geschichtlich Gewordene und in der Tradition Sichtbare überhebt, und schließlich der Gefahr eines Rationalismus, der die unbewußten Triebkräfte des Menschen leugnet und damit einen Aspekt seiner realen, geschichtlichen Bedingtheit übersieht. Ins Positive gewendet heißt dies: Der Stimme der Vernunft ist Gehör zu verschaffen bei gleichzeitigem Respekt vor den – rationaler Formung mitunter Widerstand leistenden – Kräften der Emotionen und der Geschichte als Grundbedingungen menschlichen Daseins.

Literatur zu Kapitel 3

Berger, Peter L. u. Luckmann, Thomas: Die gesellschaftliche Konstruktion der Wirklichkeit. Frankfurt a. M. 1980.

Canetti, Elias: Masse und Macht. Frankfurt a. M. 1980.

Ehrenzweig, Albert: Psychoanalytic Jurisprudence. Leiden, Dobbs Ferry 1971.

Erdheim, Mario: Die gesellschaftliche Produktion von Unbewußtheit. Frankfurt a. M. 1982.

Ders.: Psychoanalyse und Unbewußtheit in der Kultur. Frankfurt a. M. 1988.

Freud, Sigmund: Totem und Tabu. Frankfurt a. M. 1991.

Ders.: Das Unbehagen in der Kultur. Frankfurt a. M. 1972.

Ders.: Massenpsychologie und Ich–Analyse. Frankfurt a. M. 1967.

Göhler, Gerhard (Hrsg.): Grundfragen der Theorie politischer Institutionen. Opladen 1987.

Lipowatz, Thanos: Die Verleugnung des Politischen. Weinheim, Berlin 1986.

Lohmann, Hans-Martin: »Die Stimme des Intellekts ist leise...« Freuds Kulturtheorie als Politische Psychologie. In: H. König (Hrsg.), Politische Psychologie heute. Leviathan, Sonderheft 9 (1988), S. 53 ff.

Mentzos, Stavros: Interpersonale und institutionalisierte Abwehr. Erw. Neuausg. Frankfurt a. M. 1988.

Milgram, Stanley: Das Milgram-Experiment. Zur Gehorsamsbereitschaft gegenüber Autorität. Reinbek 1974.

Mitscherlich, Alexander: Der Kampf um die Erinnerung. München 1984.

Münkler, Herfried: Im Namen des Staates. Die Begründung der Staatsraison in der Frühen Neuzeit. Frankfurt a. M. 1987.

Müller, Jörg Paul: Zum Problem der Macht. Auf dem Weg von der subordinativen zur koordinativen Grundrechtsordnung. In: manuskripte, Zeitschrift für Literatur, Heft 83 (1984), S. 35 ff.

Parin, Paul: Der Widerspruch im Subjekt. Neuaufl., Hamburg 1992.

Schülein, Johann August: Theorie der Institution. Opladen 1987.
Wyss, Dieter: Die tiefenpsychologischen Schulen von den Anfängen bis zur Gegenwart. Entwicklung, Probleme, Krisen. 6., erg. Aufl., Göttingen 1991.

Zweiter Teil:
Entwurf einer Theorie demokratischer Gerechtigkeit

Kapitel 1: Einleitung

I. Der normative Bezugspunkt

1. Eine normative Theorie des Politischen muß Orientierung bieten zur Frage, wie konkret anstehende Probleme des Zusammenlebens im Gemeinwesen mit größtmöglicher Chance der Vernünftigkeit oder Richtigkeit bewältigt werden können. Geht man davon aus, daß es in einer säkularen Gesellschaft kein objektives Indiz gibt, daß einzelne oder eine Gruppe besser wissen als die andern, was für alle gut ist[1], bleibt als letztverbindlicher Maßstab gemeinsamen Wohls nur die Vermittlung der Äußerungen geschichtlicher Menschen mit ihrem Empfinden von Freud und Schmerz, von Wohlergehen und Leid. Die Gleichheit der Menschen wird in diesem Sinn als gleiche Maßgeblichkeit aller für die Bestimmung von Gemeinwohl verstanden. Unter diesem Gesichtspunkt sind politische Problemlösungsverfahren dann richtig, wenn alle Betroffenen ihre Wünsche, Ängste und Interessen in die Entscheidprozesse einbringen können. Daß diese zu praktikablen Ergebnissen führen, setzt weiter voraus, daß die Beteiligten die Anliegen der andern zur Kenntnis nehmen und bereit sind, diese mit ihren eigenen und auch unter der Perspektive der Allgemeinverträglichkeit abzuwägen. Erst dieser Prozeß des Äußerns, Verstehens und Abwägens gibt dem Entscheid eine Qualität, die ihn auch für Unterlegene akzeptabel macht.

2. Daß allen Betroffenen die gleiche Chance der Äußerung zukommen muß, drängt sich auch unter dem Gesichtspunkt des Problemlösungsbedarfs eines Gemeinwesens auf. Es sind Verfahren einzurichten, die gewährleisten

[1] Dieser Gedanke taucht auch in der Philosophie Karl Jaspers als Grundlegung einer politischen Ethik immer wieder auf; vgl. z.B. Jaspers, Zukunft des Menschen, S. 109: »Niemand spricht im Auftrag der Menschheit (...). Wer es täte, müßte ein Wesen sein, das mehr als Mensch wäre (...). Kein Mensch ist der Mensch überhaupt, und jeder ist Mensch. Keiner steht als Wesen über dem andern (...)«.

daß alle zu einer bestimmten Zeit verfügbaren und mit vertretbarem Aufwand zugänglichen Argumente zum Zuge kommen und so miteinander abgewogen werden, daß die besten sich durchsetzen. Doch Argumente sind nicht eigenwirksam, sondern bedürfen der Menschen, die sie im politischen Prozeß vertreten. Deshalb sind die konkreten Bedingungen, die den Menschen in ihrer Vielfalt diskursive Auseinandersetzung erlauben, ein so zentrales Gerechtigkeitskriterium, wenn nicht das entscheidende überhaupt.

II. Normative Theorie und Geschichtlichkeit des Menschen

1. Die Anliegen einer normativen Theorie des Politischen mit ihren Kriterien für die gute, gerechte Ordnung des politischen Gemeinwesens sehen sich immer mit der Geschichtlichkeit eines konkreten Gemeinwesens konfrontiert; diese manifestiert sich in den gewordenen Institutionen (z.B. die Institutionen der direkten Demokratie in der Schweiz), gewachsenen Strukturen (z.B. Ausgestaltung des Parteiwesens) und den durch verschiedene Sozialisationsprozesse geprägten Menschen. In normativen Aussagen muß diese Wirklichkeit stets mitbedacht sein, sollen sie nicht als realitätsferne Ideale im Spekulativen bleiben oder wegen einer überstrapazierten Spannung zwischen Sollen und Sein zu totalitären, gewaltsamen Lösungen führen. Dem Maß menschlicher Anpassungs-, Änderungs- und Lernfähigkeit ist Rechnung zu tragen.

2. Im Gegensatz zu den Lehren vom Naturzustand gehen wir von der notwendigen Einbettung des Menschen in Institutionen und Strukturen aus, die nicht nur außen sein soziales Umfeld ausmachen, sondern ihn auch innen als vergesellschaftetes Wesen prägen. Wirksame Änderungen von Institutionen mit den sie tragenden Strukturen sind immer auch abhängig von Veränderungsprozessen im Innern der Menschen. Andererseits sind normative Forderungen an persönliche Haltungen nur sinnvoll, wenn ihnen entsprechende institutionelle (und strukturelle) Ausgestaltungen entgegen-

kommen[2]. Es besteht also eine notwendige Wechselwirkung zwischen institutionellen Gestaltungen, gesellschaftlichen Strukturen und individuellen Lernprozessen; alle drei Bereiche müssen in permanentem Austausch stehen, damit sowohl Erstarrung der Institutionen und Verhärtung der Strukturen, als auch Entfremdung und Isolierung der Einzelnen vermieden wird.

3. Für den Hintergrund *revolutionärer politischer Umbrüche* kann charakteristisch sein, daß die beschriebene Wechselwirkung elementar gestört ist und insbesondere die Impulse von der individuellen Erlebnisebene zum zwangsbewehrten System in einem solchen Maße blockiert sind, daß sie sich nur noch eruptiv, gewaltsam entladen können. Da auch erstarrte politische Systeme von Menschen getragen sind, von Herrschern und Beherrschten mit den in sie eingeprägten Macht- bzw. Gehorsamsstrukturen, stellen solche Umbrüche nicht nur das System und die äußern Strukturen, sondern auch betroffene Menschen in Frage, die jedenfalls in ihrer Identität, je nach geschichtlichem Verlauf des Umbruchs auch in Leib und Leben bedroht sind. Demokratische Ordnung zielt nun gerade darauf, politische Institutionen, gesellschaftliche Strukturen und persönliche Lebenswelt der Betroffenen gegenseitig so porös und damit lern- und anpassungsfähig zu halten, daß revolutionärer Stau im beschriebenen Sinn nicht entstehen kann. Zugespitzt kann man einen Aspekt der Demokratie dahin formulieren, daß sie permanente Revolution ermöglicht und so dem Inhumanen des gewaltsamen, abrupten Umbruchs zuvorkommt.

[2] So setzt beispielsweise journalistische Ethik mit dem Gebot von Sorgfalt, Wahrhaftigkeit, Unbestechlichkeit eine Struktur des Medienwesens voraus, die solchen Forderungen Raum gibt; dazu Jörg Paul Müller in: M. Haller u. H. Holzhey (Hrsg.), Medien-Ethik. Opladen 1992, S. 37ff.

Kapitel 2: Die verschiedenen Normbereiche und ihr notwendiges Zusammenspiel

Der beschriebene normative Bezugspunkt, der sich an die oben dargelegte Diskursethik anlehnt, ist im folgenden zu konkretisieren (I) für die Ausgestaltung politischer und rechtlicher Institutionen, (II) für den intermediären Bereich gesellschaftlicher Organisationen und Strukturen und schließlich (III) bezüglich des Handelns der Menschen, die letztlich demokratische Politik auf ihren verschiedenen Stufen tragen.

I. Institutionelle Ebene

1. Einleitung

In der politischen Wirklichkeit sind die konsens- oder kompromißorientierten Diskurse über Richtiges stets Beschränkungen unterworfen, so daß das erstrebte zwanglose Einverständnis kaum je vollumfänglich erreicht wird und die Legitimität aus Zustimmung prekär bleibt. Die praktischen rechtlichen und politischen Prozesse finden immer unter Entscheidungsdruck und unter beschränkter Verfügbarkeit von Informationen statt. Es sind den rechtsuchenden Diskursen somit zeitliche und andere Grenzen gesetzt. Zur Richtigkeit des Gesetzgebungsakts oder des Richterspruchs gehört auch, daß sie die anstehenden Probleme (z.B. eine gesetzliche Regelung zulässiger Umweltbelastung) oder sozialen Konflikte (z.B. den anstehenden Scheidungsprozeß) in einer für die Beteiligten zumutbaren Zeitspanne lösen. Letztlich ist es die Endlichkeit menschlichen Daseins, die zum Verzicht auf ideale konsensgetragene Lösungen und zur Beschränkung auf eine zeitlich zu bewältigende, in gewissem Sinne behelfsmäßige Regelung zwingt: Die parlamentarische Debatte, die öffentliche Diskussion in der Referendumsabstimmung, die Verhandlung und Beratung des

Gerichts müssen einmal ein Ende finden, damit die notwendige Stabilisierung der gesellschaftlichen Beziehungen möglich wird, die das Recht ja immer auch bewirken soll und die gleichsam ein Element seines Richtigkeitsanspruchs ist. Aus den vielfältigen Beschränkungen, in denen sich menschliches Recht und menschliche Politik verwirklicht, folgt weiter, daß nie wirklich alle Betroffenen an der Aushandlung von Regeln beteiligt sein können, noch daß allen Individuen faktisch die gleiche Chance der Äußerung zukommen kann. Die praktisch erreichbaren Konsense werden – gemessen an idealen – immer ein Stück weit unvollkommenen Charakter haben. Unter diesem Gesichtspunkt soll im folgenden exemplarisch das Mehrheitsprinzip als Instrument der institutionalisierten Entscheidfindung skizziert werden; in ihm wird der Konflikt zwischen aufgegebener intersubjektiver Richtigkeitssuche und realer Beschränkung dieses Prozesses durch den Druck einer Sicherung der Entscheidfähigkeit besonders deutlich.

2. Mehrheitsprinzip und Minderheitenschutz

a. Mehrheitsentscheide sind *Notbehelfe* im Spannungsfeld zwischen anzustrebendem Einverständnis aller und der Notwendigkeit, reale Diskurse an einem bestimmten Punkt abzubrechen und einem Entscheid zuzuführen; sie können auch als »Arrangement« (Habermas) zwischen einer nach Möglichkeit diskursiven, vernunftorientierten Meinungsbildung und dem Zwang zur zeitlich terminierten Entscheidfindung bezeichnet werden[1]. Solche Entscheide sind rational motiviertes, aber fehlbares Ergebnis einer unter Entscheidungsdruck und unter Bedingungen knapper Zeit und begrenzter Information beendeten Diskussion über die richtige Lösung eines Problems. Dies gilt für die rechtsetzenden Verfahren der Gesetzgebung ebenso wie für die Prozesse der Rechtsanwendung; auf die gerichtlichen Verfahren wird noch besonders eingegangen.

Mehrheitsentscheide im Gesetzgebungsverfahren bezie-

[1] Habermas, Strukturwandel, S. 42; ausführlich zum Mehrheitsprinzip nun Ders., Faktizität und Geltung, S. 220f., 254f., 369, 613f.

hen ihre Legitimität vom Konsens über die Notwendigkeit einer kollektiven Entscheidung und der Qualität der entscheidvorbereitenden (formlosen und institutionalisierten) Diskurse. Die eigentliche Entscheidbildung muß das Ergebnis eines vorgängig vereinbarten regelhaften Verfahrens sein, in dem die Anforderungen eines demokratischen Diskurses sichergestellt sind und insbesondere keine Gruppe oder Einzelne ungehört oder unbeachtet gelassen und nicht in essentiellen Anliegen vergewaltigt werden. In der Anwendung des Mehrheitsprinzips ist umso mehr Zurückhaltung geboten, je mehr sich ein Entscheid auf gewichtige, insbesondere grundrechtlich relevante Minderheitsinteressen auswirkt[2].

b. Mehrheit ist ein unbestimmter Begriff; er bedarf, um verfahrensrechtlich operationabel zu sein, vorgängiger Umschreibung: Es ist festzulegen, ob eine einfache Mehrheit oder eine qualifizierte[3], eine Mehrheit der Stimmenden oder der Anwesenden, eine Mehrheit von 50 Prozent plus 1 oder eine Zweidrittel-Mehrheit[4] erforderlich ist. – Auch die Bezugsgröße von Mehrheiten muß im voraus definiert sein: Es kann eine eindeutig umschriebene Bevölkerungsgruppe (so z.B. Art. 6 BV), die Summe der Stimmberechtigten, die sich in einem bestimmten Zeitraum und einem bestimmten Modus positiv oder negativ äußern, der stimmenden Mitglieder eines Repräsentativorgangs usf. sein.

c. Der Mehrheitsentscheid wurde auch damit begründet, daß das Ausbleiben eines Entscheids die Weitergeltung einer Regelung bedeuten könne, die bestritten ist; wenn schon ein Teil der Betroffenen unter einer für sie unbefriedigenden Normsituation leben muß, soll dieser Teil doch so klein wie

[2] Bereits Rousseau fordert eine Differenzierung in der Anwendung des Mehrheitsprinzips: Ein Entscheid muß um so mehr von qualifizierten Mehrheiten, im Grenzfall sogar von Einstimmigkeit, getragen sein, »je bedeutsamer und schwerwiegender die Entscheidungen sind« (Rousseau, Gesellschaftsvertrag, S. 117f., 4. Buch, 2. Kapitel: Von den Abstimmungen).

[3] Beispielsweise ist nach Art. 89 Abs. 1 BV für die Dringlichkeitserklärung allgemeinverbindlicher Bundesbeschlüsse die Zustimmung »der Mehrheit aller Mitglieder in jedem der beiden Räte« erforderlich; eine Mehrheit der Anwesenden oder Stimmenden genügt also nicht.

[4] Vgl. die Bestimmung von Art. 79 Abs. 2 GG für Verfassungsänderungen.

möglich sein: lieber nur 49 als 51 Prozent[5]. Dieses Argument hält einer Prüfung höchstens stand, wenn es um die Festlegung verallgemeinerungsfähiger Regeln geht, also von Normen, die zumindest virtuell alle Beteiligten *gleichermaßen* treffen können, wie Verhaltensregeln des allgemeinen Strafrechts, des Straßenverkehrsrechts oder des wirtschaftlichen Geschäftsgebarens (unlauterer Wettbewerb). Bei typischen Verteilungsfragen (Verteilung von wirtschaftlichen Gütern, von Lebenschancen durch Einräumung von Ausbildungsmöglichkeiten, Verteilung sozialer Lasten und Begünstigungen durch Steuern, Subventionen usf.) tritt der Gedanke der Aushandlung zwischen den betroffenen Gruppen bzw. deren Repräsentantinnen und Repräsentanten in den Vordergrund[6]. Die zu erzielenden Kompromisse müssen aus der Optik aller Betroffenen Gruppierungen zumindest akzeptabel sein[7]. Eine Grenze ist dem Mehrheitsentscheid jedenfalls auch hier durch die Grundrechte gesetzt, vor allem in ihrer Funktion des Schutzes der verschiedenen kulturellen, weltanschaulichen oder religiösen Minderheiten, aber auch etwa im Steuerrecht z.B. durch das Verbot konfiskatorischer Besteuerung[8].

Die Unterscheidung zwischen der Festsetzung verallge-

[5] So Hans Kelsen, Allgemeine Staatslehre. Berlin 1925, S. 323f.: »Nur der Gedanke, daß wenn schon nicht alle, so doch möglichst viele Menschen frei sein, d.h. wenig Menschen mit ihrem Willen in Widerspruch zu dem allgemeinen Willen der sozialen Ordnung geraten sollen, führt auf einem vernünftigen Wege zum Majoritätsprinzip.«

[6] So auch Habermas, Strukturwandel, S. 40; Ders., Faktizität und Geltung, S. 222ff.

[7] Fraenkel, Demokratien, S. 65: Die auf die Auseinandersetzungen zwischen den differenzierten Interessen pluralistischer Demokratien folgenden Entscheide können »nur dann als verbindlich anerkannt (werden), wenn die Auseinandersetzungen unter Einhaltung der Regeln eines fair play geführt werden und die Ergebnisse (...) sich im Rahmen der Mindesterfordernisse der sozialen Gerechtigkeit bewegen«. Die Demokratie sei nur funktionsfähig, wenn alle Beteiligten neben dem »kontroversen Sektor einen unkontroversen anerkennen, zu dem rechtsstaatliche Verfahrensregelungen und gewisse minimale Standards sozialer Ethik gehören; Belege in Fraenkel, Demokratien, S. 368 mit Anm. 41–43.

[8] Siehe z.B. BGE 105 Ia 141; allg. zu den Grundrechten als Schranke des Mehrheitsprinzips auch Rhinow, Grundprobleme, S. 252–255.

meinerungsfähiger Regeln und Fragen des Ausgleichs partikularer Interessen (etwa Verteilungsfragen) erscheint in der Gegenwart als problematisch: In der heutigen pluralistischen Gesellschaft werden auch Weltanschauungsfragen von partikularen Menschen bzw. deren Organisationen vertreten und müssen – wie Fragen des Ausgleichs wirtschaftlicher Interessen – in argumentativen Verfahren Lösungen zugeführt werden[9].

Die Mehrheitsregel kann ihre notwendige Funktion zeitlicher Befriedigung nur erfüllen, wenn dem aus ihr fließenden Entscheid eine gewisse Stabilität eingeräumt wird. Andererseits folgt aus der Einsicht, daß demokratische Mehrheitsentscheide stets »fehlbare Ergebniss(e) einer unter Entscheidungsdruck vorläufig beendeten Diskussion«[10] sind, die Forderung nach Revidierbarkeit in ebenbürtigen Verfahren. Auf einer grundsätzlichen Ebene sind Grenzen und Modalitäten der Mehrheitsentscheide stets neu zu reflektieren. Unter diesem Gesichtspunkt werden Mehrheitsentscheide in dem Maße besonders fragwürdig, als sie irreversible Entscheidungen darstellen, die z.B. auch für künftige Generationen andauernde Risiken schaffen[11].

d. Der Mehrheitsentscheid läßt sich aus Praktikabilitätsgründen rechtfertigen, bürgt aber nicht für das Richtige. Seine Legitimität erhält er nicht nur aus dem Verfahren, das ihn vorbereitet, sondern auch aus der Falsifizierbarkeit seines Ergebnisses; denn es besteht keine Gewähr, daß in den unter Zeitdruck und Informationsbeschränkung abgeschlossenen institutionalisierten Verfahren die besten Argumente tatsächlich zum Zuge gekommen und durchgedrungen sind. Obwohl rechtlich sanktioniert und gültig, muß der Mehrheitsentscheid eingebettet bleiben in die Auseinandersetzung einer vielfältigen öffentlichen Meinung, in der die verschie-

[9] Siehe dazu auch oben S. 63ff. und A. Kaufmann in: ARSP 77 (1991) S. 286, der darauf hinweist, daß sogar so elementare Grundrechtspositionen wie die Menschenwürde zu ihrer Konkretisierung – etwa in der Frage des Schwangerschaftsabbruchs – auf einen fairen Ausgleich zwischen Gruppen mit unterschiedlichen Weltanschauungen angewiesen sind; vgl. auch Kelsen, Staatslehre (Anm. 7), S. 324.

[10] Habermas, Strukturwandel, S. 42; vgl. auch Ders., Unübersichtlichkeit, S. 95; Ders., Faktizität und Geltung, S. 220.

[11] Zu dieser Problematik z.B. Habermas, Unübersichtlichkeit, S. 94.

denen Minderheiten sich nach wie vor kritisch äußern können und die Chance haben, aufgrund erneuter Willensbildung oder in neuen Fragestellungen eine Mehrheit zu gewinnen.

Das Mehrheitsprinzip verliert somit dort seine demokratische Rechtfertigung, »wo es nicht auf eine offene Situation trifft, in der sich Mehrheit und Minderheit verändern können«[12]. Soweit in der Abstimmungsdemokratie, wie sie das schweizerische politische System prägt, solche Offenheit besteht und nicht durch strukturelle Verfestigungen blockiert ist, kann darin eine Entsprechung zum Prinzip des Parlamentarismus, besonders in seiner angelsächsischen Ausprägung, gesehen werden. Hier ist der Wechsel der regierenden Partei, wenn er auch zuweilen erst nach längern Phasen erfolgt, ein wesentlicher Bestandteil des Systems; er macht der vom politischen Einfluß abgeschnittenen Opposition ihre Lage erst erträglich[13]. Die für dieses parlamentarische System notwendige »Macht der Opposition besteht darin, daß in ihr die potentielle Regierung von morgen spricht«[14].

Ein Prüfstein der Demokratie sind aber auch jene Minderheiten z.B. konfessioneller, sprachlicher, ethnischer Art, die gar nie die Chance haben, Mehrheiten zu mobilisieren. Existentielle Entfaltungschancen müssen ihnen durch Grundrechte (Glaubens- und Weltanschauungsfreiheit, Sprachenfreiheit, Meinungsfreiheit) gewährleistet sein. Um ihre Stimme im politischen oder rechtlichen Verfahren sicherzustellen, müssen institutionelle Vorkehren getroffen werden, die ihnen angemessene Mitwirkungschancen eröffnen[15]. In einem umfassenderen Sinn erscheinen Institutionen des Föde-

[12] So Ulrich Scheuner, Der Mehrheitsentscheid im Rahmen der demokratischen Grundordnung. In: U. Häfelin, W. Haller u. D. Schindler (Hrsg.), Festschrift für Werner Kägi, Zürich 1979, S. 316.

[13] Scheuner, Mehrheitsentscheid (Anm. 12), S. 319.

[14] Walter Kaltefleiter, Stichwort ›Regierung‹. In: Staatslexikon, Bd. IV, 7. Aufl., Freiburg i. Br. 1988, S. 767; zur Oppositionsfunktion der Volksrechte in der Schweiz s. Rhinow, Grundprobleme, S. 207–216.

[15] Minderheitsparteien müssen auch bei der Zusammensetzung von Spruchkörpern der Gerichte berücksichtigt werden; s. BGE in: ZBl. 1991, S. 260ff.

ralismus, der Regionalisierung oder von Autonomiestatuts als Garantien von Minderheitenrechten[16].

Das Funktionieren totalitärer Gemeinwesen setzt die – oft ideologische – Annahme einer hohen Homogenität der Herrschaftsunterworfenen voraus; damit einher geht regelmäßig eine Verneinung bestehender Unterschiede z.B. in kultureller, weltanschaulicher oder sozialer Hinsicht. Der *demokratische* Umgang mit Minderheiten ist mehr als Toleranz im Sinne der Duldung und des Verbots von Repressionen: Die Menschen in ihrer Einzigartigkeit und die Gruppen, in denen sie auch ihre Identität ausbilden, sind die konstituierenden Faktoren des Politischen überhaupt. Der demokratische Staat mit seinen komplexen Verfahren der Entscheidfindung (von der spontanen Meinungskundgabe bis zum geordneten Parlamentsbetrieb) ist darauf angelegt, die vielfältigen menschlichen Anschauungen, Bedürfnisse und Interessen zum Ausdruck kommen zu lassen und angesichts unumgänglicher Heterogenität befriedigende, grundsätzlich konsensgetragene Formen des Zusammenlebens und notwendiger Kooperation zu finden. Andererseits ist auch die demokratisch organisierte Rechtsgemeinschaft nicht gegen die totalitäre Tendenz gefeit, Menschen mit nicht konformen Lebensentwürfen und Überzeugungen zu marginalisieren, ihnen politische Gestaltungschancen im Gemeinwesen faktisch zu verwehren und sie dadurch mitunter zu sinnloser Aggressivität oder ohnmächtiger Resignation mit entsprechenden Symptomen wie Identitätsverlust, Krankheit und andern Formen der Selbstdestruktion zu verurteilen.

[16] Vgl. den Entwurf einer Konvention für den Schutz der Minderheiten vom 8. Februar 1991, der im Rahmen des Europarates ausgearbeitet wurde, in: RUDH 3 (1991) 5, S. 189ff. sowie die Kommentierung dieses Entwurfs durch G. Malinverni in: Human Rights Law Journal 12 (1991), S. 269ff.; zur Vertiefung vgl. R. Hofmann, Minderheitenschutz in Europa, in: Zeitschrift für ausländisches öffentliches Recht und Völkerrecht 52 (1992), S. 1ff.; D. Franke u. R. Hofmann, Nationale Minderheiten – ein Thema für das Grundgesetz? Verfassungs- und Völkerrechtliche Aspekte des Schutzes nationaler Minderheiten, EuGRZ 17 (1992), S. 401ff.; Y. Dinstein u. M. Tabory (Hrsg.), The Protection of minorities and human rights. Dordrecht 1992.

3. Repräsentation

a. Für die Institutionen der Demokratie ist entscheidend, daß sie Problemlösungsverfahren von einer Qualität sicherstellen, welche allen Betroffenen ermöglichen, sich in den schließlich erreichten Entscheiden wiederzufinden: Alle müssen ihre Sicht der Probleme einbringen können und Gewähr haben, daß diese in den Entscheidprozessen wirklich berücksichtigt werden. Sie müssen die Möglichkeit der Äußerung von Zustimmung oder Ablehnung haben[17]. Eine solche diskurstheoretische Sicht des Politischen kann die Spannung zwischen der Vielfalt der Individualitäten und der Notwendigkeit regelhafter, generalisierender Ordnung im Gemeinwesen nicht aufheben, aber insofern mildern, als sie die gemeinsamen Angelegenheiten in *Verfahren* zu lösen sucht, die grundsätzlich von der Zustimmung aller getragen sind. Wo der Rahmen einer Versammlungsdemokratie, in der alle mit allen noch sinnvoll sprechen können, gesprengt ist, sind substituierende Verfahren für argumentative Lösungen zu suchen, die möglichst umfassend das Spektrum der divergierenden Interessen der betroffenen Menschen miteinander zu konfrontieren und zu vermitteln erlauben. Als solche Verfahren bieten sich die verschiedenen Formen der Repräsentation an. Das Repräsentationsprinzip wird hier als Notbehelf betrachtet, um unter realen Bedingungen politischer Gemeinwesen jene Diskurse veranstalten zu können, in denen durch möglichst vielfältigen Austausch von Argumenten die Chancen gerechter Lösungen erhöht werden, obschon keine durchgängige unmittelbare Repräsentation aller Betroffenen an der Entscheidbildung stattfindet[18].

[17] Ähnlich Iris Marion Young, Polity and group difference. In: Ethics 99 (1989), S. 250–274.

[18] Rousseau hat für die Gesetzgebung jede Möglichkeit der Repräsentation abgelehnt mit dem Argument, daß sich der Gemeinwille der Gesamtheit der Bürgerschaft nicht vertreten lasse. Für die Regierungsangelegenheiten ließ er hingegen zu, daß »Beauftragte« (nicht Vertreter) des Volkes die Ausführung der Gesetze besorgten; vgl. Rousseau, Gesellschaftsvertrag, S. 40ff.; eine Gegenposition nimmt in den Federalist Papers etwa Madison ein: Für ihn führt Repräsentation (auch) im Gesetzgebungsverfahren zu einer »Veredelung des Volkswillens«. Die Wirkung der Repräsentation sieht er darin, »(...) to refine and enlarge

b. Aus diskurstheoretischer Sicht können jedenfalls *zwei* Grenzen der Begründung von Repräsentation bezeichnet werden:

- Da es keinen »vorbildlichen« Typus Mensch gibt, der das Maß der Ordnung sein könnte, sondern alle Erscheinungen des Menschen wegen der gleichen Würde aller gleichwertig sind, kann niemand beanspruchen und niemand die Aufgabe einem andern übertragen, mit seiner ganz persönlichen Individualität für alle anderen zu sprechen. Eine gleichsam »abbildende« Vertretung von Menschen durch Menschen ist nicht möglich: Niemand vermag einen andern Menschen oder eine Gruppe, geschweige denn das als souverän gedachte Volk[19] in der ganzen Vielgestaltigkeit zu repräsentieren (hier im wörtlichen Sinne von »darstellen«); hingegen kann sinnvoll und im Hinblick auf die Beschränkung der Diskurse geboten sein, daß einzelne *bestimmte Aspekte* (Interessen, Anschauungen, Überzeugungen, Nöte) anderer in den entscheidbegründenden Diskurs stellvertretend eingeben.
- Die andere Grenze der Repräsentation liegt darin, daß es ein homogenes Volk mit einem vorgegebenen Gemeinwohl nicht gibt. Gemeinwohl ist durch Vermittlung der vielen nicht homogenen Interessen immer wieder zu ermitteln. In keiner Elite und in keinem Kodex liegt der Maßstab richtiger politischer Ordnung. Die Definition von Gemeinwohl kommt um die Konfrontation der vielfältigen, auch widersprüchlichen Anliegen der betroffenen Menschen nicht herum.

Für die Ermittlung von Gemeinwohl im Rahmen der Repräsentation ist Sensibilität gegenüber Äußerungen der

the public views by passing them through the medium of a chosen body of citizens, whose wisdom may best discern the true interest of their country and whose patriotism and love of justice will be least likely to sacrifice it to temporary or partial considerations. Under such a regulation it may well happen that the public voice, pronounced by the representatives of the people, will be more consonant to the public good than if pronounced by the people themselves, convened for the purpose.« (The Federalist Papers, Nr. 10. Hrsg. von Clinton Rossiter. New York 1961, S. 82).

[19] Zum Souveränitätsbegriff s. oben S. 81 f.

»spontanen Öffentlichkeit«[20] unerläßlich; diese kann Anliegen von Menschen artikulieren, die in den Entscheidgremien nicht vertreten sind (z. B. von Ausländern oder Kindern). Die konkreten Menschen als einzelne und in ihren sozialen Beziehungen mit ihrer je eigenen Individualität bleiben darum letztverbindlicher Bezugspunkt der Richtigkeit politischer Entscheide und Ordnungen, und es sind Chancen der Äußerung ihrer nicht typisierbaren und unvorhersehbaren Empfindungen und Einsichten offenzuhalten. Sie müssen deshalb auch immer wieder die Möglichkeit der Zustimmung, Ablehnung oder Kritik der Wertungen autorisierter Entscheidorgane haben, sei es in spontanen Meinungsäußerungen oder formalisierten Verfahren (z. B. Referenden).

c. Die zentrale *Chance von Repräsentation* liegt diskurstheoretisch betrachtet darin, auch in großen politischen Gemeinwesen Entscheidverfahren zu ermöglichen, in denen gemeinsame Probleme *diskursiv* erörtert werden, d. h. unter Bedingungen, die in einer weiten Diskussion unter allen nicht erfüllbar wären[21]. Für rationale Auseinandersetzungen genügt nicht, daß alle sich äußern können; Diskurse kommen erst zustande, wenn alle durch Verfahren und Strukturen dazu geführt werden, auf die Argumente der andern einzugehen[22] mit der Bereitschaft zu einvernehmlichen Lö-

[20] Die institutionalisierte und die spontane Öffentlichkeit sind nicht personell, sondern in erster Linie funktionell getrennte Bereiche, die einander durchdringen; auch Parlamentarierinnen und Parlamentarier sowie Personen mit Beamtenstatus nehmen – in Ausübung ihrer Meinungsfreiheit – an der nicht institutionalisierten Öffentlichkeit teil. In einem grundsätzlicheren Sinne sind sie wie alle andern einer politischen Kultur zugehörig und stehen auch als einzelne im weiten Meinungsbildungsprozeß, aus dem die Institutionen letztlich ihre Legitimität schöpfen. Dies schließt nicht aus, daß gewisse Ämter und Funktionen (besondere Rechtsverhältnisse) spezifische Schranken der Meinungsäußerung auferlegen; dazu s. Jörg Paul Müller, Elemente einer schweizerischen Grundrechtstheorie. Bern 1982, S. 96, 108 f. und Müller, Grundrechte, S. 95 f.

[21] Zu den Bedingungen und Chancen der Repräsentation als Mittel demokratischer Entscheidfindung vgl. nunmehr Habermas, Faktizität und Geltung, S. 210 f., 222 ff.

[22] Dies betont auch Iris Marion Young, Polity (Anm. 17), S. 263.

sungen. Darin unterscheiden sich die institutionalisierten Verfahren der demokratischen Entscheidbildung vom grundrechtsgesicherten Bereich der nicht organisierten Öffentlichkeit mit ihrer Freiheit zu schlichter Meinungskundgabe, Kritik, Opposition oder Impulsgebung. In dem Maße, als die Repräsentierenden die vielfältigen Meinungen, Bedürfnisse und Interessen der Betroffenen zum Ausdruck bringen und imstande sind, diese mit dem Ziel des gemeinsamen Wohls miteinander abzuwägen, erhöhen sich die Chancen von Lösungen, die – wenn auch nicht nach dem konkreten Inhalt, so doch aufgrund der Legitimität des Entscheidverfahrens – mit der Zustimmung aller rechnen können. Aus diesen Prämissen ergeben sich konkrete Forderungen an Ausgestaltung und Praxis der Wahlverfahren (z.B. hinsichtlich der Berücksichtigung von Minderheiten), der Beziehungen zwischen Wählern und Repräsentanten[23] sowie der Verfahren innerhalb der Repräsentativorgane (z.B. Parlamentsrecht).

d. Mit zunehmender Komplexität der Sachfragen ist im demokratischen Gemeinwesen in erhöhtem Maße spezialisiertes Wissen für eine sachgerechte Lösung konkreter sozialer Probleme notwendig. Es wird sinnvollerweise durch eine arbeitsteilige Organisation der Entscheidverfahren im politischen Gemeinwesen sichergestellt. Aus diesem Gedanken ergibt sich eine zusätzliche, eher technische Perspektive der Legitimation von Repräsentativorganen. Aber auch die vom spezialisierten Sachverstand indizierten Lösungen von Gemeinschaftsaufgaben sind an die Legitimation durch die nichtinstitutionalisierte Öffentlichkeit gebunden, die nur sinnvoll reagieren kann, soweit die Problemlösungen nachvollziehbar, verständlich bleiben.

e. Demokratie als einvernehmliche Entscheidfindung unter Menschen, die sich gegenseitig in ihrem gleichen Geltungsanspruch achten, ist immer nur annäherungsweise zu verwirklichen. Die aufgezeigte Spannung zwischen institutionalisierter Ermöglichung echter Diskurse einerseits und

[23] Einen konkreten Vorschlag zur Intensivierung des Kontaktes zwischen Wählerinnen, Wählern und deren Repräsentantinnen und Repräsentanten legt der Verfassungsentwurf von A. Kölz und J. P. Müller vor; vgl. Kölz/Müller, Entwurf, Art. 78.

der Relevanz einer vielfältigen Öffentlichkeit andererseits erlaubt nicht, bestimmte geschichtliche Einrichtungen wie Parlamentarismus oder den Mehrheitsentscheid in Volksreferenden als *per se* demokratisch zu bezeichnen. Es gilt vielmehr, immer wieder an den konkreten politischen Institutionen zu arbeiten, damit sich die Chancen einer diskursiven Auseinandersetzung sowie von Entscheidfindungen, die von allen Betroffenen getragen sind, erhöhen.

f. Auch die sogenannten direktdemokratischen Verfahren[24] konkretisieren nicht diskursive Entscheidbildung in »Reinform«; es sind stets ebenfalls Notbehelfe, Annäherungen[25] an die Entscheidbildung, wie sie als Ideal dargestellt wurde. Auch direktdemokratische Formen der Entscheidfindung sind Gegenstand von Verfahrens- und Organisationsregelungen, ohne die keine verbindliche Rechtsetzung oder Sachentscheidung möglich ist.

Die direktdemokratischen Verfahren, wie sie etwa die Schweiz kennt, bringen aber in bestimmten Phasen der Rechtsentwicklung doch die Betroffenheit der Rechtsadressaten in einer Weise zum Ausdruck, wie es kein repräsentatives System vermag[26]. Die Bürgerinnen und Bürger sind nicht nur zur Stellungnahme zu umfassenden, aber weithin unverbindlichen Parteiprogrammen oder zu unstrukturierten Diskussionen in der Öffentlichkeit zugelassen, sondern auch unmittelbar zu rechtlich verbindlichen Ja/Nein-Stel-

24 Einen Überblick über direktdemokratische Entscheidverfahren in den USA und der Schweiz bietet Hanspeter Kriesi (Hrsg.), Direkte Demokratie, Schweizerisches Jahrbuch für politische Wissenschaft 31 (1991).

25 Der Kreis der Stimmberechtigten ist immer durch Gesetz exklusiv umschrieben: Kinder oder Ausländer sind ausgeschlossen; daneben gibt es faktische Beschränkungen: Politische Forschung lehrt, daß die praktische Partizipation schicht- oder bildungsspezifisch ist; politisch Unzufriedene bleiben den Urnen tendenziell eher fern; vgl. dazu z.B. E. Gruner u. H.P. Hertig, Der Stimmbürger und die neue Politik/Le citoyen et la »nouvelle« politique. Bern, Stuttgart 1983, insb. S. 138ff.

26 Dieser Gesichtspunkt wird von Habermas, Faktizität und Geltung, überhaupt nicht thematisiert. Nach ihm erschöpfen »das Prinzip der Gewährleistung autonomer Öffentlichkeiten und der Grundsatz der Parteienkonkurrenz (...), zusammen mit dem parlamentarischen Prinzip, den Gehalt der Volkssouveränität« (S. 211).

lungnahmen in konkreten politischen Fragen aufgefordert; damit werden die vielen auch zu Reflexion, Auseinandersetzung und Entscheidbildung zu aktuellen Fragen des Gemeinwohls in einer Unmittelbarkeit aufgefordert, wie dies in der rein parlamentarischen Demokratie bezüglich konkreter Sachprobleme oder Rechtsgestaltungen nicht möglich ist. Trotz aller Schwierigkeiten liegt hierin ein vitaler Stimulus dafür, daß sich breitere Bevölkerungskreise unmittelbar mit materiellen Problemen des Gemeinwesens auseinandersetzen, und nicht nur nach Parteifronten definierte Konflikte nachvollziehen, wie sie etwa durch die Medien vermittelt werden. Eine gewisse Repräsentation ist aber auch hier unerläßlich: Der Kreis der Betroffenen ist stets größer als derjenige der zur Stellungnahme Aufgerufenen. Ferner muß auch hier der Diskurs an einem bestimmten Zeitpunkt wegen der Notwendigkeit einer Entscheidung innert nützlicher Frist abgebrochen werden, bevor überhaupt ein idealer Konsens entstehen könnte.

Direktdemokratische Formen der Entscheidbildung setzen eine rechtliche und politische Kultur voraus, in der sich Regeln der Fairness[27] und eine Haltung der Besonnenheit gegenüber Voreiligkeit herausbilden können. Sie brauchen auch *Zeit:* Die Wahrnehmung der Betroffenheit der vielen, die Artikulation ihrer Interessen und Meinungen und die gegenseitige Unterrichtung, Orientierung und Verarbeitung der Meinungsvielfalt gibt dem Zeitfaktor ein besonderes Gewicht. Die Verneinung dieser Dimension schafft neue Herrschaft, indem bei vorzeitigem Abbruch der Diskussion eine Minderheit womöglich den Entscheid arrogant beanspruchen wird.

g. Die bisherigen Ausführungen zu institutionellen Ausgestaltungen diskurstheoretischer Anforderungen an die Organisation des Gemeinwesens betrafen im wesentlichen Verfahren politischer Entscheidfindung. Für die Institutionen der Rechtsprechung sind Einsichten der Diskursethik in mancher Hinsicht unmittelbarer fruchtbar zu machen: Die von einem Zivil- oder Strafprozess betroffenen Parteien nehmen offensichtlich an argumentativen Verfahren teil mit allen Möglichkeiten der Behauptung, Bestreitung oder Proble-

[27] S. unten Anm. 34.

matisierung und auch unter weitgehender Berücksichtigung der Postulate der Symmetrie und Reziprozität, wie sie die Diskursethik für rationale Entscheidprozesse fordert. Der Preis dieser diskursethischen Durchdringung ist gleichsam die Beschränkung möglicher Thematisierungen auf die definierten Prozeßgegenstände nach Zivil- und Strafprozeßrecht. Daß die Verfahren in der Regel nicht in Konsensen oder Kompromissen, sondern im autoritativen Spruch des Gerichts enden, kann exemplarisch als Folge der zeitlichen, räumlichen und informationellen Bedingtheit gesehen werden, in der praktische Diskurse im Gemeinwesen sich stets vollziehen. Ideale Diskurse würden zwischen den betroffenen Parteien solange weitergehen, bis das beste Argument die Zustimmung aller findet. Das gerichtliche Verfahren begnügt sich mit dem Entscheid des Spruchkörpers, wo die Richter und Richterinnen stellvertretend – und damit in gewisser Distanz – Argumente und Interessen der Parteien gegeneinander abwägen und allenfalls unter sich Konsens finden[28].

4. Parlament

a. Parlamente sind der Idee nach in den gegenwärtigen Demokratien Diskursforen par excellence. Ihre Aufgabe ist es, neue Konsense zu ermitteln auch dort, wo alte brüchig geworden sind, und Kompromisse zu finden in Konflikten zwischen wirtschaftlichen Interessengruppen und verschiedenen Weltanschauungen. Ziel ist die immer neu geforderte Definition von Gemeinwohl. Die im weiten Feld der öffentlichen Meinungsbildung spontan geäußerten Meinungen und Interessen haben in ihrer Vielgestaltigkeit oft einen amorphen Charakter und nicht die Qualität von Argumentationen eines entscheidbildenden Diskurses. In Medien und Gruppen (Parteien, Verbänden und anderen Organisationen) werden entsprechende gesellschaftliche Anliegen und Bedürfnisse vorstrukturiert und damit Voraussetzungen geordneter Debatten zwischen Menschen geschaffen. Diese versuchen – jedenfalls dem Anspruch nach – im Lichte der

[28] Näheres zum Gerichtsverfahren s. S. 178ff.

Öffentlichkeit einander zu überzeugen. Geschäftsordnungen und die Leitung durch einen unparteilichen »Chairman«[29] sollen dabei sicherstellen, daß jedem und jeder die gleiche Möglichkeit der Äußerung zukommt. Die Tagesordnung erscheint als Katalog regelungsbedürftiger Fragen gesellschaftlichen Zusammenlebens (problematisch gewordener Geltungsansprüche); die Durchlässigkeit gegenüber der nicht institutionalisierten Öffentlichkeit kommt besonders auch dann zum Ausdruck, wenn die Agenda des Parlaments durch Impulse »von unten« bestimmt wird: Im schweizerischen Staatsrecht sind die Volksinitiativen (Art. 120, 121 BV), die Initiativen der Kantone (Art. 93 BV: Standesinitiative) oder Petitionen[30] (Art. 57 BV) zu solcher Einflußnahme geeignet. Obwohl solche Impulse von »außen« aus der Sicht eines effizienten Entscheidverfahrens oft als unnötig hemmend disqualifiziert werden[31], ist ihre Funktion als legitimitätsstiftende Anbindung und Rückkoppelung des Parlamentsbetriebs an die auch zwischen den Wahlterminen aktive Öffentlichkeit ernstzunehmen[32].

Auch Aufteilungen der Entscheidprozesse innerhalb des Parlaments, wie sie im Zweikammersystem oder im Erfordernis mehrerer Lesungen liegen, können als Diskurschancen gesehen werden. Die Vorbereitung der Plenumsdebatten in *Parlamentskommissionen* (Ausschüssen) können genützt werden, die sachlich relevanten Argumen-

[29] Die Stellung des Ratspräsidenten oder der Ratspräsidentin kommt der Funktion der »Chairperson« im Sinne der Diskursethik sehr nahe: Sie ordnet die Diskurse mit besonderen Befugnissen, ohne Macht auszuüben, d.h. persönlichen Einfluß manipulativ oder sonst täuschend geltend zu machen. Diskursfremde Elemente werden am ehesten dort befürchtet, wo die Funktion des Ratspräsidiums nicht öffentlich, seine Einflußnahme somit nicht transparent ist, wie in der Leitung des Büros, das die Parlamentskommissionen zusammenstellt und wählt; vgl. für die Schweiz J.-F. Aubert in: Kommentar BV, Art. 78 und Art. 82, ferner Art. 92 (Rz. 9); vgl. auch Art. 37 Abs. 2 GVG.

[30] Zur Pflicht der Behörden, Petitionen, zumindest zur Kenntnis zu nehmen, vgl. BGE 98 Ia 488 m.H.; BGE 104 Ia 437f.

[31] Kriesi, Direkte Demokratie (Anm. 24) S. 13 m.H.

[32] Zum Verhältnis von Parlament und Öffentlichkeit vgl. Habermas, Faktizität und Geltung, S. 210, 226f.

te herauszukristalisieren und mögliche Konsense im Plenum vorzubereiten. Dieses Vorbereitungsstadium ist demokratisch dann bedenklich, wenn – wie in der Schweiz – die Debatten geheim geführt werden, obwohl sie die Parlamentsentscheide oft präjudizieren. Auch diese Phase darf sich einer begleitenden kritischen Öffentlichkeit nicht entziehen; diese muß auch hier die geltend gemachten Gründe bewerten und zusätzliche Impulse in die Debatte einbringen können.

b. Die Qualität eines Parlaments als repräsentatives Diskursforum der gesamten Rechtsgemeinschaft hängt von zwei Kriterien ab:
1. Die Wahl der Repräsentanten und Repräsentantinnen muß vor elementaren Forderungen diskurstheoretischer Art standhalten:
Wahlen ziehen wie andere Entscheide (z.B. Volksabstimmungen) ihre Legitimität aus der Qualität des Verfahrens, aus dem sie hervorgehen. Alle Beteiligten müssen gleiche Chancen haben, sich mit ihren Argumenten Gehör zu verschaffen und die Gewähr, in ihrer Meinungsbildung nicht manipulativ beeinflußt, d.h. in ihrer Freiheit der Beurteilung vorgebrachter Argumente nicht beeinträchtigt zu werden. Solche Beeinträchtigung kann etwa in direktem oder indirektem Zwang oder täuschender Information von seiten der Behörden oder Privater liegen. Die Garantie der geheimen Wahl[33] oder Abstimmung ist nicht Selbstzweck, sondern hat ihren Grund in der Prävention gegenüber Sanktionen, welche die Entscheidungsfreiheit beeinträchtigen.

Das schweizerische Bundesgericht hat in einer differenzierten Praxis zu kantonalen Wahlen und Abstimmungen Grundsätze entwickelt, die solche diskurstheoretischen Anforderungen konkretisieren[34]. Im Rahmen dieser Praxis hat

[33] Die Europäische Menschenrechtskonvention garantiert im (von der Schweiz nicht ratifizierten) Zusatzprotokoll Nr. 1 Art. 3 »freie und geheime Wahlen« als Grundrecht.

[34] Siehe die ausführliche Darstellung dieser Rechtsprechung bei Müller, Grundrechte, S. 381–398. Daß das Bundesgericht den Anforderungen an eine möglichst unverfälschte Willensbildung im Vorfeld von Wahlen und Abstimmungen einen sehr hohen Stellenwert für die Integrität der demokratischen Institutionen beimißt, kommt in der umfas-

das Bundesgericht wiederholt das Gebot der Chancengleichheit der Parteien und Kandidaten bzw. Kandidatinnen auch als Ausfluß der Rechtsgleichheit formuliert[35]. Es verbietet den Behörden jede Privilegierung etablierter Parteien gegenüber neuen Gruppierungen[36]. Die Auswirkungen der unvermeidbaren tatsächlichen Ungleichheiten der konkurrierenden Parteien und Gruppen können z.B. in finanzieller Hinsicht durch Transparenz der ihnen zur Verfügung stehenden Ressourcen gemildert werden[37].

Demokratische Wahlen verbinden stets Präferenzen für bestimmte Personen mit – wenigstens tendenziellen – Vorentscheidungen bezüglich bestimmter Themen, die auf der politischen Agenda stehen oder erst aufgegriffen werden sollen. Die Wahrhaftigkeit und Authentizität der Präsentation bzw. Selbstdarstellung von Kandidatinnen und Kandidaten als Personen und Verfechter von Meinungen entscheidet mit über den Richtigkeitsgehalt repräsentativer Entscheidbildung überhaupt.

2. Die Qualität der Diskurse im Parlament muß die Annahme rechtfertigen, daß echte, nicht täuschende Konsense und Kompromisse zustandekommen. Hier wird das gesamte Spektrum diskurstheoretischer Argumentationsbedingungen relevant, wie sie oben beschrieben wurden: das Gebot des authentischen, verständigungsorientierten Redens, das die gemeinten Sachen und Interessen bezeichnet und nicht durch täuschende Rhetorik irreführt (z.B. mit Berufung auf

senden Prüfungsbefugnis (freie Kognition) zum Ausdruck, die es in diesem Bereich beansprucht; BGE 116 Ia 466 (470); vgl. W. Haller in: Kommentar BV, Art. 113, Rz. 102; W. Kälin, Das Verfahren der staatsrechtlichen Beschwerde. Bern 1984, S. 201; vgl. neuerdings J. Ramseyer, Zur Problematik der behördlichen Information im Vorfeld von Wahlen und Abstimmungen. Basel 1992 sowie G.-A. Decurtins, Die rechtliche Stellung der Behörde im Abstimmungskampf. Freiburg i.Ue. 1992.

35 Beispielhaft BGE 113 Ia 291.

36 In BGE 113 Ia 291 bezeichnet es das Bundesgericht als Verstoß gegen die politische Wahlfreiheit, nur etablierte Parteien in einem staatlich finanzierten Informationsinserat Werbemöglichkeiten einzuräumen, nicht aber einer neuen Außenseiterpartei; s. dazu auch Müller, Grundrechte, S. 390 mit Anm. 70.

37 Siehe den Vorschlag zu einer entsprechenden verfassungsrechtlichen Norm bei Kölz/Müller, Entwurf, Art. 10 Abs. II.

das Gemeinwohl, welche die tatsächlichen Motive verschleiert), aber auch die Bereitschaft, auf Gegenargumente einzugehen und so Verständigungen zu ermöglichen, die keine und keinen mißachten. Diskursive Argumentation auf der Repräsentationsebene setzt nicht nur das Eingehen auf die im Forum geäußerten Anliegen der anderen voraus, sondern auch das Mitbedenken der Perspektive der nicht anwesenden Repräsentierten, ja die hypothetische Stellungnahme auch anderer Betroffener (z. B. ausländischer Bevölkerungsgruppen).

In der parlamentarischen Entscheidfindung müssen sich die Grundforderungen der Diskursethik bewähren. Nach dieser ist ein Konsens über »eine strittige Praxis oder Regel nur dann gültig (...), wenn sie die Zustimmung der Betroffenen *selber* finden könnte«[38]. Die so erreichten Konsense über das, »was gleichermaßen gut für alle ist«, dürfen die faktischen »Ja-/Nein-Stellungnahmen« der Beteiligten nicht ausschließen und nicht präjudizieren. Entscheidend ist daher, daß die in den Diskursforen praktisch erzielten Einverständnisse, die mit Bezug auf die Gesamtheit der Betroffenen nur fiktive Konsense darstellen, weichen müssen, wenn die Betroffenen in faktischen Diskursen »Nein« sagen und somit die unterstellten Annahmen ihrer Zustimmung hinfällig werden. Für die positive Rechtsordnung kann solche Ablehnung bedeuten, daß die Legitimität, der Richtigkeitsanspruch eines Parlamentsentscheides, z. B. eines Gesetzes, schwindet, wenn er auch vorderhand aus Gründen der Rechtssicherheit in Geltung bleibt.

[38] Habermas, Revolution, S. 74; siehe nun insbesondere Ders., Faktizität und Geltung, S. 224ff. Im Prinzip »lassen sich die Ja-/Nein-Stellungnahmen nicht an andere delegieren (...). Diskurse, die aus technischen Gründen repräsentativ geführt werden müssen, (dürfen) nicht nach dem Stellvertretermodell gedeutet werden; sie bilden nur den organisierten Mittelpunkt oder Fokus des gesellschaftsweiten Kommunikationskreislaufs einer im ganzen nicht-organisierbaren Öffentlichkeit. (...) Repräsentanz kann hier nur heißen, daß mit der Wahl der Abgeordneten für ein möglichst breites Spektrum der zu erwartenden Deutungsperspektiven unter Einbeziehung des Selbst- und Weltverständnisses marginaler Gruppen gesorgt wird.«

c. Die faktischen Diskurse, in denen sich parlamentarische Entscheide bei den Betroffenen bewähren müssen, können vielfältige Formen annehmen: Wahlen, Referenden, Reaktionen aus der »öffentlichen Meinung«; das Ergebnis argumentativer Auseinandersetzung im Parlament kann vor allem aber auch in Institutionen der *Verfassungsgerichtsbarkeit*[39] falsifiziert werden: Sie hat die Aufgabe, die entscheidbegründenden Argumente unter dem Gesichtspunkt vereinbarter Grundregeln (Verfassungskonformität) und Angemessenheit zu prüfen. Es geht um unerläßliche Klärung von Entscheiden, die unter prekären Verhältnissen der Repräsentation und des Mehrheitsprinzips entstanden sind auf die Frage hin, ob die tragenden Argumentationen aufgrund ihrer Sachhaltigkeit und der befolgten Verfahren überzeugen.

Verfassungsgerichtsbarkeit kann in diesem Sinn verstanden werden als nachholende, diskursive Aufarbeitung der Argumente, die in eine gesetzliche Regelung eingegangen sind, und zwar in einer Atmosphäre der Abschirmung gegen Drohungen und manipulativen Druck von seiten der Personen und Gruppen, die in den institutionalisierten Verfahren Macht ausüben. Unter demokratietheoretischem Aspekt kann man die (z.B. in einem Gericht gegebene) Beschränkung von Diskursteilnehmern als komplementär zur Chance von Herrschaftsfreiheit ansehen. Die Verfassungsrechtsprechung ist weniger porös gegenüber der nicht institutionalisierten Öffentlichkeit als das Parlament und stärker an die in der Verfassungsordnung festgehaltenen, auf grundsätzlicherer Ebene ausgehandelten Argumente gebunden.

Die Einrichtung von Gesetzesreferenden[40], wie sie in der Schweiz (im Bund und in den Kantonen) üblich sind[41], zieht

[39] Zum diskurstheoretischen Aspekt der Verfassungsgerichtsbarkeit s. auch unten S. 172ff.

[40] Daß solche Institutionen der sog. »direkten« Demokratie die öffentliche Diskussion über anstehende Gesetzgebungsfragen wie kaum eine andere Form demokratischer Entscheidbildung zu mobilisieren vermögen, wurde oben, S. 159f. ausgeführt.

[41] In der Schweiz wird die Möglichkeit, gegen den Beschluß von Bundesgesetzen das Referendum zu ergreifen, häufig als Argument gegen die Einführung einer Verfassungsgerichtsbarkeit auf Bundesebene vorgebracht; vgl. z.B. W. Kälin, Verfassungsgerichtsbarkeit, S. 139f. Die Funktionen der Verfassungsgerichtsbarkeit und des Referendums

eine weite Öffentlichkeit auch formell nachträglich in den entscheidbildenden Diskurs ein; die Breite der möglichen Diskursteilnahme geht einher mit einer Einschränkung der Äußerungsmöglichkeit auf eine Ja-/Nein-Stellungnahme. Eine wirksame Diskursvertiefung findet nur statt, wenn in der öffentlichen Meinungsbildung nicht die gleichen Gruppen und Kräfte dominieren, die bereits in der parlamentarischen Debatte oder im Vorbereitungsverfahren der Gesetzgebung das entscheidende Gewicht hatten. Viel hängt dabei von der Unabhängigkeit und dem Diskursengagement der Medien ab.

5. Gewaltenteilung

a. Nach dem klassischen Konzept dient Gewaltenteilung[42] der Auffächerung staatlicher Macht in der Organisation oberster Staatsorgane. Diese Auffächerung ermöglicht gegenseitige Kontrolle, auch im Sinne einer Vorkehr gegen Machtmißbrauch. Gewaltenteilung erweist sich als geschichtlich bewährtes Instrument, der oben[43] beschriebenen Gefahr der Eigengesetzlichkeit entgegenzuwirken, wie sie jeder mit Zuständigkeiten und Machtbefugnissen ausgestatteten Institution eigen ist. »Überschüssige« Macht soll durch gegenseitige Reibung grundsätzlich gleichwertiger[44] Organe

werden m. E. zu wenig spezifisch gesehen, wenn die verfassungsgerichtliche Überprüfung zu sehr in Konkurrenz zu Referenden gestellt wird, wie z. B. bei J.-F. Aubert, La Constitution, son contenu, son usage. In: ZSR N. F. 110 (1991) II, S. 109 ff.

[42] Zur Entwicklung des Konzepts der Gewaltenteilung s. statt vieler Hans Fenske in: O. Brunner, W. Conze, R. Koselleck (Hrsg.), Geschichtliche Grundbegriffe. Bd. 2, Stuttgart 1975, S. 923 ff.

[43] S. Erster Teil, Kap. 3, S. 98 ff.

[44] Eine solche Gleichwertigkeit liegt jedenfalls dem Gewaltenteilungsprinzip der USA zugrunde; s. dazu Andreas Auer, The supreme law of the land – Eléments du droit constitutionnel des Etats–Unis. Basel, Frankfurt a. M. 1990, S. 55–70. – Die Forderung Montesquieus nach einem Gleichgewicht der Gewalten und der gegenseitigen Hemmung derselben (»il faut que le pouvoir arrête le pouvoir«) wurde in den schweizerischen Verfassungen des 19. Jahrhunderts nicht im gleichen Umfang wie in den USA übernommen. Als Konsequenz aus der (modi-

abgebaut werden. Dadurch erhöht sich auch die Chance, daß Institutionen lernfähig und für die Impulse einer demokratischen Öffentlichkeit empfänglich bleiben. Diskurstheoretisch ist das permanente Aufbrechen tendenziell erstarrender Strukturen in Organen und Verfahren Voraussetzung notwendiger rationaler Kommunikation. Diese ist auch zwischen höchsten Staatsorganen und ihren Mitgliedern unerläßliche Bedingung gerechter Organisation des Gemeinwesens.

Unter diskurstheoretischen Gesichtspunkten tritt der Aspekt der Diskurschancen und des Zwangs zum Diskurs in den Vordergrund: Gewaltenteilung ist im demokratischen Gemeinwesen nicht nur ein reaktives Prinzip gegen Machtkumulation oder -konzentration. In seiner konstitutiven Funktion bedeutet der Grundsatz Organisation der Organe und Zuständigkeiten im Staat auf eine Art und Weise, die permanent Chancen oder sogar Zwänge zur diskursiven Auseinandersetzung und Verständigung schafft: In jedem demokratischen System sind Regierung und Parlament auf gegenseitige Kooperation angewiesen[45]; die Regierung zieht Legitimation aus Zustimmungsakten oder Genehmigung durch das Parlament, und dieses ist seinerseits auf Kooperation mit der Regierung angewiesen, die z. B. Impulse, Programme oder Richtlinien vorlegt oder Aufträge des Parla-

fizierten) Lehre Rousseaus von der Volkssouveränität legte man in der Schweiz mehr Gewicht auf die Kontrolle von Regierung und Verwaltung durch das Parlament; s. Alfred Kölz, Die Bedeutung der Französischen Revolution für das schweizerische öffentliche Recht und politische System. Eine Skizze. In: ZSR N.F. 108 (1989), S. 514; Ders., Verfassungsgeschichte, S. 363 ff.

45 Dies gilt in der modernen Demokratie selbst für Bereiche, in denen verfassungsrechtlich die Vorzugsstellung einer Gewalt vorgesehen wäre, etwa bezüglich der Außenpolitik die Primärrolle des Präsidenten in der US-Verfassung. Er ist in fundamentaleren außenpolitischen Entscheidungen auf Konsenssuche mit dem Kongreß angewiesen (vgl. Auer, The supreme law (Anm. 44), S. 59 f.) – Für die Schweiz vgl. neuerdings B. Ehrenzeller, Legislative Gewalt und Außenpolitik. Basel 1993: Die schweizerische Bundesverfassung vertraue die außenpolitische Richtungsgebung der Bundesversammlung *und* dem Bundesrat als gemeinsame Aufgabe an. Alle grundlegenden außenpolitisichen Entscheide bedürften deshalb eines *collective judgement* von Exekutive und Legislative – ein Spannungsverhältnis, das verfassungsrechtlich gewollt sei.

ments (etwa zur Vorlage von Gesetzesentwürfen) ausführt. Die gegenseitigen Abhängigkeiten sind je nach politischem System verschieden und können hier nicht im einzelnen dargestellt werden. Entscheidend ist, daß *mehrere* oberste Staatsorgane bestehen, deren Zusammenwirken in den Grundfragen staatlichen Handelns ein Stück jener diskursiven Rationalität sicherstellt, die wir als ein Merkmal gerechter politischer Ordnung erkannt haben.

b. Während Parlament und höchste Gerichte ihrer innern Struktur nach auf diskursive Erarbeitung von Entscheiden angelegt sind[46], besteht bei der Organisation von Regierungen eher die Vorstellung, die Geschäfte seien von souveränen Einzelnen zu führen. So wird vom Präsidenten oder von der Regierungschefin erwartet, daß er/sie die Gesamtanliegen des Gemeinwesens überblickt, Perspektiven für die Gestaltung der Gegenwart und die Zukunft entwickelt und entsprechend Staat und Gesellschaft leitet[47]. Regierungen sind insofern noch stark an monologischen Formen der Entscheidbildung orientiert, wie sie geschichtlich eher dem monarchischen Staatstyp eigen ist.

Es gehört zu den Eigenarten des schweizerischen politischen Systems, daß das *Kollegialitätsprinzip* eine diskursive Entscheidfindung auch auf Regierungsebene in jedem Falle unerläßlich macht und schon die bloße Erwartung nach Führung durch einen Einzelnen nicht aufkommen läßt[48]. Dabei bleibt – auch diskurstheoretisch – die Frage der Öffentlichkeit der Entscheidbildung im Kollegialorgan[49] ambi-

46 Bei Parlamenten mit Zwei-Kammersystem ist der Diskurscharakter des Entscheidprozesses noch ausgeprägter, was in den komplexen Verfahren der Differenzbereinigung zum Ausdruck kommt; vgl. für die Schweiz etwa U. Häfelin u. W. Haller, Schweizerisches Bundesstaatsrecht. 2., neubearb. Aufl., Zürich 1988, Rz. 790–793 a.

47 Vgl. die Umschreibung der Regierungsfunktion in Art. 3 VwOG; s. auch die Richtlinien zur Regierungspolitik, Art. 45bis ff. GVG.

48 Bei Unstabilitäten wird denn auch das Bedürfnis nach Führung durch den Bundesrat als Gesamtorgan und nicht durch einzelne seiner Mitglieder geäußert. Zur Funktion des Bundespräsidenten siehe Art. 98 BV und Art. 19 – Art. 23 VwOG.

49 Es ist eine Besonderheit des schweizerischen Staatsverständnisses, daß auch Entscheidverfahren der obersten Organe mitunter der Öffentlichkeit zugänglich sind; so berät das schweizerische Bundesgericht

valent: Die Vertraulichkeit der Beratungen dient auch der Abschirmung gegenüber den Druckversuchen und Sanktionsdrohungen der organisierten Gruppen. Der Preis liegt darin, daß die Entscheidfindung in der Öffentlichkeit nicht nachvollzogen werden kann und eine entsprechende kritische Auseinandersetzung entfällt. Dies geht auch zu Lasten der demokratischen Legitimation und der aus ihr fließenden Bereitschaft zur Anerkennung der Entscheide.

c. Im *gerichtlichen* Verfahren werden die im Gesetzgebungsverfahren festgelegten gesellschaftlichen Interessenausgleiche, wie sie sich in den allgemeinen Regeln des Gesetzes niederschlagen, im Hinblick auf die Bedürfnisse des Einzelfalls nach dem Grundsatz der Angemessenheit konkretisiert[50]; durch eine überzeugende situative Argumentation sollen die Ergebnisse für die im vorliegenden Streitfall Unterlegenen annehmbar werden[51]. Die Unabhängigkeit der

grundsätzlich öffentlich (vgl. Art. 17 OG), ohne daß bisher wesentliche Nachteile ersichtlich geworden wären. Auch die Regierungen einiger Kantone (vgl. Art. 63 Abs. I KV Solothurn) sind gehalten, ihre Beratungen öffentlich durchzuführen. – Zur Funktionsweise des Kollegialitätsprinzips der schweizerischen Regierung und insbesondere zum Prinzip der Vertraulichkeit vgl. K. Eichenberger in: Kommentar BV, Art. 103 Abs. 1 (Rz. 12–22 m. w. H.).

[50] Vgl. dazu Aristoteles, Nikomachische Ethik V. 14, (übers. von F. Dirlmeier, Berlin 1964): »Wenn nun das Gesetz eine allgemeine Bestimmung trifft und in diesem Umkreis ein Fall vorkommt, der durch die allgemeine Bestimmung nicht erfaßt wird, so ist es ganz in Ordnung, an der Stelle, wo uns der Gesetzgeber im Stiche läßt und durch seine vereinfachende Bestimmung einen Fehler verursacht hat, das Versäumnis im Sinne des Gesetzgebers selbst zu berichtigen: so wie er selbst die Bestimmung getroffen hätte, wenn er im Lande gewesen wäre, und wie er sie, wenn ihm der Fall bewußt geworden wäre, in sein Gesetz aufgenommen hätte (...). Und dies ist das Wesen der ›Güte der Gerechtigkeit‹: Berichtigung des Gesetzes da, wo es infolge seiner allgemeinen Fassung lückenhaft ist.«

[51] Da auch das gerichtliche Verfahren unter zeitlichen und räumlichen Randbedingungen stattfindet, die den Diskurs notwendigerweise begrenzen, findet auch hier in der Regel das Mehrheitsprinzip Anwendung. Die konkrete Entscheidung zieht ihre Legitimität sowohl aus ihrer Abstützung auf die allgemeine Regelung des Gesetzes als auch aus der Qualität des Anwendungsverfahrens. Dazu auch S. 178ff.

Justiz[52] sichert jene Offenheit von Anwendungsdiskursen (d.h. von Konkretisierungen der allgemein-abstrakten Gesetzesnorm im Einzelfall nach dem Maßstab der Angemessenheit und Verhältnismäßigkeit), die den konkret Betroffenen reale Chancen gibt, ihre Individualität und die Besonderheit des Einzelfalls gegenüber dem schematisierenden Zugriff und möglicher Voreingenommenheit der rechtsanwendenden Organe zur Geltung zu bringen. Das grundrechtlich garantierte »rechtliche Gehör«, das die Subjektqualität jedes Rechtsadressaten – im Gegensatz zur bloßen Objektstellung als Rechtsunterworfener – zum Ausdruck bringt, kann nur in einem von den andern Staatsgewalten und den dort wirksamen politischen Kräften abgeschirmten Raum wirklich zum Tragen kommen[53].

Auch im Verhältnis Judikative/Gesetzgebung erschöpft sich Gewaltenteilung aber nicht in bloßer Trennung oder Abschirmung, sondern legt Möglichkeiten diskursiver Auseinandersetzung frei: In ihrer Beschäftigung mit dem konkreten Streitfall zeigt die Gerichtsbarkeit auch zu Händen des Gesetzgebers Genügen, Ungenügen oder Mangelhaftigkeit und damit auch Haltbarkeit oder Revisionsbedürftigkeit der typisierenden gesetzlichen Ordnungen auf. Die Justiz übt damit eine Funktion aus, die über Rechtsanwendung und -konkretisierung hinausgeht: Sie steht in einem zumin-

52 Sie ist auch grundrechtlich (Schweiz: Art. 58 BV), ja sogar menschenrechtlich (Art. 6 Abs. 1 EMRK) gewährleistet; vgl. Müller, Grundrechte, S. 311 ff.; A. Haefliger, Die Europäische Menschenrechtskonvention und die Schweiz. Bern 1993, S. 135–144; A. Kölz in: Kommentar BV, Art. 58 (Rz. 1 ff.).

53 Dabei wird nicht übersehen, daß sich auch Rechtsprechung nie in einem kontextfreien Raum abspielt. Trotz bester institutioneller Vorkehren und des redlichen Entschlusses zur Unparteilichkeit bleibt auch der rechtsstaatliche Richter in menschlicher Bedingtheit, wobei sich gerade die »gute« Richterin solcher Beschränkung bewußt ist. So betrachtet liegt der Sinn richterlicher Unabhängigkeit nicht im Abstrahieren von der eigenen Persönlichkeit, sondern gerade in der Aufgabe, den Anteil subjektiver Bedingtheit (z.B. kultureller und sozialer Art) sich selbst bewußt und den andern erkennbar zu machen; s. dazu Jörg Paul Müller, Die Garantie des verfassungsmäßigen Richters. In: ZBJV 106 (1970), S. 255 mit Anm. 12. Illustrativ zur Unumgänglichkeit und zu den Grenzen der Einbindung von Richterinnen und Richtern in ihr jeweiliges gesellschaftliches Umfeld: BGE 114 Ia 50 E. 3b.

dest potentiellen *Kommunikationsprozess* mit dem Gesetzgeber. Es hängt wesentlich von der Wahrnehmungsfähigkeit der Legislative gegenüber der Tätigkeit der Justiz ab, ob diese Diskurschance für die rationale Ordnung des Gemeinwesens fruchtbar gemacht wird.

d. Als wichtigste Konkretisierung des Gewaltenteilungsprinzips erscheint in der heutigen Staatspraxis nebst der Unabhängigkeit der Rechtsprechung der Grundsatz der Gesetzmäßigkeit der Verwaltung (Legalitätsprinzip). Das Legalitätsprinzip stellt die Geltung und den dominierenden Stellenwert des demokratisch legitimierten Gesetzes sicher und mindert im Bereich der Verwaltung die Gefahr der Eigengesetzlichkeit administrativer Macht. Im Verhältnis zwischen Gesetzgebung und Verwaltung ist der Kommunikationsfluß nicht nur einseitig im Sinne des Befehls zu Gesetzesvollzug durch die Verwaltung zu sehen; diese kommuniziert ihrerseits mit der Legislative, z.B. im Verfahren der Gesetzesvorbereitung (Vorverfahren der Gesetzgebung[54]). Die Verwaltung hat dabei den gesetzgebenden Organen ihren Sachverstand bereitzuhalten, darf aber dabei – trotz ihres Informationsvorsprunges und ihrem Reichtum an andern Ressourcen (z.B. personeller Art und hinsichtlich des Kontakts zur Wissenschaft oder zu andern, auch ausländischen Fachstellen) – die Legislativfunktion nicht usurpieren.

6. Verfassungsgerichtsbarkeit

a. Die Diskurstheorie erlaubt eine elastischere Sicht der Funktion der Verfassungsgerichtsbarkeit im Gefüge der obersten Staatsorgane[55]. Es stellt sich nicht primär die Frage, ob die gerichtliche Kontrolle der Gesetzgebung mit einer strikten Gewaltenteilung vereinbar sei, sondern in den Vordergrund tritt die koordinative Aufgabe richtiger Entscheidfindung: Während im Parlament die Vielzahl der aktuellen Gruppeninteressen und -anliegen praktisch ungefiltert in

[54] S. dazu für die Schweiz z.B. Häfelin/Haller, Bundesstaatsrecht (Anm. 46), Rz. 189–191, 854, 873, 972f.

[55] Vgl. oben S. 166f.; zum Problem der Verfassungsgerichtsbarkeit jetzt auch Habermas, Faktizität und Geltung, S. 292–348.

den Diskurs eingebracht werden sollen, ist es Aufgabe eines Verfassungsgerichts, die ermittelten Entscheide argumentativ aus einer längerfristigen Perspektive nachzuprüfen, namentlich unter dem Gesichtspunkt des Grundkonsenses, wie er typischerweise in der Verfassung Ausdruck findet[56]. Verfassungsgerichtsbarkeit artikuliert damit diejenigen Argumente, die im tagespolitischen Geschehen mitunter vernachlässigt werden, und sichert deren Geltung. Oft sind dies Minderheitsanliegen, die – obwohl grundrechtsgesichert – im Gesetzgebungsverfahren unterlegen sind oder nicht zur Geltung gebracht wurden[57]. Dabei ist das Verfassungsgericht auf die Verwirklichung der seinem Schutz übertragenen Verfassungsnormen (insbesondere von Grundrechtsanliegen) beschränkt; es darf mit seiner Tätigkeit nicht die Funktion des Gesetzgebers beanspruchen. In der Praxis ist denn auch ein autonomer Gestaltungsspielraum des Gesetzgebers[58] innerhalb der verfassungsrechtlichen Leitplanken, für deren Anwendung oder Konkretisierung die Verfassungsgerichte zuständig sind, anerkannt. Andererseits sichert die richterliche Unabhängigkeit die Autonomie des gerichtlichen Diskursforums gegenüber der Dominanz der politischen Tagesinteressen, die in der politischen Auseinandersetzung im Rahmen der Gesetzgebung bestimmend sind.

b. Fehlt eine Verfassungsgerichtsbarkeit, wie in der Schweiz gegenüber dem Bundesgesetzgeber, hängt alles da-

[56] Daß es die Aufgabe des Verfassungsgerichts ist, die »Kerngehalte« der rechtsstaatlich-demokratischen Ordnung immer wieder normativ auszuformulieren und lebendig zu erhalten, wurde dargelegt in Jörg Paul Müller, Die Verfassungsgerichtsbarkeit im Gefüge der Staatsfunktionen. VVDStL, Heft 39, Berlin, New York 1981, S. 58ff.; vgl. zur Verfassungsgerichtsbarkeit mit ihrer Funktion, einen fairen und offenen politischen Prozeß zu sichern, Walter Kälin, Verfassungsgerichtsbarkeit in der Demokratie. Bern 1987, S. 100–127, insb. S. 122ff. zum Minderheitenschutz.

[57] Diskurstheoretisch kann darin eine Institutionalisierung der Perspektivenübernahme bezüglich spezifischer (grundrechtsrelevanter), gesellschaftlich und politisch marginalisierter Interessen verstanden werden, soweit sie grundrechtsgeschützt sind.

[58] Zu diesem Gestaltungsspielraum vgl. im einzelnen, Jörg Paul Müller, Zur sog. subjektiv- und objektivrechtlichen Bedeutung der Grundrechte. In: Der Staat 29 (1990), S. 33ff.

von ab, daß im Gesetzgebungsverfahren der Diskurs über Verfassungskonformität besonders sorgfältig geführt wird. Sowohl im Meinungsaustausch zwischen Regierung und Parlament als auch in den Parlamentsdebatten und im Rahmen der Meinungsbildung allfälliger Referendumsabstimmungen wären die Verfassungsargumente in ihrer fundamentalen Bedeutung sichtbar zu machen und angemessen zu gewichten. Die Realität zeigt jedoch, daß die parlamentarischen Debatten und noch mehr die Abstimmungskämpfe bei Referenden eher zu einem rhetorischen Umgang mit den Postulaten der Verfassung neigen und auch dazu verleiten, diese nur vorzuschieben und die tatsächlichen Motive dahinter zu verbergen. Damit ist nicht nur die Verfassungskonformität der Gesetzgebung gefährdet, sondern es droht auch ein Verlust an Überzeugungskraft der normativen Substanz der Verfassung mitsamt ihren unaufgebbaren Garantien demokratischer Verfahren. Es stellt sich die Frage, ob die Meinungsbildung im Vorfeld einer Referendumsabstimmung nicht überfordert ist, wenn ihr auch die adäquate Berücksichtigung oder sogar Klärung von oft komplexen Verfassungsfragen zugemutet wird. Die mit einem konkreten Gesetzesprojekt aufgeworfenen verfassungsrechtlichen Grundsatzfragen sind als solche im Rahmen einer Verfassungsdebatte – sei es im Parlament, im Rahmen eines Verfassungsreferendums oder durch Rekurs auf ein Verfassungsgericht – und nicht »annexweise« bei der Lösung tagespolitischer Interessenkonflikte zu klären.

7. Grundrechte als Sicherung des diskursiven Charakters politischer und gerichtlicher Verfahren

Ein wesentlicher Teil der traditionellen Grundrechtsgarantien des Verfassungsstaates läßt sich als Sicherung des diskursiven Charakters von Entscheidverfahren im Bereich der politischen oder gerichtlichen Willensbildung verstehen. Die Art und Intensität des Schutzes dieser Grundrechte entscheidet wesentlich[59] über die Kommunikationsgrundlagen,

[59] Der justizielle Schutz allein genügt nicht: mitentscheidend sind die vielfältigen faktischen gesellschaftlichen und wirtschaftlichen Struktu-

ja über die Qualität der Diskurskultur im weiten Feld demokratischer Öffentlichkeit und Entscheidbildung überhaupt.

Kommunikationsgrundrechte als Garantie fairer politischer Entscheidbildung[60]

Im Zentrum der Kommunikationsgrundrechte steht die Meinungsfreiheit. Sie schützt die zwischenmenschliche Kommunikation in ihren verschiedensten Erscheinungsformen (sprachliche oder symbolische, direkte oder durch technische Verfahren vermittelte, mündliche oder schriftliche Mitteilungen). Solche Kommunikation ist ein elementares menschliches Bedürfnis; sie ist konstitutiv für die Verwirklichung menschlicher Existenz.

Neben diesem menschenrechtlichen Gehalt kommt der freien Kommunikation auch eminente politische Bedeutung[61] zu: Der ungehinderte Fluß von Informationen, Meinungen, Wirklichkeitsdeutungen liefert einzelnen und Staatsorganen jene Impulse, die das Gemeinwesen vor Erstarrung bewahren und damit Änderungen, Anpassungen und letztlich das Überleben in einer sich ständig wandelnden Umwelt ermöglichen. Durch wechselseitige Kommunikation können Bedürfnisse von einzelnen und Gruppen bekannt gemacht und zur Kenntnis genommen, also jene Prozesse lebendig erhalten werden, welche die Chance einer gerechten Sozialordnung begründen[62]. Das Gelingen eines

ren und Abhängigkeiten, die über die Möglichkeiten diskursiver Auseinandersetzung in einer Gesellschaft bestimmen; vgl. dazu ausführlich unten, S. 192ff.

60 Zu den Grundrechtsgarantien in den verschiedenen Bereichen menschlicher Kommunikation vgl. ausführlich Müller, Grundrechte, S. 87–211; s. zur Meinungsfreiheit auch Saladin, Grundrechte im Wandel, S. XXI–XXVI, 74ff.

61 Vgl. dazu Müller, Elemente, S. 15ff.; Saladin, Grundrechte im Wandel, S. 330–334.

62 Das schweizerische Bundesgericht umschreibt den Stellenwert der Meinungsfreiheit wie folgt: »Mais la liberté d' expression n' est pas seulement (...) un élément indispensable à l'épanouissement de la personne humaine; elle est encore *le fondement de tout Etat démocratique:* permettant la libre formation de l'oppinion, notamment de l'opinion politique, elle est indispensable au plein exercice de la démocratie. Elle mérite dès lors une place à part dans le catalogue des droits individuels

dialogischen Prozesses hängt – im kleinen Kreis wie im staatlichen Verband – nicht nur von der Möglichkeit ungehinderter Meinungs*äußerung* ab; es setzt auch die Bereitschaft und Fähigkeit voraus, zu *hören,* die Sprechenden und ihre Anliegen, vielleicht auch ihre Not, ernstzunehmen – eine Bedingung menschlicher Kommunikation, die rechtlich kaum faßbar und schon gar nicht erzwingbar ist.

Namentlich freie Kommunikation in der Öffentlichkeit (z.B. durch Protestmärsche, Flugblattverteilen, Informationsstände u.a.) ist besonders geeignet, eine Vielzahl von Mitmenschen auf ein bestimmtes Anliegen, eine neue Idee, ein empfundenes Unbehagen aufmerksam zu machen; im Vergleich zu andern Formen des Appells an eine breitere Öffentlichkeit ist der erforderliche – etwa finanzielle – Aufwand relativ gering, was die genannten Aktionen auch Minderheiten und wenig finanzkräftigen Gruppierungen oder auch einzelnen ermöglicht. Der U.S. Supreme Court hat diesen Gedanken wie folgt formuliert: Public streets and places »have immemorially been in trust for the use of the public and, in time out of mind, have been used for purposes of assembly, communicating thoughts between citizens, and discussing public questions. Such use of the streets and public places has, from ancient times, been a part of the privileges, immunities, rights, and liberties of citizens.«[63]

Meinungsfreiheit ist somit konstitutiv für das demokratische Gemeinwesen und die es tragende Öffentlichkeit: Hier kann sich Rechts- und Unrechtsbewußtsein herausbilden, auf das sich die Rechtsordnung stützt; hier werden Kriterien der Legitimität formuliert und geklärt, auf die Organisation, Verfahren und schließlich Entscheide einer Demokratie angewiesen sind; hier findet die spontane Meinungsbildung statt, aus der den gesellschaftlichen, kulturellen und politi-

garantis par la constitution et un traitement privilégié de la part des autorités.« (BGE 96 I 592, Hervorhebung durch den Verfasser). Das deutsche Bundesverfassungsgericht hat die Bedeutung des Grundrechts wie folgt formuliert: »Für eine freiheitlich-demokratische Staatsordnung ist es schlechthin konstituierend, denn es ermöglicht erst die ständige geistige Auseinandersetzung, den Kampf der Meinungen, der ihr Lebenselement ist. Es ist in gewissem Sinne die Grundlage jeder Freiheit überhaupt.« (BVerfGE 7, 208).

[63] 307 U.S. 515 (1939).

schen Strukturen immer wieder neue Impulse, gute Gründe und kritische Einsichten zufließen und die Entscheidbildung in institutionalisierten Verfahren vorbereitet wird; hier formiert sich die Kritik, die überschüssige Herrschaft im Staat und den Mißbrauch nicht autorisierter Macht in der Gesellschaft offenlegt.

Diesem Ziel dienen auch weitere Grundrechte wie die Vereins- und Versammlungsfreiheit. Diskurstheoretisch sichern sie die Möglichkeit der Gruppenbildung und der damit verbundenen Bündelung und Strukturierung individueller und kollektiver Anliegen im Prozeß politischer Entscheidbildung; sie erlauben, Gegengewichte zur staatlichen Macht zu mobilisieren[64]. Ferner bieten die Petitionsfreiheit und die politischen Grundrechte (Initiative, Referendum) Garantie dafür, daß die institutionalisierten Organe porös bleiben für die Anliegen einer lebendigen Öffentlichkeit. Die Wahlfreiheit sichert den diskursiven Charakter der Konstituierung demokratischer Entscheidorgane.

Daneben bleiben weitere Grundrechtsanliegen im Sinne der Garantie elementarer Bedingungen demokratischer Prozesse noch zu lösen: Als wichtige Aufgabe erscheint die Sicherung erhöhter Transparenz der parlamentarischen Entscheidverfahren auch dort, wo sie sich in Kommissionen abspielt, aber auch von Wahlen und Abstimmungen besonders im Hinblick auf ihre Beeinflussung durch private Mächte. Die auch in der Demokratie unumgehbare Bürokratie ist der Öffentlichkeit durch einen verstärkten Schutz der Informationsfreiheit[65] zugänglich zu halten.

64 Daß Grundrechte auch gegen Mißbräuche privater Macht mobilisiert werden können, wird durch die Lehre von der »Drittwirkung« thematisiert; einen Überblick über den heutigen Stand der Diskussion gibt Georg Müller, Zur Problematik der Drittwirkung von kantonalen Grundrechtsgarantien. In: ZBJV 129 (1993), S. 153ff., insb. 155ff.; Müller, Elemente, S. 79ff.; Saladin, Grundrechte im Wandel, S. 307ff.

65 Zur Informationsfreiheit und der Forderung nach Anerkennung individualrechtlich durchsetzbarer Informationsansprüche s. Müller, Grundrechte, S. 144–155, insb. S. 153.

Das Ziel der staatlichen Gerichtsbarkeit kann generell darin gesehen werden, daß bestimmte, rechtlich definierte soziale Konflikte in gewaltlosen, argumentativen Verfahren gelöst werden. Die Durchführung solcher Verfahren ist grundrechtlich sichergestellt (Art. 58 BV und Art. 4 BV mit dem Verbot der Rechtsverweigerung und -verzögerung). In der Verwaltungsgerichtsbarkeit sind es oft erst die gerichtlichen Verfahren, die eine argumentative Auseinandersetzung zwischen den Betroffenen und dem Verwaltungsapparat in Gang setzen und dem Herrschaftscharakter des Verwaltungshandelns damit die Spitze brechen.

Die Grundrechte zur Garantie fairer Gerichtsverfahren[66] sind darin begründet, jeden Rechtssuchenden und andere Verfahrensbeteiligte als Menschen mit einem Eigenwert, als Subjekte und nicht nur als Objekte des Verfahrens anzuerkennen[67]. Die Garantien zielen zugleich auf Optimierung der Chancen, im konkreten Fall Richtigkeit und Wahrheit zu finden. In einem nach dem Grundsatz gleicher Einflußmöglichkeiten rechtlich geordneten Gespräch[68] sollen unter der Verfahrensleitung und der abschließenden Entscheidkompetenz eines unparteiischen, unbefangenen Dritten als Mittler die konfligierenden Anliegen der Parteien geschlichtet werden.[69] Vom Richter oder der Richterin wird verlangt,

[66] Ausführlich dazu Müller, Grundrechte, S. 261–319; s. auch Peter Saladin, Das Verfassungsprinzip der Fairness. In: Festgabe zur Hundertjahrfeier des Bundesgerichts. Basel 1975, S. 41–90.

[67] BGE in ZBl 1964, S. 216f.: »Die Würde des Menschen aber verlangt, daß der Einzelne nicht bloß Objekt der behördlichen Entscheidung sei, sondern vor der Entscheidung, die seine Rechte betrifft, zu Wort komme, um Einfluß auf das Verfahren und dessen Ergebnis zu nehmen (...).«

[68] A. Arndt in: NJW 20 (1967), S. 1585ff.; »Der Richter kann gar nicht offen genug mit den Beteiligten sprechen« (S. 1587).

[69] Im angelsächsischen Rechtsbereich tritt die Mittlerfunktion des Richters noch stärker in Erscheinung; er hat weniger eine über den Parteien stehende hierarchische Stellung, sondern ist in erster Linie ein unabhängiger Schiedsrichter, der eine koordinierende Funktion zwischen den sich streitenden Parteien hat und einen gerechten Ausgleich finden muß. In den »Civil Law Systems« dagegen überwiegt das Bild des Richters als verlängerter Arm des Gesetzes, d.h. als Vertreter des

daß ihre Unbefangenheit das Verfahren als offen, als nicht durch irgendwelche persönliche Voreingenommenheit vorausbestimmt erscheinen läßt.[70] Parteirechte wie der Anspruch auf Rechtliches Gehör, das Recht auf Akteneinsicht oder das prozessuale Armenrecht mit seiner Stärkung der Artikulationschancen Benachteiligter begründen Positionen, die echte Diskurse erst ermöglichen. Die Pflicht zur Begründung von Entscheiden und Urteilen gegenüber den Betroffenen macht die Motive der Behörden erst transparent, ermöglicht Widerspruch und schafft dadurch die Möglichkeit diskursiv ermittelter, legitimer Entscheide. »Einen nicht begründeten Entscheid zu erhalten, bedeutet, gehorchen zu müssen, ohne zu begreifen, warum.«[71] Dies verletzt den Respekt vor einem vernunftbegabten Wesen.

Bei dieser diskurstheoretischen Sicht des Gerichtsverfahrens gewinnt auch die Funktion des *Anwalts* einen besonderen Akzent. Er partizipiert als konstitutives Agens im diskursiven Prozess der Wahrheits- und Rechtssuche. Er ist nicht Diener eines Gerichts, das auch für sich allein Wahrheit und Recht aufdecken könnte, sondern seine Argumentations- und Artikulationshilfe für die Betroffenen ist notwendige Bedingung einer Rechtsprechung, in der sich Einsicht in das Richtige nur aus dem kontradiktorischen Gespräch unter Gleichen (Gebot der Symmetrie) eröffnet.[72] So-

Staates, der mit Schwert und Waage in der Hand, eingebettet in die Hierarchie der Rechtsordnung, gegenüber den Rechtsuchenden das Gesetz durchzusetzen hat; vgl. im einzelnen die differenzierte und gut belegte Darstellung bei Thomas Fleiner – Gerster, »Wem Gott ein Amt gibt, gibt er auch Verstand.« – Rechtsvergleichende Überlegungen zur richterlichen Kontrolle der Verwaltung in der Common Law- und der Civil Law-Tradition. In: Peter Gauch (Hrsg.), Das Menschenbild im Recht. Freiburg i. Ue. 1990, S. 142ff.

[70] In diesem grundrechtlichen Erfordernis spiegelt sich in prägnanter Weise das diskursethische Gebot der Aufgeschlossenheit den Personen und Sachen gegenüber; s. S. 66, 207ff.

[71] Mark E. Villiger, Die Pflicht zur Begründung von Verfügungen. In: ZBl 4 (1989), S. 162.

[72] Jörg Paul Müller, Die Funktion des Rechtsanwalts im Rechtsstaat. Bern 1985. Dieser Aspekt der Rechtsprechung tritt noch stärker im angelsächsischen Verfahren hervor (adversary system); siehe Fleiner-Gerster, Wem Gott (Anm. 69), S. 147, 161.

weit ein Kollegialorgan zum Entscheid berufen wird, besteht die Hoffnung, daß der angehobene Diskurs in der kollegialen Beratung seine Fortsetzung findet und die dabei ermittelten guten Gründe den Entscheid tragen.

8. Exkurs: Zum Problem der Auslegung

a. Ausgangspunkt der Gesetzesauslegung[73] ist die Grundfrage nach der richtigen Gestaltung sozialer Beziehungen im Gemeinwesen. Die Konkretisierung der Antwort folgt verschiedenen Stufen: vom Grundkonsens über die positiv geltende Verfassung zum Gesetz und schließlich zum konkret streitschlichtenden oder feststellenden Entscheid. Seine Legitimität oder Richtigkeit zieht er wesentlich aus der Qualität des Verfahrens, aus dem er hervorgegangen

[73] Die Ausführungen beziehen sich auf die Gesetzesauslegung und nehmen nicht auf die Besonderheiten der Verfassungsauslegung Bezug. Solche ergeben sich aus der besonderen Stellung der Verfassung in der Rechtsordnung, aber auch aus funktionellen Eigenheiten der Organe, denen Verfassungsauslegung besonders aufgetragen ist, wie Verfassungsgerichten oder den Organen der Gesetzgebung besonders dort, wo sie keiner richterlichen Kontrolle unterstehen; vgl. zu den Besonderheiten der Verfassungsauslegung im Rahmen der Verfassungsgerichtsbarkeit etwa Konrad Hesse, Funktionelle Grenzen der Verfassungsgerichtsbarkeit. In: Festschrift für Hans Huber. Bern 1981, S. 270; E.-W. Böckenförde, Die Methoden der Verfassungsinterpretation. Bestandsaufnahme und Kritik. In: NJW 29 (1976), S. 2089ff., insbes. S. 2099; Gunnar Folke Schuppert, Funktionell-rechtliche Grenzen der Verfassungsinterpretation. Königstein 1980; Ders., Self-restraints in der Rechtsprechung. In: DVBl 103 (1988), S. 1191ff.; insbes. S. 1195ff.; Müller, Verfassungsgerichtsbarkeit (Anm. 59), S. 53ff.; Hans-Peter Schneider, Verfassungsgerichtsbarkeit und Gewaltenteilung. In: NJW 33 (1980), S. 2105ff.; Ders., Verfassungsinterpretation aus theoretischer Sicht. In: Hans-Peter Schneider u. Rudolf Steinberg (Hrsg.), Verfassungsrecht zwischen Wissenschaft und Richterkunst. Konrad Hesse zum 70. Geburtstag. Heidelberg 1990, S. 39ff. Aus der Schweizerischen Literatur etwa René A. Rhinow, Rechtsetzung und Methodik. Basel, Stuttgart 1979, S. 184ff.; Kälin, Verfassungsgerichtsbarkeit, S. 31f.; Giovanni Biaggini, Verfassung und Richterrecht. Basel 1991, S. 204–276.

ist[74]; dieses muß Chancen der Berücksichtigung von Meinungen, Bedürfnissen und Wünschen Betroffener sicherstellen.

b. Der Konsens, Kompromiß oder Mehrheitsentscheid, der ein Gesetzgebungsverfahren abschließt, findet Eingang in einen Text, der prägnant und meist abstrakt die maßgeblichen Vorstellungen festhält. In der Regel läßt dieser Text gleichsam die guten Argumente hinter sich, die tragend für seine Formulierung waren; sie erscheinen unter Umständen noch in den sog. Materialien der Gesetzgebung. Im Auslegungsprozeß sind sie als Niederschlag realer Diskurse, die zwischen Menschen und Gruppen stattgefunden haben, zu würdigen und nicht nach irgendwelchen schematisierenden, formalen Gesichtspunkten zu werten. Allein die technisch bedingte Zugänglichkeit bestimmter Diskursphasen, z.B. der parlamentarischen Beratungen, kann keinen prinzipiellen Vorrang vor andern Phasen der Konsensfindung (Kommissionssitzungen, Meinungsbildung im Rahmen der Volksabstimmungen etc.) rechtfertigen[75].

Die tragenden Argumente des Gesetzgebungsprozesses finden aber mitunter in der Form von Zielbestimmungen oder Zweckartikeln in den Gesetzestext ausdrücklich Eingang. Dies kann sich gerade bei Schwierigkeiten oder Unmöglichkeiten einer sprachlich prägnanten Fixierung gefundener Konsense aufdrängen, um den zukünftigen Auslegungsprozeß im Sinne der tragenden Argumente doch optimal zu steuern. Die Zielsetzungen können im Gesetz sogar in den Vordergrund treten, weil Konsense über die konkreten Mittel zur Erreichung eines vereinbarten Ziels nicht gefunden[76] und den rechtsanwendenden Instanzen entspre-

[74] Siehe oben S. 145f., 148ff., 161ff., insb. 163f., unten S. 193ff.; grundlegend für den Bereich juristischer Argumentation Robert Alexy, Theorie der juristischen Argumentation. 2. Aufl., Frankfurt a.M. 1991; Ders., Die Idee einer prozeduralen Theorie der juristischen Argumentation. In: Rechtstheorie, Beiheft 2 (1981), S. 177–188.

[75] So kann selbst die Orientierung des Bundesrates über eine Abstimmungsvorlage für die Rekonstruktion der normbegründenden Meinungsbildung Gewicht haben; vgl. zum Frauenstimmrecht im Kanton Appenzell-Innerrhoden BGE 116 Ia 371f.

[76] Für ein illustratives Beispiel vgl. Jörg Paul Müller u. Edi Gnesa, Zum heutigen Stand des Telekommunikationsrechts in der Schweiz. In:

chende rechtskonkretisierende Aufgaben übertragen werden[77].

Auslegung hat in dieser Sicht also vor allem auch die Funktion einer Wiederaufnahme und Weiterführung von Argumenten, Bedenken und Interessen[78], die in einem abgeschlossenen Gesetzgebungsverfahren bestimmend waren und die in einem verabschiedeten Gesetzestext Ausdruck gefunden haben. Auslegung ist nicht primär darauf gerichtet, einen *textimmanenten Sinn*[79] aufzudecken, der – unabhängig vom Verfahren der Entstehung – zu ermitteln wäre.

Philologische oder theologische Hermeneutik kann einem Text mitunter legitimerweise Zeugnis einer Wirklichkeit entnehmen, die sogar dem Autor verborgen war[80] und in

Karl Korinek u. Elisabeth Stampfl-Blaha (Hrsg.), Beiträge zum Telekommunikationsrecht. Wien 1989, S. 294.

77 Auf die Problematik der Delegation rechtsetzender Befugnisse von der Gesetzgebung auf die Exekutiv- oder Judikativorgane ist hier nicht einzugehen; vgl. statt vieler Ulrich Häfelin u. Georg Müller, Grundriß des Allgemeinen Verwaltungsrechts. Zürich 1990, S. 325ff.

78 Auf diskurstheoretischer Ebene vgl. dazu die Auseinandersetzungen über die sog. »Sonderfallthese« insbesondere in Robert Alexy, Theorie der juristischen Argumentation. 2. Aufl., Frankfurt a.M. 1991, S. 263ff. und S. 426–435 mit ausführlichen Hinweisen auf diesbezüglich relevante Literatur.

79 Siehe etwa Hans-Georg Gadamer, Wahrheit und Methode. 6. Aufl., Tübingen 1990, S. 304 mit Anm. 228; vgl. dazu Jean Grondin, Einführung in die philosophische Hermeneutik. Darmstadt 1991, S. 316f.; Ferdinand Fellmann, Symbolischer Pragmatismus. Reinbek 1991, S. 10f.

80 Exemplarisch die Aussage von Heiner Müller: »Je mehr ich erfahre, desto weniger weiß ich (...) und desto theorieflüchtiger wird dann auch die Schreibpraxis; man ist zunehmend angewiesen auf Metaphern, die eben klüger sind als der Autor, und die kann ich selbst nicht decodieren, warum auch, vielleicht fünf Jahre später.« Heiner Müller, Gleichzeitigkeit und Repräsentation. In: Robert Weimann u.a. (Hrsg.), Postmoderne – globale Differenz. Frankfurt a.M. 1991, S. 186. – Philologische Hermeneutik kann legitimerweise den Sinn eines Textes vorläufig offenhalten und eine Klärung späterer Einsicht vorbehalten. So findet sich bei Gadamer der Hinweis, daß der Zeitenabstand oft »die eigentlich kritische Frage der Hermeneutik lösbar zu machen« in der Lage sei (Wahrheit und Methode, Anm. 79, S. 304 mit Anm. 228); vgl. dazu Grondin, Einführung (Anm. 79) S. 145f.; die Auslegung *rechtli-*

einem Prozeß intuitiver Weltorientierung Gestalt fand. Beim demokratischen Gesetz dagegen widerspricht die Unterstellung eines von der demokratischen Öffentlichkeit nicht mitgetragenen Sinnes der Funktion des Gesetzestextes, der diskursiv erarbeitete Problemlösungen vermitteln soll.

Der Gesetzestext hat in erster Linie eine *Kommunikationsfunktion* zwischen einer in der Formulierung von Texten abgeschlossenen argumentativen Auseinandersetzung und den in konkreten Lebenssachverhalten relevant werdenden Regelungsbedürfnissen. Der Gesetzeswortlaut bildet gleichsam die Schlüsselstelle[81], durch die der Argumentationsreichtum des Gesetzgebungsverfahrens – neben andern, im folgenden zu präzisierenden Gesichtspunkten – für die Bedürfnisse des Einzelfalles wieder erschlossen werden kann.

Dem Gesetzeswortlaut kann während seiner Geltungsdauer ein neuer Sinn zuwachsen: Im Zeitpunkt der Gesetzesanwendung kann es gute Gründe für ein neues Verständnis des Gesetzestextes geben, die nicht den Motiven des historischen Gesetzgebers entsprechen; dies kann vor allem dann zutreffen, wenn sich die tatsächlichen (gesellschaftlichen, wirtschaftlichen oder technologischen) Verhältnisse, welche die Norm erfassen will, geändert haben (sog. »Wandel der Normsituation«)[82]. So kann z.B. eine

cher Normen dagegen muß in konkreten Anwendungsfällen zu einem Ergebnis führen und kann nicht offengelassen werden.

81 Zur Problematik, die der Qualifizierung des Wortlauts als Ausgangspunkt und zugleich Grenze richterlicher Auslegung zugrundeliegt, siehe u.a. Böckenförde, Methoden (Anm. 73), S. 2096, 1. Spalte, lit. c.; jetzt auch Ders., Staat, Verfassung, Demokratie. Frankfurt a.M. 1991, S. 76f.; Peter Häberle, Grundrechtsgeltung und Grundrechtsinterpretation im Verfassungsstaat. In: JZ 44 (1989), S. 916, 1. Spalte.

82 Zur Berücksichtigung des sog. »Wandels der Normsituation« vgl. statt vieler Larenz, Methodenlehre, S. 350–353; Friedrich Müller, Juristische Methodik. 4. Aufl., Berlin 1990, S. 39f. mit Hinweisen auf die Rechtsprechung des deutschen Bundesverfassungsgerichts; Konrad Hesse, Grenzen der Verfassungswandlung. In: Horst Ehmke u.a. (Hrsg.), Festschrift für Ulrich Scheuner. Berlin 1973, S. 123ff., insb. S. 137f.; Franz Bydlinski, Juristische Methodenlehre und Rechtsbegriff.

Norm durch neue naturwissenschaftliche Möglichkeiten der Beweisführung ihren Sinn verlieren[83]. Auch ein grundlegender Wandel gesellschaftlicher Wertvorstellungen kann neue Argumente für das Verständnis des Gesetzestextes liefern[84]. Allein, ein solcher Wandel der Bedeutung einer Norm (bei gleichbleibendem Text) muß sich in einer öffentlichen Praxis der Rechtsanwendung legitimieren und in diskursiven Verfahren der Rechtsanwendung und Rechtsfortbildung transparent gemacht werden. Man kann hier von sekundären Rechtsbildungsprozessen sprechen, bei denen der Gesetzestext Bezugskern bleibt. Auch die Rechtswissenschaft ist an diesen Prozessen beteiligt (vgl. ZGB Art. 1 Abs. 3).[85]

Wien, New York 1982, S. 588; Peter Liver, Wille des Gesetzes. Bern 1954, S. 21; zu einigen Aspekten der zeitlichen Bedingtheit des Rechts siehe Jörg Paul Müller, Recht und Zeit. In: Roland Herzog u. a. (Hrsg.), Festschrift für Richard Bäumlin. Chur, Zürich 1992, S. 95ff.

[83] Die technische Entwicklung der Möglichkeiten serologischer und serostatischer Feststellung einer Vaterschaft hat dazu geführt, daß nach der Praxis des Bundesgerichts die in alt ZGB Art. 314 Abs. II vorgesehene »Einrede des Mehrverkehrs« praktisch hinfällig geworden ist (vgl. BGE 95 II 81).

[84] Die Garantie einer beschränkten Pfändbarkeit bestimmter Vermögenswerte in Art. 93 SchKG wurde vom Bundesgericht ursprünglich nur auf Schuldner mit Wohnsitz in der Schweiz angewandt mit dem Argument, diese Norm bezwecke, daß ein mittelloser Schuldner nicht der Fürsorge anheimfalle und somit eine Belastung für das schweizerische Gemeinwesen darstelle. BGE 57 III 37 weitete den Schutz vor Kahlpfändung auch auf Schuldner mit Wohnsitz im Ausland aus, weil Art. 93 SchKG »in erster Linie aus Rücksichten der Menschlichkeit« (39) aufgestellt worden sei. – Im Entscheid Nehmad (BGE 87 IV 116) weitete das Bundesgericht unter Hinweis auf »die veränderten wirtschaftlichen Verhältnisse« (118) den Begriff der »Sache« in Art. 141 StGB von ursprünglich nur körperlichen Gegenständen auf irrtümlich einem Bankkonto gutgeschriebene Girozahlungen aus.

[85] Die Transparenz der Rechtsprechung und insbesondere der Diskurs zwischen Rechtswissenschaft und Justiz kann durch Öffentlichkeit der Beratungen (wie sie z. B. als Regel für das schweizerische Bundesgericht gilt) oder durch Publikation von Sondermeinungen (abweichender oder zustimmender Art), wie sie im angelsächsischen Rechtsbereich, beim Europäischen Gerichtshof für Menschenrechte und beim deutschen Bundesverfassungsgericht bekannt ist, intensiviert werden.

c. Als ein Prozeß menschlicher Kommunikation ist Gesetzgebung an das Gebot der Authentizität gebunden, d.h. an die Forderung nach Übereinstimmung von Äußerung und Handlung als Rationalitätskriterium. Der vereinbarte Gesetzestext muß verbindlich sein, in der Wirklichkeit also umgesetzt werden; anders erweist er sich als bloßer Schein, was zu Legitimitäts- und Rationalitätsverlusten des demokratischen Gesetzgebungsverfahren führt. Die Sorge um die Authentizität zwingt dazu, schon im Verfahren der demokratischen Gesetzgebung die Vollzugsmöglichkeiten und ihre Schwierigkeiten zu bedenken und nicht zu verschleiern oder zu überspielen.

d. Im Stadium der konkreten Anwendung stellen sich neue Forderungen aus dem Gedanken der Diskurstheorie: Maßgeblich für die Richtigkeit der rechtskonkretisierenden Leistung des Richters oder der Verwaltungsbehörde ist wiederum die Berücksichtigung der Anliegen der Betroffenen. Ihre konkrete Interessenkonstellation ist zu würdigen, die mitunter nicht den im Gesetzgebungsverfahren anvisierten typischen Sachverhalten entspricht und neben dem Gesetzestext die Berücksichtigung von weiteren normativen Gesichtspunkten[86] gebietet. Die Prozeßgesetze, dann aber auch unmittelbare Forderungen der Verfassung wie etwa die Regeln des Rechtlichen Gehörs (Art. 4 BV) müssen sicherstellen, daß die entsprechenden Menschen sich zu den offenen Rechts- und Sachverhaltsfragen äußern können und auch

[86] Die Berücksichtigung solcher auf den konkreten Sachverhalt bezogener Gesichtspunkte ist nicht beliebig, sondern muß legitimierten Argumentationsmustern wie verfassungskonformer Auslegung, Berücksichtigung der Verhältnismäßigkeit oder anderer die Rechtsordnung prägender Rechtsprinzipien oder anerkannter Methoden der Rechtsvergleichung folgen; zum Gesichtspunkt der Rechtsvergleichung bei der Verfassungsinterpretation vgl. Peter Häberle, Grundrechtsgeltung und Grundrechtsinterpretation im Verfassungsstaat. In: JZ 44 (1989), S. 913ff. Zur Notwendigkeit, auch die Anwendung einer Norm rationalen, d.h. kommunikativen Kriterien zu unterwerfen, weil bei deren Erlaß niemals alle relevanten Aspekte der konkreten Situation vorausgesehen werden können, vgl. Klaus Günther, Der Sinn für Angemessenheit. Frankfurt a.M. 1988, S. 19 und Ders., Ein normativer Begriff der Kohärenz für eine Theorie der juristischen Argumentation. In: Rechtstheorie 20 (1989), S. 163ff., insb. S. 168–170.

tatsächlich gehört und ernstgenommen werden[87]. Sie sollen ohne hoheitlichen Druck das ganze Spektrum ihrer Sicht des Richtigen unter der Verfahrensleitung eines unabhängigen Dritten in Rede und Gegenrede möglicher Klärung entgegenführen und den verbleibenden Konfliktstoff dem unabhängigen Gericht schließlich zum Entscheid unterbreiten können[88].

e. Betroffen vom Rechtsanwendungsakt im Einzelfall ist immer auch die Vielzahl von Mitgliedern der Rechtsgemeinschaft, die der konkrete Einzelfall nicht unmittelbar, aber als rechtsfortbildendes Präjudiz trifft. Wie sind ihre Interessen wahrzunehmen? Ist der Richter oder ein Kollegialgericht zu jener Repräsentation und stellvertretenden Wahrnehmung der vielfältigen Interessen fähig, die im konkreten Prozeß keine unmittelbare Artikulationsmöglichkeiten haben? Oder müßten neue institutionelle Vorkehren etwa im Sinne einer breiteren Anwendung der im angloamerikanischen Recht bei

[87] Zur positivrechtlichen Ausgestaltung dieser Forderung vgl. statt vieler Georg Müller in: Kommentar BV, Art. 4, Rz. 98, sowie Müller, Grundrechte, S. 268 und BGE 116 Ia 99 E 3b.; 118 Ia 17 E 1c.

[88] Diese Grundsätze finden sich u.a. in den prozessualen Garantien von Art. 6 Ziffer 1 der Europäischen Menschenrechtskonvention: Das Recht auf Zugang zu einem Gericht, auf ein *fair trial,* auf Unabhängigkeit des Gerichts und der Anspruch auf Entscheidung innerhalb angemessener Frist finden in einer reichen Praxis der Straßburger Organe zunehmend differenzierteren Ausdruck (siehe etwa A. Haefliger, Die Europäische Menschenrechtskonvention und die Schweiz. Bern 1993, S. 111 ff.; J. Velu u. R. Ergec, La Convention Européenne des Droits de l'homme. Brüssel 1990, N. 448–557; H. Miehsler u. T. Vogler, Internationaler Kommentar zur Europäischen Menschenrechtskonvention (Hrsg.: Heribert Golsong u.a.). Köln, Berlin, Bonn, München 1986, Art. 6, Rz. 282–379; J. Frowein u. W. Peukert, Kommentar zur EMRK. Kehl, Straßburg, Arlington 1985, Rz. 37–110. Die Bedeutung, die der europäische Gerichtshof für Menschenrechte diesen Garantien beimißt, findet Niederschlag in der Aussage, »daß eine einengende Auslegung von Art. 6 Abs. 1 (...) nicht mit Ziel und Zweck dieser Bestimmung in Anbetracht der herausragenden Stellung, die das Recht auf ein gerechtes Verfahren in einer demokratischen Gesellschaft (...) einnimmt, übereinstimmen würde« (Entscheid des EGMR i.S. De Cubber vom 26. Okt. 1984, Ziff. 30, EuGRZ, 1985, S. 410 und dazu Alfred Kölz, Kommentar BV zu Art. 58, Rz. 42, Stand Dezember 1990, und Frowein/Peukert, Kommentar zur EMRK, Rz. 5 zu Art. 6 m.w.H.).

Rechtsanwendungsverfahren gebräuchlichen »Hearings«[89] eingerichtet werden, um Betroffenen, die nicht Partei des Verfahrens sind, Möglichkeiten der Einflußnahme zu geben? Vielleicht könnte zudem die Institution des *Amicus curiae* (eine vom Prozeßausgang nicht betroffene Person oder Behörde, die das Gericht in Rechts- oder Sachverhaltsfragen berät)[90] für die Berücksichtigung im Rechtsanwendungsverfahren ungenügend vertretener Interessen, Anliegen und gesellschaftlicher Bedürfnisse fruchtbar gemacht werden.[91]

f. Ein spezifisches Anliegen prozeduraler Gerechtigkeit wäre auch, die Informationslage und -beschaffung des Gerichts, ganz besonders im Bereich komplexer technischer, wirtschafts- oder sozialpolitischer Sachfragen und Prognosen transparent zu machen. Eine sinnvolle Vermittlung zwischen Gesetzestext und Konfliktlösung im Einzelfall setzt gerade angesichts der Komplexität der technologischen und gesellschaftlichen Verhältnisse mitunter eine breite Klärung gegenwärtiger Sachverhalte und zukünftiger Entwicklungen voraus. Erst ein solches Vorgehen erlaubt eine sinnvolle Aktualisierung der im Gesetzestext angelegten normativen Gesichtspunkte und Zielsetzungen.

89 Zur Funktion der Hearings im amerikanischen Verwaltungsprozeß vgl. Walter Haller, Supreme Court und die Politik in den USA. Bern 1972, S. 114.

90 Vgl. dazu die vertiefte Darstellung von H. Hirte, Der amicus-curiae-Brief. Das amerikanische Modell und die deutschen Parallelen. In: Zeitschrift für Zivilprozeß 104 (1991) 1, S. 11–66.

91 Zu entsprechenden Verfahrensgrundsätzen des deutschen Bundesverfassungsgerichts vgl. Klaus Schlaich, Das Bundesverfassungsgericht. Stellung, Verfahren, Entscheidungen. 2. Aufl., München 1985, S. 37f.; exemplarisch der Beizug von Sozialpädagogen und Soziologen in öffentlichen Hearings für die Beurteilung der Resozialisierungsproblematik im Lebach-Urteil des BVerfG (BVerfGE 35, 202).

9. Rechtszwang[92]

Demokratische Ordnung zielt auf das grundsätzliche Einverständnis der Betroffenen mit den Geboten der Rechtsordnung. Damit einher geht die Annahme, daß die Normen aus Einsicht in ihre Richtigkeit befolgt werden und nicht wegen äußeren Zwangs. Ein humaner Vollzug von Normen setzt ihr Verständnis durch die Adressaten voraus als Voraussetzung einer Befolgung, die mehr ist als dumpfer Gehorsam.

Dem steht ein eher traditionelles Rechtsverständnis gegenüber, das mehr den Rechtszwang betont: Obwohl er nur punktuell, nämlich im Falle der Regelverletzung eingesetzt wird, ist er nach diesem Verständnis doch eigentlicher Motor der Befolgung des Rechts; er schafft bei den Betroffenen die Motivation zum Gehorsam. Damit wird letztlich die Rechtsgeltung mit der Wirkung einer Staatsgewalt begründet, die als Inbegriff der Zwangselemente erscheint, über die ein hierarchisch organisiertes System verfügt.

> Die Vorstellung einer einheitlichen, alle Rechtsnormen mit ihrem notwendigen Zwangsgehalt verbindenden Staatsgewalt scheitert in der heutigen Wirklichkeit auch daran, daß sich verschiedene Rechtsbereiche auf supranationaler, internationaler, nationaler und föderaler Ebene überschneiden. Zum Teil ergänzen sie sich, zum Teil treten sie in Konkurrenz zueinander. Die Konflikte der Geltungsansprüche werden hierarchisch (z.B. durch die Regel des Vorrangs des Bundesrechts vor kantonalem Recht) oder koordinativ zu lösen versucht (Grundsatz der völkerrechtskonformen Auslegung des Landesrechts[93]).

Nach dem hier vertretenen diskurstheoretischen Verständnis ist die Einhaltung der Rechtsordnung primär getragen von der Voraussetzung der Legitimität der Rechtsregeln. Diese liegt begründet in den konsensgetragenen Verfahren der Gesetzgebung und darin, daß die Legitimität der Normen auch weiterhin in der Öffentlichkeit diskutiert werden kann und

[92] Zum Ganzen vgl. oben S. 74ff.

[93] Siehe dazu beispielsweise BGE 94 I 669 (insb. 678); 117 Ib 367 (372).

im Falle der Infragestellung die Revidierbarkeit in den verfassungsmäßigen Verfahren sichergestellt ist. Die *Durchsetzung* mittels demokratisch legitimierter Macht ist nicht Ausgangspunkt der Rechtsgeltung, sondern eine Frage, die für jeden Rechtssatz und jedes Rechtsgebiet differenziert zu beantworten ist.

Der Vollzug und insbesondere die Durchsetzung gegenüber Widerstrebenden kann auf unterschiedliche Weise geordnet sein: durch Androhung von Strafe, durch Einräumung ziviler oder öffentlichrechtlicher Klagemöglichkeiten, aber auch durch politische Verantwortlichkeit u.a. Auch die Verfahren und Zuständigkeiten zur Durchsetzung müssen durch demokratisch legitimierte Normen festgelegt sein, ebenso die Bestimmungen darüber, wie – mit welchen Mitteln und durch welche Instanzen (Gerichtspersonen, Vollstreckungsbeamte, Polizei u.a.) – die Vollstreckung allfälliger Entscheide erfolgt.

Das Postulat einer Durchsetzungsmacht läßt sich also nicht *neben* die Gerechtigkeit stellen. Vielmehr ist mit der Frage der Gerechtigkeit stets auch das Problem ihrer Durchsetzung angesprochen. Es ist Aufgabe des demokratischen Prozesses, Art, Mittel und Schranken der Durchsetzung verschiedener Rechtsnormen je angemessen und verhältnismäßig zu bestimmen. Dies gilt für die Normen des Zivilrechts ebenso wie für die Bestimmungen des Strafrechts oder der Verfassung.

Oft wird übersehen, daß für die Verwirklichung zentralster Normen unserer Rechtsordnung keine Sanktionsmöglichkeiten bestehen, so insbesondere für verfassungsrechtliche Bestimmungen wie die Pflicht der Parlamentarierinnen und Parlamentarier, zusammenzutreten und tätig zu sein, die Pflicht des Gesetzgebers, die Gebote und Verbote der Verfassung zu beachten[94], die unerläßliche Kooperation der Gliedstaaten untereinander und mit dem Bundesstaat oder die Beteiligung der Bürgerinnen und Bürger an Wahlen und Abstimmungen, die für die Funktionsfähigkeit und namentlich Legitimität des politischen Gemeinwesens elementar ist.

[94] In der Schweiz besteht gegenüber dem Bundesgesetzgeber keine Verfassungsgerichtsbarkeit, was aber den Gesetzgeber nicht von der Pflicht entbindet, die Verfassung einzuhalten.

Sieht man in der Möglichkeit zwangsweiser Durchsetzung von Normen ein notwendiges Begriffsmerkmal des Rechts, muß man z. B. wesentlichen Teilen des Völkerrechts den Rechtscharakter absprechen: In der neueren Methodenlehre hat sich hier die Kategorie des »soft law« für Rechtsnormen herausgebildet, die zwar weitgehend als unentbehrlicher Bestandteil des Völkerrechts angesehen werden, denen aber der Anspruch unbedingter Geltung fehlt und für die keine Mechanismen zur zwangsweisen Durchsetzung vorgesehen sind[95].

Soweit jedoch autorisierter Zwang die Durchsetzung der Rechtsnormen sicherstellen soll, ist seine Organisation, die Umschreibung der Voraussetzungen und das Maß seines Einsatzes selber eine Frage, die der Klärung in demokratischen Verfahren der Rechtsetzung bedarf. Die Staatsgewalt oder der Rechtszwang treten also nicht gleichsam von oben nachträglich oder als vorgegebene, urwüchsige Kräfte[96] zur (legitimen) Rechtsnorm hinzu, sondern die Konstituierung solcher »Gewalt« oder solcher Sanktionssysteme ist selber nur als Ergebnis des differenzierten und komplexen demokratischen Gesetzgebungsverfahrens vertretbar[97]. Demokratie kennt keine »Staatsgewalt«, die sich ohne demokratische Legitimation oder neben den rechtlich vereinbarten Normen durchsetzen könnte oder dürfte[98].

[95] Zum Begriff *soft law* vgl. Daniel Thürer, »Soft Law« – eine neue Form von Völkerrecht? In: ZSR NF 104 (1985) 1, S. 429 ff.; Jörg Paul Müller in: Bruno Simma (Hrsg.), Charta der Vereinten Nationen. Kommentar 1991, Art. 2 Ziff. 2, Rz. 32; Otto Kimminich, Einführung in das Völkerrecht. 4. Aufl., München 1990, S. 258 m. w. H.

[96] Zum Verständnis der Polizeihoheit des Staates als Teil einer elementaren, ursprünglichen Staatsgewalt vgl. BGE 61 I 39, BGE 67 I 74, wo die Polizeifunktion des Staates als eine originäre, keiner gesetzlichen Grundlage bedürfenden Aufgabe des Gemeinwesens verstanden wird.

[97] Diese notwendige Erarbeitung von Legitimität für die Sanktionssysteme des demokratischen Staates habe ich in meinem Aufsatz ›Versuch einer diskursethischen Begründung von Demokratie‹ (zit.: Versuch), S. 617 ff., insb. 630 näher dargelegt.

[98] Die Realität und Gefahr einer zu Eigengesetzlichkeit und Sturheit neigenden Bürokratie auf staatlichem und überstaatlichem Niveau ist dabei nicht zu übersehen. Das Gewaltmonopol der Demokratie, d. h.

An der diskursethischen Begründung von Recht wurde auch Kritik geübt mit dem Argument, daß sie mit ihrem Grundpostulat der Herrschaftsfreiheit systematisch überhaupt keinen Raum lasse für unentbehrliche öffentliche Zwangsbefugnisse des Staates, kurz: es brauche neben der diskursiv konstituierten Rechtsgemeinschaft eine Staatsgewalt zur Sicherung der Rechtsdurchsetzung[99]. Demgegenüber wird hier das Schwergewicht darauf gelegt, daß auch die Befriedungsfunktion des Rechts, also auch die Sicherstellung der sog. Rechtsdurchsetzung, durch *demokratische* Prozesse zu konstituieren, zu begrenzen oder neu zu stärken ist, wo dies die aktuellen und absehbaren Bedürfnisse der Rechtsgemeinschaft gebieten. Diese elementaren Gemeinwohlfunktionen können im demokratischen Staat nicht grundsätzlich anders legitimiert werden als etwa die Formulierung von materiellen Normen des Straf- oder Zivilrechts. Es erscheint als inkonsistent, den Menschen einerseits als fähig zu betrachten, in sozialer Eigenverantwortung – d. h. demokratisch – die verschiedenen Gemeinwohlaufgaben (wie soziale Sicherheit oder Bildungsanliegen) wahrzunehmen, ihm aber andererseits die Kompetenz zur kooperativen Bewältigung der elementaren Gemeinschaftsaufgabe, der Sicherung des Rechtsfriedens, abzusprechen. Bei der – wenn nötig zwangsweisen – Wahrung des Rechtsfriedens als Bedingung aller weiteren kommunikativen Praxis greift nicht plötzlich ein neues Legitimationsprinzip – nämlich ein herrschaftliches –, sondern das demokratische Prinzip hat sich auch hier zu bewähren. Das Gewaltmonopol bleibt bei der Gemeinschaft, die – durch die Bereitschaft zu gewaltfreier und diskursorien-

der im Umfeld einer kritischen Öffentlichkeit zu realisierenden Rechtsordnung muß sich sowohl gegen bürokratisch-staatliche Eigenmacht wie gegen die arrogierten Machtansprüche der nicht öffentlich verfaßten sozialen Gewalten richten. – Zum »systematischen Eigensinn öffentlicher Bürokratien« vgl. auch Habermas, Kontexte, S. 44.

99 Belege bei Müller, Versuch, S. 628; vgl. Habermas, Revolution, S. 77, der bei O. Höffes »politischer Gerechtigkeit« eine Fixierung auf den Zwangscharakter des Rechts feststellt; s. jetzt die Stellungnahme von Höffe in: Ders., Rechtsprinzipien, S. 378–390 und Ders., Gerechtigkeit als Tausch? Zum politischen Projekt der Moderne. Baden-Baden 1991, S. 20ff.

tierter Konfliktlösung und Kooperation geeint – Gefährdungen oder Störungen demokratischer Kommunikationsbedingungen mit demokratisch autorisierten Sanktionen abwehrt.

II. Strukturelle Ebene

Das philosophische Modell der Diskursethik geht von einer Gemeinschaft gleichberechtigter Teilnehmer aus, die sich unter Bedingungen der Symmetrie und Reziprozität argumentativ auseinandersetzen. In diesem Prozeß bringen alle einerseits ihre Anliegen und Gesichtspunkte ein; andererseits lassen sie sich – im Bewußtsein der symmetrischen Abhängigkeit aller von allen – zwanglos auch von den durch die andern vermittelten Perspektiven in ihren Reflexionen und Stellungnahmen leiten, so daß konsensuale Lösungen möglich werden.

In der Wirklichkeit der demokratischen Gemeinwesen sind die Kommunikationschancen der Menschen in der Regel asymmetrisch und kaum reziprok. Die einzelnen sind eingebettet in vielfältige gesellschaftliche Segmentierungen, Strukturen und Rollen; ihre faktischen Möglichkeiten, im vielgestaltigen politischen Entscheidprozeß Gehör zu finden und Wirkungen zu entfalten, sind abhängig von sozialem Status, wirtschaftlicher Situation, Bildung, Alter und andern Kriterien gesellschaftlicher Stellung. Aber auch die Verfügbarkeit von Zeit, Geld und persönlichen Beziehungen ist entscheidend für die Chancen einer wirksamen Äußerung und Vertretung eigener Interessen und Anschauungen. Es ist im Sinne der hier skizzierten normativen Theorie zu fragen, welche kompensatorischen Mechanismen fruchtbar gemacht werden können, um Artikulationschanchen im politischen Prozeß trotz bestehender Asymmetrien gerechter zu verteilen.

Daneben bleibt elementare Aufgabe der Politik (so z.B. in den Bereichen der Sozial-, Bildungs-, Wirtschaftspolitik), diese Asymmetrien real abzubauen und soziale Gleichheit[100] auch mit Wirkung für die Kommunikationsmöglichkeiten zu fördern. Dazu bedarf es allerdings der Menschen, die im politischen Prozeß für entsprechende Anliegen offen sind und solche vertreten.

Damit ist ein zentrales gesellschaftliches Problem der Verwirklichung prozeduraler Gerechtigkeit angesprochen: Da diese in diskursiven Verfahren immer erneut konkrete Gestalt finden muß, sind ihre Verwirklichungschancen elementar von der Ausgestaltung der *faktischen* Kommunikationsverhältnisse abhängig. Es ist eine Grundfrage des Rechts, welche Vorkehren notwendig sind, um wenigstens Annäherungen an jene Symmetrie und Reziprozität zu erreichen, die als Voraussetzungen richtigkeitsbegründender argumentativer Auseinandersetzungen erscheinen. Dies ist im folgenden in zwei Bereichen, die für die gesellschaftliche Kommunikationsstruktur entscheidend sind, zu vertiefen.

1. Die Strukturierung durch Parteien, Verbände und andere Gruppen

a. Die Einzelnen haben wenig Chancen, sich im politischen Prozeß Gehör zu verschaffen. Auch wenn ihre Stimme schwach ist, muß im Rahmen der Verfassung, vor allem der Grundrechte (Kommunikationsgrundrechte) alles getan werden, um die Möglichkeit jedes Menschen zu sichern, sich in der Öffentlichkeit zu äußern, sei es auch nur durch seine Rede in der privaten Versammlung oder die Weitergabe einer Propagandaschrift.

Die Menschen sind in der Regel darauf angewiesen, ihren

[100] Zum Problem des sozialen Ausgleichs als Voraussetzung rechtlicher Gleichheit vgl. Jörg Paul Müller, Soziale Grundrechte in der Verfassung? 2., erw. Aufl., Basel, Frankfurt a.M. 1981, S. 220ff.; Zur Erfüllung von materiellen Mindeststandards sozialen Ausgleichs als Voraussetzung der Ausübung von Grundrechten vgl. Hesse, Grundzüge, Rz. 214 und Rawls, Politischer Liberalismus, S. 319: Nach Rawls umfaßt eine liberale Konzeption »auch Maßnahmen, die sicherstellen, daß alle Personen in der Gesellschaft über hinreichende materielle Mittel verfügen, um diese Grundrechte wirklich zu nutzen«; s. dazu auch ebd., S. 321 mit Anm. 28.

Anliegen im politischen Prozeß dadurch Beachtung zu verschaffen, daß sie sich mit andern vereinigen: sie schließen sich vorübergehend für gemeinsame spontane Aktionen zusammen (Petitionen, Demonstrationen, Unterschriftensammlungen für Initiativen und Referenden) oder organisieren sich für ein längerfristiges Zusammenwirken zur Erreichung gemeinsamer ideeller oder materieller Ziele. Die demokratische Verfassung garantiert die Gruppenbildung mit der Möglichkeit interner Kristallisation und äußerer Artikulation etwa durch das Grundrecht der *Vereinsfreiheit*[101]. Sie trägt damit auch dem Umstand Rechnung, daß die einzelnen für ihre Identitätsfindung und -behauptung oft auf den sozialen Kontakt in der Gruppe angewiesen sind. Sie kommt aber auch dem Bedürfnis entgegen, bestimmte, sehr persönlichkeitsnahe Anliegen (z. B. Sterbehilfe) unter dem Schutz einer gewissen Anonymität in die öffentlichen Prozesse einzubringen. Die Vermittlung durch die Gruppe nimmt den einzelnen die Angst vor sozialer Isolierung, die sie bei der Geltendmachung (noch) unpopulärer Anliegen befürchten müssen. Dabei ist jedoch nicht zu übersehen, daß einzelne im Schutz der Gruppe auch unsolidarische Ziele mit rücksichtslosen Mitteln verfolgen können, wie sie es im eigenen Namen kaum tun würden.

Neben oder in Überschneidung zu solchen zweckrationalen Organisationen finden sich Gemeinschaften wie Kirchen, weltanschauliche Gruppierungen, ethnische Einheiten oder bestimmte Kulturen, in welche die Mitglieder hineingeboren und in denen sie sozialisiert werden oder in die sie sich im Laufe der Lebensentwicklung einfügen. Manche dieser Gruppierungen sind für die Identitätsbildung der einzelnen entscheidend. Auch diesen Gruppen müssen Chancen der Teilnahme am politischen Prozeß offenstehen. Erst dadurch kommen die Menschen nicht nur mit individuellen Anliegen, sondern auch mit ihren unterschiedlichen sozialen Lebensbezügen, mit ihren verschiedenen, sich überschneidenden oder ergänzenden Gruppenaffinitäten und -loyalitäten zur Sprache.

b. Die Organisation und kollektive Vertretung materieller und ideeller Interessen bewirkt jene Bündelung der vielfälti-

[101] Dazu Müller, Grundrechte, S. 165 ff.

gen Anliegen und Ansichten in einer komplexen Gesellschaft, die für eine diskursive Auseinandersetzung unerläßlich ist. Sie schafft Voraussetzungen für ein koordiniertes, rechtzeitiges, sachgemäßes und effizientes Vorgehen zur Geltendmachung gemeinsamer Anliegen. Wenn Menschen ihre Bedürfnisse in Gruppen artikulieren, werden gesellschaftliche Konflikte oft erst sichtbar und als Aufgabe politischer Problemlösung anerkannt. In diesem Sinn kann man die Gruppenbildung als Vorstufe der Institutionalisierung von Verfahren politischer Entscheidfindung betrachten.

c. Eine adäquate Strukturierung der gesellschaftlichen Bedürfnislagen ist wesentlich für die Echtheit der Diskurse, die in den politischen Entscheidgremien repräsentativ geführt werden. Entscheidend ist, daß die Gruppen und ihre Repräsentanten die Anliegen der organisierten und repräsentierten Menschen authentisch vermitteln. Dies ist zu vertiefen:

Die gesellschaftliche Organisation und Vertretung von Anliegen und Interessen schafft arbeitsteilige Strukturen mit zugehörigen Rollen und potentiellen Machtpositionen. Diese sind mißbrauchsanfällig. Die Vertreter der Gruppen (Vorsitzende, Vorstände, Sekretäre o.a.) müssen deshalb durch demokratische Verfahren innerhalb der Organisation[102] immer wieder an die Anliegen der Mitglieder zurückgebunden werden, in deren Namen sie sprechen und die ihnen mit ihrem Drohpotential (kollektive Maßnahmen wie Streik oder Aussperrung, Referendumsmöglichkeit, Wahlempfehlung) Macht nach außen verleihen[103]. Sonst besteht die Gefahr, daß sich eine Führungsspitze verselbständigt, die den Anspruch, bestimmte Bevölkerungsgruppen oder Interessen zu vertreten, nur vortäuscht und damit das Gruppenpotential im politischen Prozeß manipulativ für eigene oder sonst nicht legitimierte Zwecke gebraucht.

d. Die Strukturierung der Interessen und Meinungen, die in einer Gesellschaft nach Berücksichtigung in den politi-

[102] Zur Diskussion über die Wünschbarkeit einer gesetzlichen Verpflichtung der Verbände zu einer demokratischen Organisation im Innern vgl. z.B. Grimm, Zukunft, S. 252ff.

[103] Zur Diskussion über eine gesetzliche Ordnung des Gebots demokratischer Organisation von Parteien und Verbänden vgl. statt vieler Grimm, Zukunft, S. 263ff.; Hesse, Grundzüge, Rz. 166ff.

schen Prozessen drängen, führt zu neuen Asymmetrien in den faktischen Kommunikationsverhältnissen. Die verschiedenen gesellschaftlichen und politischen Anliegen sind unterschiedlich geeignet, in Gruppen vertreten und wirksam durchgesetzt zu werden. Je mehr ein Interesse einen abgegrenzten Bereich von Personen betrifft (z. B. eine bestimmte Berufsgruppe), werden diese bereit sein, sich zu organisieren und für die Aktivitäten der Organisation gewisse Opfer zu erbringen. Allgemeinere Anliegen (Umweltschutz, Einsatz für Menschenrechte) haben es demgegenüber schwerer, von Gruppen mit vergleichbaren Ressourcen aufgenommen und verteidigt zu werden. Manche Gruppen erhalten ihre numerische Stärke dadurch, daß sie ihren Mitgliedern spezifische Dienstleistungen anbieten (Pannenhilfe oder Rechtsschutz der Automobilverbände), die nicht durchgängig in notwendiger Verbindung mit den politischen Zielsetzungen des Verbandes stehen, aber dennoch sein politisches Gewicht stark prägen[104]. Die Möglichkeit politischer Einflußnahme hängt ferner auch davon ab, ob eine Gruppierung gegenüber der Gesamtheit kollektive Leistungen von vitaler Bedeutung verweigern und dadurch besonderen Druck auf den politischen Prozeß ausüben kann[105].

Die Bewertung der Interessenverbände in der Gegenwart ist ambivalent: einerseits werden sie als notwendige Elemente einer pluralistischen Demokratie erkannt, andererseits besteht die Furcht, daß sie mit der Hemmungslosigkeit ihrer Infiltration der verschiedenen Entscheidträger eine ausgleichende Gemeinwohlförderung in demokratischen Prozessen zunehmend unmöglich machen. Schon allein diese Befürchtung[106] begründet die Forderung nach Transparenz der Ein-

104 Das Problem der Anbindung der Führungsspitzen an die konkreten Einstellungen der Mitglieder zu politischen Fragen wird dadurch noch akzentuiert.

105 Illustrative Beispiele sind der Streik des Zugpersonals oder der Feuerwehr einerseits, die vergleichsweise Ohnmacht der Verfechter ideeller und rein gemeinwohlorientierter Anliegen (z. B. von Interessen zukünftiger Generationen) andererseits.

106 Roman Herzog fürchtet, daß bei einer nicht transparenten Einflußnahme der Gruppen und ihrer Repräsentanten auf die Staatsorgane »in der Öffentlichkeit (...) der Eindruck entsteht, daß die staatlichen Entscheidungen nicht von den Staatsorganen selbst, sondern von ir-

flußnahme auf die Personen und Instanzen der institutionalisierten Entscheidverfahren (Parlament, Volksabstimmungen), aber auch der Verwaltung. Solche Transparenz ist auch unter dem Gesichtspunkt der Chancengleichheit der Gruppen gefordert: Nur wenn rivalisierende Gruppierungen über solche Einflußnahme informiert sind, können sie im Sinne eines Ausgleichs divergierender und konkurrierender Interessen reagieren. Vor allem aber muß die nicht organisierte Öffentlichkeit Kritik üben können gegenüber einseitiger oder übermäßiger Einflußnahme auf Regierung und Verwaltung[107], und sie muß über die Interessenbindungen der Entscheidträger in Repräsentativorganen, aber auch etwa der von diesen beigezogenen Experten, orientiert sein.

e. Die Stellung der *politischen Parteien* im Wettbewerb der Gruppen unterliegt einem starken Wandel, bedingt durch das Schwinden repräsentativer Weltbilder in der Gesellschaft, die Orientierung in den verschiedensten Gemeinwohlfragen zur Verfügung stellen würden[108]. Dies führt die Parteien dazu, im Blick auf die Gewinnung ganz bestimmter Wählerschichten und das Erreichen bestimmter Wahlanteile

gendwelchen dunklen Mächten im Hintergrund getroffen werden«; damit gehe eine der wichtigsten Voraussetzungen für die Integration des Staates und für die Entwicklung staatlicher Autorität verloren. In: Evangelisches Staatslexikon. Band 2, 3., neubearb. und erw. Aufl., Stuttgart 1987, Sp. 2544.

107 Praktisch läßt sich diese Einflußnahme der Verwaltung nur durch Konkretisierung des Grundsatzes der Öffentlichkeit des Verwaltungshandelns kontrollieren; vgl. Isabelle Häner, Öffentlichkeit und Verwaltung. Zürich 1990.

108 Ein Symptom dieser Entwicklung ist die Zunahme von Volksparteien; für sie ist charakteristisch, daß Interessenkonflikte, die früher zwischen den Parteien ausgetragen wurden, nun innerhalb der Organisation zu bewältigen sind; dies führt zu verstärkten Spannungen zwischen den Parteiflügeln. Eine gewisse Garantie für die Integration divergierender Interessen innerhalb der Parteien bildet die Parteisolidarität, deren Mißachtung und daraus folgende Spaltung der Partei die politische Existenz aller beteiligten Parteimitglieder gefährdet; Herzog (Anm. 106), Sp. 2546; Grimm, Zukunft, S. 263 ff. Dieser Mechanismus bedeutet – jedenfalls isoliert betrachtet – die Gefährdung einer möglichst authentischen Vermittlung der konkreten menschlichen Bedürfnisse der Mitglieder im politischen Prozeß zugunsten der Eigengesetzlichkeit der Partei.

vermehrt mit Methoden des politischen Marketings[109] Stimmungslagen anzusprechen und für Persönlichkeiten zu werben, deren Medientauglichkeit wichtiges Kriterium ihrer Auslese wird. Mit dem zunehmenden Einsatz von Methoden des politischen Marketings gewinnen bei den politischen Parteien auch die dafür notwendigen finanziellen Ressourcen an Bedeutung; es entstehen neue, oft schwer durchschaubare wirtschaftliche Abhängigkeiten[110], während gleichzeitig bisherige ideologische Verpflichtungen, die für Mitglieder und Wähler transparent waren, in den Hintergrund treten.

f. Die Verbände, Parteien und Organisationen spielen in den institutionalisierten Verfahren eine entscheidende Rolle, und zwar sowohl in der Vorformung der Entscheide (z.B. Vernehmlassungsverfahren), als auch bei der Entscheidfällung (z.B. durch Referendumsdrohung in den parlamentarischen Verfahren oder durch Werbekampagnen im Vorfeld von Abstimmungen). Die Gemeinwohlverwirklichung ist dadurch gefährdet, daß nicht alle Menschen die gleiche Chance haben, ihre Interessen und Anschauungen von Organisationen im politischen Prozeß wirksam vertreten zu lassen. Dies zwingt zur Einsicht, daß die intermediären Organisationen nicht einfach als gesellschaftliches, nicht-staatliches Phänomen dem freien Spiel der Kräfte überlassen werden dürfen. Die genannten Asymmetrien sind im Sinne der hier vertretenen normativen Theorie der Demokratie so weit wie möglich abzubauen oder zu kompensieren.

Folgende ausgleichende Vorkehren sind zu bedenken[111]: Einrichtungen des Minderheitenschutzes[112], Stützung der Chancen von Interessen, die nicht in permanenten Organisationen repräsentiert sind, durch institutionelle und breitgefächerte Möglichkeiten der Äußerung spontaner

109 Zu den Möglichkeiten und Grenzen des politischen Marketings bei Wahlen und Abstimmungen in der Schweiz siehe Claude Longchamp in: Kriesi (Hrsg.), Direkte Demokratie (Anm. 24), S. 303–326.

110 Einen Vorschlag zur Offenlegung solcher Bindungen formulieren Kölz/Müller, Entwurf, Art. 74 Abs. IV.

111 Zum Grundsätzlichen vgl. auch Beyme, Theorie der Politik, S. 195f.

112 Zum Minderheitenschutz s. auch S. 149ff., 172f., 202ff., 216.

Öffentlichkeit (Petitions-, Initiativ- und Referendumsrechte), Sicherstellung der *gegenseitigen* Kontakte zwischen der repräsentierten Bevölkerung und den Mandatsträgern[113]. Zu prüfen wäre ferner eine staatliche finanzielle Stützung von Gruppierungen, die sich durch nichtparlamentarische Verfahren (z.B. Volksinitiativen) an den Entscheidprozessen zu beteiligen suchen[114], in Analogie zu den Entschädigungen, die politischen Parteien für ihre Aufwendungen in Wahlen ausgerichtet werden[115]. Die staatliche Stützung darf hier wie dort die Entscheidbildung der Bürgerinnen und Bürger nicht beeinflussen und müßte daher nachträglich, z.B. nach Maßgabe der in einer Volksabstimmung zu einer Initiative erreichten Zustimmung, erfolgen.

g. Interessen, Meinungen und Überzeugungen von Menschen bedürfen in der Regel der strukturierenden Organisation, um im politischen Prozeß vertreten und einander in argumentativen Verfahren gegenübergestellt zu werden. Dabei bleiben es immer konkrete Menschen, welche die entscheidenden Diskurse führen. Ob solche wirklich zustandekommen im Sinne einer gemeinsamen Konsens- oder Kompromißsuche, hängt – abgesehen von der Notwendigkeit rechtlicher Verfahrensregeln – auch von der Aufgeschlossenheit der Diskursteilnehmerinnen und Diskursteilnehmer für die Personen und Probleme ab, mit denen sie konfrontiert werden. Die Bereitschaft, die Sichtweise der andern in die eigene Überlegung und Entscheidbildung einzubeziehen, bleibt unerläßliches Element demokratischer Entscheidfindung, die immer wieder abhängig ist von der Relativierung kurzfristiger Eigeninteressen durch die längerfristige Perspektive des gegenseitigen Aufeinander-angewiesen-Seins. Die Wahrnehmung dieser Aufgabe ist für Vertreter von Or-

113 Einen Vorschlag für eine Verfassungsbestimmung in diesem Sinn legen A. Kölz und J. P. Müller vor; vgl. Kölz/Müller, Entwurf, Art. 78.

114 Vgl. eine diesbezügliche Anregung von Kölz/Müller, Entwurf, Art. 74 Abs. IV.

115 Zu dieser Form der Parteifinanzierung vgl. den Entscheid des deutschen Bundesverfassungsgerichts BVerfGE 20, 56 (96ff.) und dazu statt vieler Hesse, Grundzüge, Rz. 180ff.; vgl. nunmehr BVerfGE 85, 264 (285ff.).

ganisationen und andern Gruppierungen darum schwieriger, weil sie die gegenläufigen Argumente nicht nur selber verarbeiten, sondern durch Überzeugungsarbeit auch an die Gruppenmitglieder vermitteln müssen, um selbst glaubhaft und – nach innen und außen – authentisch zu bleiben. Die diskurstheoretisch grundlegende Forderung nach Aufgeschlossenheit fremden Anliegen gegenüber fällt letztlich auch auf die Gruppenmitglieder zurück, ohne deren Legitimation die Repräsentanten nicht handeln können. Die Einhaltung des elementaren Diskurserfordernisses der Offenheit entscheidet wesentlich über die Lernfähigkeit von Organisationen: Erstarren sie in dogmatischen Fixierungen oder Polarisierungen, riskieren sie nicht nur, durch dynamischere rivalisierende Gruppen überspielt zu werden, sondern auch den Kontakt mit der spontanen Öffentlichkeit zu verlieren, die ihr Sanktionspotential zumindest periodisch und punktuell in Wahlen und Abstimmungen zur Geltung bringen kann.

Das Gelingen der Demokratie im pluralistisch strukturierten Gemeinwesen ist auch unter diesem Gesichtspunkt letztlich abhängig von der Lebendigkeit einer möglichst vielfältigen, spontanen öffentlichen Meinung, die sich im grundrechtsgeschützten Bereich der Medien, von Vereinigungen, Versammlungen und Demonstrationen und in den verschiedenen Foren des kulturellen Lebens (Theater, Literatur, Kabarett, Kunstausstellungen, Begegnungszentren u. a.) entfaltet; dies erfordert gleichzeitig eine Kultur der Toleranz[116]. Die darin liegenden Chancen politischer Innovation und Kritik sind unerläßlicher Faktor der Demokratie mit der von ihr permanent geforderten Bewegung von einer tendenziell in ihren Strukturen und Institutionen erstarrenden zu einer offenen, lernfähigen Gesellschaft.

[116] Grundlegend zum Toleranzgebot: Günter Püttner, Toleranz als Verfassungsprinzip. Berlin 1977; vgl. auch vorne S. 35ff., 50.

2. Das Beispiel der elektronischen Medien

a. Zu den intermediären Strukturen, die über faktische Kommunikationschancen der einzelnen und Gruppen wesentlich entscheiden, gehören die Medien. Solange alle faktisch eine faire Chance haben, sich wie auf der Agora frei und gleichberechtigt zu äußern und Gehör zu verschaffen, garantieren die Kommunikationsstrukturen, daß der freie Wettbewerb auch tatsächlich eine Auseinandersetzung der verschiedensten Meinungen und Anliegen ermöglicht und Konsens- bzw. Kompromißfindung im Sinne des gemeinsamen Wohls begünstigt. Gerade bei den elektronischen Medien sind nun aber die oben genannten strukturellen Faktoren wie Geld, aber auch Ansehen und rhetorische Gewandtheit maßgeblich für das Gewicht in der Artikulation von Interessen und Anschauungen und der damit verbundenen Einflußmöglichkeiten auf den politischen Entscheidprozeß. Zur besonders intensiven Abhängigkeit der Kommunikationschancen von den zur Verfügung stehenden Mitteln tritt im freien Wettbewerb der elektronischen Medien (namentlich des Fernsehens) die verzerrende Wirkung des Mediums selbst. Es privilegiert »zentral ausgestrahlte, vertikale, einbahnig verlaufende (. . .) Informationsflüsse aus zweiter und dritter Hand«[117] und untergräbt die Grundlagen argumentativer Auseinandersetzung durch die Vermischung von Werbung, Politik, Unterhaltung und Information. Besondere Asymmetrien in der Diskursgemeinschaft entstehen weiter durch den faktischen Vorteil des »medientauglichen Politikers«, der sich vorab durch die Fähigkeit auszeichnet, aufzutreten und sich selber rhetorisch gewandt darzustellen, statt auf die Sachfragen argumentativ einzugehen, und dessen Interessenbindungen den Angesprochenen meist nicht bekannt sind (so daß er in besonderem Maße unkontrolliert mit Gemeinwohlargumenten für Partikularinteressen werben kann). Er macht sich Marketingstrategien[118] zunutze, welche dafür sorgen, daß aus dem Publikum »applaudiert,

[117] Habermas, Unübersichtlichkeit, S. 245.
[118] Siehe dazu Anm. 109.

akzeptiert und akklamiert wird«[119]. Welche kompensatorischen Maßnahmen im Sinne einer Verbesserung der Diskurschancen von Minderheiten und – insbesondere finanziell – Schwachen kann das Recht als Diskursordnung sicherstellen?

b. Die schweizerische Bundesverfassung garantiert im Zusammenhang mit der Meinungsfreiheit die »Unabhängigkeit« von Radio und Fernsehen – auch mit Wirkung gegenüber den organisierten oder sonst strukturierten Interessen, die im gesellschaftlichen Bereich kommunikativ bereits eine Vorrangstellung haben[120]. An Radio und Fernsehen sollen sich nicht ausschließlich diejenigen darstellen können, die in der Öffentlichkeit und in den institutionalisierten Verfahren bereits wirksame Äußerungsmöglichkeiten haben. Die hier garantierte Unabhängigkeit soll ein Klima der Angstfreiheit garantieren, in dem Innovation, Kritik oder die Formulierung von Alternativen möglich ist, die den Vorstellungen der etablierten Kräfte fremd oder entgegengesetzt sind. Der genannte Verfassungsauftrag verdeutlicht dies mit der Forderung, *die Vielfalt der Meinungen* müsse angemessen zum Ausdruck kommen. Damit ist u.a. die Berücksichtigung von Minderheitsanliegen angesprochen, deren Artikulations- und Wirkungschancen gegenüber den herrschenden Meinungen so angehoben werden sollen, daß auch unter Bedingungen der elektronischen Medien ein »free marketplace of ideas«[121]

[119] Kurt Eichenberger, Beziehungen zwischen Massenmedien und Demokratie. In: Detlev-Christian Dicke u. Thomas Fleiner-Gerster (Hrsg.), Staat und Gesellschaft. Festschrift für Leo Schürmann. Freiburg 1987, S. 415.

[120] Zum Begriff der Unabhängigkeit im Sinne von Art. 55 bis Abs. III BV vgl. Jörg Paul Müller in: Kommentar BV, Rz. 61 ff. sowie Müller, Grundrechte, S. 207 ff.; Charles Albert Morand, La liberté de la communication audiovisuelle. In: Le droit des médias audiovisuels. Basel, Frankfurt a.M. 1989, S. 7–30.

[121] Über die Entwicklung dieser Formel in der Rechtsprechung des US Supreme Court orientiert Friedrich Kübler, Der »Markt der Meinungen«. In: Festschrift für Helmut Ridder. Neuwied 1989, S. 117–123. Küblers Anliegen ist der Nachweis, daß mit dem *market place of ideas* eine Stätte geordneten Austausches und Kampfes von Meinungen, Ideen und nicht ein von den Gesetzmäßigkeiten des ökonomischen Wett-

als regulatives Prinzip demokratischer Öffentlichkeit eine Verwirklichungschance hat.

Auch unter den wirtschaftlichen und technologischen Gegebenheiten der heutigen Massenkommunikation ist für die Demokratie jene kommunikative Infrastruktur unentbehrlich, die Richter Brennan wie folgt charakterisiert: »(The) most effective way to insure (an) uninhibited, robust and wide–open debate is by fostering ›a free trade in ideas‹ by making our forums of communication readily available to all persons wishing to express their views«[122], und fundamental bleibt die Einsicht von Richter Brandeis, der sich auf die Founding Fathers beruft, »that freedom to think as you will and to speak as you think are means indispensable to the discovery and spread of political truth; that without free speech and assembly discussion would be futile; (...) that the greatest menace to freedom is an inert people; that public discussion is a political duty.«[123] Und in New York Times v. Sullivan sprach der Supreme Court einstimmig von einem »profound national commitment to the principle that debate on public issues should be uninhibited, robust, and wide-open, and that it may well include vehement, caustic and sometimes unpleasantly sharp attacks on government and public officials«[124].

Welche Organisationen und Verfahren des Rundfunkwesens im einzelnen am besten dem beschriebenen Anliegen dienen, muß hier offen bleiben. Jedenfalls ist das demokratische Gemeinwesen darauf angewiesen, daß auch in diesem interme-

bewerbs beherrschter Austausch geldwerter Güter und Leistungen gemeint ist. Sowohl dem amerikanischen Supreme Court wie dem deutschen Bundesverfassungsgericht gehe es in seiner Rechtsprechung um die Sicherung »rechtlicher Bedingungen, die den Zugang zum Forum, d.h. die Chance der Teilhabe am Kommunikationsprozeß nicht der Eigengesetzlichkeit der ökonomischen Abläufe überläßt, sondern die Artikulation der Meinungsvielfalt auch gegen die Barrieren kommerzieller Verwertungsinteressen zu gewährleisten versucht.« (S. 120)

122 412 U.S. 94 (1973), 184.
123 274 U.S. 357 (1927), 375.
124 376 U.S. 254 (1964), 270.

diären Bereich öffentlicher Meinungsbildung, dessen Wechselwirkung zu den institutionalisierten Entscheidverfahren von höchster Bedeutung ist, argumentative Auseinandersetzungen stattfinden. Dadurch können neue Einsichten und Perspektiven in die politischen Diskurse einfließen und ein Gegengewicht zu bereits erhärteten Interessen- oder Parteistandpunkten bilden. Ziel ist »eine Instanz sozialen Lernens und wechselseitiger Aufklärung«[125].

c. Das Gelingen demokratischer Auseinandersetzung an Radio und Fernsehen ist zwar wesentlich eine Frage der rechtlichen Organisation dieser Medien, aber auch der Sensibilität und Fähigkeit der Programmverantwortlichen und Medienschaffenden für die anspruchsvolle Pflege diskursiver Meinungsbildung. Es ist von ihnen mehr gefordert als punktuelles advokatorisches Engagement zugunsten kommunikativ Schwacher: Es trifft sie die schwierige Aufgabe, immer wieder zu jener Öffnung und Ordnung demokratischer Diskurse beizutragen, die an einer Optimierung der Chancengleichheit verschiedener Meinungen, Gruppen, Parteien und Individuen orientiert ist, gleichzeitig aber auf *inhaltliche* Bewertung und Regulierung grundsätzlich verzichtet. Auch die im Sinne größtmöglicher Fairneß rechtlich verfaßte Medienordnung verleiht den je zuständigen Programmgestaltern (vom Programmdirektor, der Intendantin, bis zu Diskussionsleiterinnen und -leitern) privilegierte Positionen, die mißbrauchsanfällig sind. Diskursverfälschend und damit unzulässig ist in diesem Sinn die versteckte, manipulative Einflußnahme, wie sie bereits in suggestiven Interviewfragen gegenüber medial Unerfahrenen liegen kann. Auch Medienschaffende dürfen andererseits ihre Überzeugungen und Meinungen haben und diese zum Ausdruck bringen, soweit dies in transparenter Art und Weise geschieht.

[125] Kübler, Markt der Meinungen (Anm. 121), S. 120.

III. Persönliche Ebene

1. Ausbildung kommunikativer Kompetenz: Frühkindliche Erfahrung, Schule, persönliche Lernprozesse

a. Demokratie mutet den Mitgliedern des Gemeinwesens erhebliche persönliche Kompetenz zu, vor allem die Fähigkeit, Anliegen individuell oder gemeinsam zu artikulieren und zu begründen, andererseits die Bereitschaft zu Reflexion und einfühlendem Nachvollzug der Interessen anderer, so daß konsensstiftende Diskurse als eigentlich tragendes Element der politischen Gemeinschaft reale Chancen haben. Ohne diese persönlichen Voraussetzungen sind auch die ausgefeiltesten Verfahren der Entscheidbildung keine hinreichende Garantie für Demokratie; sie bleiben mißbrauchsanfällig oder können zu bloßen Formalismen werden. Die Institutionen der Demokratie sind auf das Entgegenkommen einer politischen Kultur angewiesen, wie sie in Erziehung, Bildung und anderen Lebensbereichen, welche die Formen und Möglichkeiten zwischenmenschlichen Umgangs prägen, gestaltet wird.

b. Schon *im frühesten Alter* kann eine vitale Frage im Aufbau der Persönlichkeit sein, ob das Kleinkind in den ersten Interaktionen mit seiner Umgebung, seiner Mutter oder seinen Eltern, lernt, daß es ein Mensch mit eigenem Wert ist[126], daß es seinen Bedürfnissen Ausdruck geben darf und auf diese Antwort erhält[127]. Nach Erik Erikson ist Vorbedingung für Autonomie im späteren Leben die Ausbildung ei-

126 Den Aufbau eines eigenen Selbst in frühkindlichen Interaktionen, die auch nichtverbaler Art sein können, hat in der neueren psychoanalytischen Literatur vor allem Heinz Kohut beschrieben; Kohut, Narzißmus. Frankfurt a.M. 1973; vgl. auch Wyss, Die tiefenpsychologischen Schulen, S. 473ff. sowie Kutter, Psychoanalyse, S. 39ff., 168ff.

127 Erfährt das Kind dagegen, daß es primär die narzißtischen Bedürfnisse seiner Eltern befriedigen, also »gefallen« muß, um eine elementar notwendige Anerkennung und Stillung fundamentaler Sicherheitsbedürfnisse zu erhalten, kann dies zur Ausbildung eines »unechten« Selbst führen, das der Entfaltung einer authentischen Persönlichkeit lebenslang im Wege stehen kann; vgl. Heinz Kohut, Die Heilung des Selbst. Frankfurt a.M. 1981, S. 166ff.; Raymond Battagay, Narzißmus und

nes Gefühls von Urvertrauen in frühester Kindheit. Er meint damit eine auf die kommunikativen Erfahrungen der ersten Lebensjahre zurückgehende Einstellung des Kindes zu sich selbst und seiner Umwelt: Es bildet sich Vertrauen in die eigene Person und in die Glaubwürdigkeit anderer – oder aber ein Urmißtrauen, das sich im Rückzug auf sich selbst manifestiert[128].

c. Auch im *schulischen Bereich*[129] können Voraussetzungen demokratischen Umgangs gefördert werden, z.B. durch Sensibilisierung der Lernenden und Lehrenden für manipulative, autoritäre, unnötig repressive Anordnungen oder für die fehlende Authentizität von Äußerungen, d.h. das Auseinanderfallen von Wort und Handlung. Kommunikative Unterrichtsformen sind zu fördern, weil sie Schülerinnen und Schüler in ihrem Eigenwert ernstnehmen und – statt ausschließlich vorgegebenes Wissen zu vermitteln – soweit wie möglich eigene Erfahrungen der Lernenden fruchtbar machen. Dadurch können Chancen des Selbstdenkens, des Gefühls des Eigenwerts, aber auch der Mitverantwortung für den Lernprozeß im sozialen Ganzen gestärkt und Grundlagen für eine demokratische Gesprächskultur geschaffen werden. Durch die Praxis demokratischer Entscheide in geeigneten Problembereichen und das damit verbundene Erlebnis, in wechselnden Konstellationen auch zur unterlegenen Minderheit zu gehören, kann Demokratie nicht nur als intellektuelle Erfahrung, sondern auch affektiv erlebbar gemacht werden. In gewissem Sinn bestimmt der Erziehungs- und Unterrichtsstil in der Gegenwart die Staatsform

Objektbeziehungen. 2. Aufl., Bern, Stuttgart, Wien 1979, S. 12ff., S. 24ff.

128 Erik Erikson, Identität und Lebenszyklus. 11. Aufl., Frankfurt a.M. 1989, S. 62ff., 79.

129 Politische Bildung (auch als moralische Erziehung) ist eine unerläßliche schulische Aufgabe, »die der Bürger einer Demokratie notwendig braucht, wenn Demokratie ein wirkungsvoller Prozeß sein soll«. Diese Grundthese vertritt Lawrence Kohlberg, Moralische Entwicklung und demokratische Erziehung. In: G. Lind u. J. Raschert (Hrsg.), Moralische Urteilsfähigkeit. Weinheim, Basel 1987, S. 25ff.; vgl. im gleichen Sammelband den Aufsatz von Ann Higgins, Moralische Erziehung in der »Just Community«-Schule. Über schulpraktische Erfahrungen in den USA, S. 54–72.

von morgen: Menschen, die sich selbst und andere heute in ihrer Autonomie, ihrem Bedürfnis nach einem Bereich unversehrter Entfaltung von Individualität, aber auch in ihrer gegenseitigen Abhängigkeit ernstnehmen, werden sich auch in der Kooperation am politischen Gemeinwesen eher als gleichwertige Partner begegnen und Probleme argumentativ zu lösen suchen – statt durch gegenseitige manipulative Inanspruchnahme.

d. Persönliche Lernprozesse sind für das Gelingen von Demokratie aber auch im *Erwachsenenalter* unentbehrlich. Die sich immer wieder einschleichenden Verhärtungen im eigenen Standpunkt und Fixierungen auf die eingewöhnte Perspektive sind stets erneut in Frage zu stellen und aufzubrechen, damit sich Gesprächsfähigkeit, aber auch individuelle und soziale Lernfähigkeit entwickeln und erhalten kann.

Diskursive Lösung sozialer Probleme setzt Aufgeschlossenheit[130] den betroffenen Personen und Sachen gegenüber voraus, d.h. eine Haltung, die sich von neuen Situationen und den Anliegen anderer ansprechen läßt. Solche Offenheit, die Fähigkeit, auf andere einzugehen (*response-ability*) ist nicht nur eine Frage individuell-ethischer Haltung, sondern hängt auch ab von den sozialen Strukturen und Institutionen, in die ein Mensch eingebettet ist und die ihn prägen[131]. Sicherheitsverbürgende Gewohnheiten – auch als Nährboden selbstverständlich hingenommener Machtkonstellationen – und Rollenverfestigungen können jene inneren und äußeren Zwänge begründen, die im Sinne der Diskursethik rationalen Problemlösungen entgegenstehen, Kommunikationen verzerren und echte Konsensfindung behindern. Dagegen sind immer wieder Prozesse innerer und äußerer Öffnung zu mobilisieren, die verfestigte Strukturen beweglich machen und Reflexionen und kommunikativer Auseinandersetzung Raum geben. Aufgrund der Einbettung der einzelnen in ihr soziales Umfeld setzt persönliche Öffnung

130 Zum Diskurserfordernis der Aufgeschlossenheit s. S. 66, 207 ff. und in einem weiteren Sinne S. 35 ff.; vgl. auch Anm. 88 in Kap. 2.

131 Die für eine effektive Diskursteilnahme vorausgesetzte soziale Mündigkeit ist auch bedingt durch Bildung, wirtschaftliche Sicherung und Freiheit von sozialer Angst; Axel Honneth in: W. Kuhlmann (Hrsg.), Moralität und Sittlichkeit. Frankfurt a. M. 1986, S. 189 ff.

immer auch eine Bewegung in den behindernden Strukturen und Institutionen voraus, von denen sie abhängig sind. Umgekehrt ist ein Aufbrechen eigengesetzlich gewordener oder erstarrter Konstellationen im Äußeren nicht ohne entsprechende innere Lernschritte der Betroffenen möglich.

Die notwendige persönliche Öffnung kann damit beginnen, daß die Menschen überholte, übermäßig repressive oder ungerechte Verhältnisse und Ordnungen überhaupt als solche *wahrnehmen* und das Gefühl ihrer Unvermeidlichkeit überwinden[132]. Dies ist nur möglich, wenn ihnen im Erleben des täglichen sozialen Umfelds eigene elementare Empfindungen wie Freude und Leid, Befriedigung und Bedrückung wieder zugänglich werden. Die Fähigkeit zu solcher Wahrnehmung kann unter der verbiegenden Wirkung verhärteter sozialer Strukturen, Autoritätsverhältnisse und entsprechender Rollenverfestigungen verschüttet sein. Das Vertrauen in die eigene Wahrnehmung ist auf Unterstützung durch die Umgebung angewiesen; es ist Voraussetzung der Fähigkeit, persönliche Bedürfnisse zu erkennen und zu formulieren sowie das eigene Leben auch in seiner sozialen Dimension als gestaltbar zu erleben. Die Erfahrung und das Ernstnehmen der persönlichen Empfindungen und Wünsche gegenüber den sozialen Zuständen, in denen die einzelnen mit ihren Mitmenschen leben, machen sensibel für menschliches Wohlergehen; so entsteht im Innern Raum für Reflexion, in der auch die Bedürfnisse der andern eher Eingang finden können als in den zwanghaften Reaktionsmustern, wie sie für bloß anerzogenes oder durch andere Disziplinierung normiertes starres Sozialverhalten typisch sind. Ziel einer solchen Entwicklung wären Möglichkeiten eines elastischeren Umgangs mit eigenen und fremden Bedürfnissen und Anliegen

[132] Nach Moore, Ungerechtigkeit, S. 604 ff. liegt der sozialen Hinnahme von Ungerechtigkeit regelmäßig das Gefühl der Opfer zugrunde, daß sie ihr Leiden für unvermeidlich und unumgänglich halten. Dem Leiden wird sogar Legitimität zugesprochen, was wohl auch (unbewußt) als Mittel dient, es auszuhalten. Zu den verschiedenen Strategien zur Überwindung des Gefühls der Unvermeidlichkeit im individuellen wie im gesellschaftlichen Bereich vgl. ebd., S. 610 ff. und 617 ff.

und die Fähigkeit, Konflikte zwischen ihnen reflexiv und kommunikativ – statt zwanghaft oder gewaltsam – zu lösen.

So liegen an den Wurzeln einer demokratischen Gemeinschaft mit ihrer notwendigen Offenheit so schlichte menschliche Tugenden wie die Fähigkeit, eigene Empfindungen wahrzunehmen und Bedürfnisse zu formulieren, sich gegenseitig ernstzunehmen, aufeinander einzugehen, einander zuzuhören und eigene wie fremde Schwächen und Stärken, Wünsche und Eigenarten wahrzunehmen und anzuerkennen. Öffnung als Lernprozeß setzt die Auseinandersetzung mit anderen voraus: Wo wir uns aneinander reiben und dabei kommunikativ arrangieren, liegen Möglichkeiten innerer und sozialer Entwicklung. Auch darin sind Menschen voneinander abhängig.

2. Die Integration des »Schattens« – und die Auflösung des Freund-Feind-Verhältnisses als Grundkategorie des Politischen[133]

Die Ausgrenzungsfunktion des Rechts

Alle sozialen Normierungen führen im gesellschaftlichen Bereich und – infolge Internalisierung – auch im persönlichen Erleben zu einer Scheidung in Erlaubtes und Unerlaubtes, Akzeptables und Nichtakzeptables, Recht und Unrecht, Gut und Böse. Im Rahmen der Rechtsordnung sind Verfahren eingerichtet, diese Ein- und Ausgrenzungen auch äußerlich sichtbar durchzusetzen. Besonders illustrativ ge-

[133] Carl Schmitt, Der Begriff des Politischen (1927). Neuaufl. Berlin 1963, S. 26ff. sieht im Freund-Feind-Verhältnis das Wesen des Politischen schlechthin. – Demokratie bedeutet für Schmitt die völlige politische Identifikation der einzelnen untereinander und mit dem politischen Ganzen. »Zur Demokratie gehört (...) notwendig erstens Homogenität und zweitens – nötigenfalls – Ausscheidung oder Vernichtung des Heterogenen (...). Die politische Kraft einer Demokratie zeigt sich darin, daß sie das Fremde und Ungleiche, die Homogenität Bedrohende zu beseitigen oder fernzuhalten weiß.« Carl Schmitt, Die geistesgeschichtliche Lage des heutigen Parlamentarismus. 2. Aufl., München, Leipzig 1926, S. 13f.

schieht dies im Strafgericht: Es verurteilt oder spricht frei, es erklärt schuldig oder unschuldig.

Daß sich die soziale Wirklichkeit nicht durchwegs vom normativen Entwurf des Rechts einfangen läßt, zeigen z.B. die Dunkelziffern in der Strafverfolgung[134] oder in der Durchsetzung von Steuergesetzen, aber auch im volkswirtschaftlich nicht unbedeutenden Bereich der Schattenwirtschaft[135]. Offenbar entzieht sich ein Teil gesellschaftlicher Wirklichkeit erfolgreich den rechtlich festgelegten Grenzziehungen. – Ist dieser »Erfolg« denkbar ohne die (mehr oder weniger) bewußte oder heimliche Kooperation der gesamten Gesellschaft? Lebt diese Kollusion von einer grundsätzlicheren Ambivalenz, die Rechtsbetroffene in weitem Ausmaß gegenüber der Normierung vieler Lebensbereiche latent empfinden? Diese Frage ist zu vertiefen.

Jede Definition von Recht grenzt Unrecht aus, das nicht mehr sein darf. Beim angepaßten »Normalmenschen« findet diese Ausgrenzung nicht nur in der Außenwelt, sondern auch im forum internum statt, das sich die gesellschaftlichen Normen und auch die Aufspaltung der Welt nach den Kategorien von zulässig und unzulässig zu eigen gemacht hat. Die Last ständiger, bewußter Orientierung in einer von Rechtsnormen durchzogenen Wirklichkeit wäre anders ja auch kaum zu bewältigen; die Internalisierungs- und Anpassungsmechanismen bringen mit der Automatisierung des Gehorsams gegenüber den Forderungen der sozialen Welt in

[134] Für Deutschland vgl. z.B. U. Eisenberg, Kriminologie. 3., vollst. neu bearb. Aufl., Köln, Berlin, Bonn, München 1990, S. 129–134, 626–633; aufgrund von Erfahrungen und Schätzungen aus der Praxis wird vermutet, die Rate der registrierten Straftaten betrage, von Ausnahmen abgesehen, kaum einmal mehr als 50 Prozent der tatsächlich begangenen Straftaten, und sie erreiche bei der Mehrzahl der weniger schweren Delikte nicht einmal 10 Prozent (S. 626).

[135] Zur Schattenwirtschaft in der Schweiz vgl. den bundesrätlichen Bericht über die Schattenwirtschaft vom 9. Juni 1987. In: Bundesblatt 139 (1987) II, S. 1217ff.; Weck-Hannemann, Pammerehne u. Frey, die heimliche Wirtschaft, Bern, Stuttgart 1986.

der Tat eine Entlastung[136]. Ihr Preis könnte in einer permanenten Unterdrückung elementarer Lebensimpulse und in der Abwehr oder schließlich Verdrängung[137] entsprechend unerwünschter innerer Antriebe liegen, die schließlich nicht mehr als solche, sondern z.B. nur noch in verzerrter Form wahrgenommen werden. Dies kann sich in Unbehagen gegenüber Staat und Recht äußern oder in einer emotionsgeladenen Abwehrhaltung gegenüber bestimmten Personen oder Gruppen.

Feindbilder

Folgt man dem psychoanalytischen Modell, so sind die mit der Internalisierung bestimmter Normgehalte verbundenen verdrängten Regungen und Wünsche zwar nicht mehr bewußt, deswegen aber nicht inaktiv. Sie können sich in Gefühlen der Feindlichkeit oder Aggression gegenüber solchen Personen äußern, die vom eigenen »Gewissen« als unzulässig verurteilte Lebensäußerungen ausleben. Geschichtlich bekannte und verbreitete Beispiele sind wohl die unduldsamen Haltungen gegenüber Nicht-Seßhaften, z.B. Zigeunern[138]. Oft spielt dabei der Prozeß der Projektion eine wesentliche Rolle: Als unzulässig beurteilte und in der Folge unterdrückte Anteile der eigenen Persönlichkeit werden auf andere Menschen projiziert und in ihnen mit mindestens der gleichen Wucht bekämpft wie entsprechende Regungen im eigenen Innern niedergehalten werden. Es findet also eine Spaltung in der Person statt, wobei etwas nach außen, auf andere geworfen wird, was in sich selbst zu erkennen oder selbst zu sein man sich weigert[139]. So projiziert z.B. der Rassist seine »Fehler« (d.h. das normativ Ausgegrenzte) und seine uneingestandenen

[136] Der entsprechende Prozeß wurde bereits oben S. 102ff., 114ff. mit Bezug auf die Funktion sozialer Institutionen beschrieben.

[137] Zu den Kategorien Abwehr und Verdrängung als Schlüsselbegriffen der Psychoanalyse vgl. Laplanche/Pontalis, Vokabular, Bd. 1, S. 24ff. und Bd. 2, S. 582ff.

[138] Zu den Aktionen »Kinder der Landstraße« in der Schweiz vgl. Maria-Luisa Zürcher-Berther, Fahrende unter Seßhaften. Hrsg. v. Bundesamt für Kultur. Basel, Frankfurt a.M. 1988.

[139] Laplanche/Pontalis, Vokabular, Bd. 2, S. 406f.

Neigungen auf die verachtete Gruppe[140]. In solchen Mechanismen liegt die Wirksamkeit auch anderer Feindbilder begründet, derer wir uns fatalerweise immer erst nachträglich oder als Außenstehende bewußt werden[141]. Gerade wenn sich Projektionen auf Außenseiter oder marginalisierte Gruppen (ethnische Minderheiten, Kranke oder Süchtige, Ausländer) richten, die auch real ausgegrenzt werden, wird die Situation besonders undurchdringlich. Die Projektion kann in solchen Fällen gleichsam unter dem Schutz einer gewissen gesellschaftlichen Legitimation besonders hartnäkkig verborgen bleiben.

Integration des Schattens: Reflexiver und kommunikativer Umgang mit Ausgegrenztem

Man kann den im eigenen Innern abgelehnten, da als unzulässig beurteilten Teil als »Schatten« der Persönlichkeit bezeichnen[142]. Die Frage ist, ob seine – verdrängten, d.h. intellektueller Wahrnehmung und Steuerung entzogenen – Inhalte ein Eigendasein oder eine Eigendynamik entfalten oder ob wir fähig sind, mit ihnen als Teil von uns selbst umzugehen: z.B. im Eingeständnis unerlaubter, aggressiver Phantasien und Wünsche. Die Bewußthaltung oder -machung solcher Impulse macht sie rationaler Kontrolle eher zugänglich als ihre Verdrängung, die zu unkontrollierten Ausbrüchen tendiert[143]. Solche Entladung kann sich besonders verhängnisvoll in kollektiven Aktionen auswirken, wo die Handlungsmotive oft unter dem Schutz einer Gruppenideologie (z.B. einer nationalstaatlichen) verborgen und die

140 Dieses Beispiel findet sich bei Laplanche/Pontalis, Vokabular, Bd. 2, S. 401.

141 Vgl. zum ganzen Problemkreis Iring Fetscher (Hrsg.): Feindbilder. In: Psychosozial. München 1989, mit Beiträgen von Fetscher (Feindbild-Freundbild und Realismus in der Politik), Gert Sommer (Feindbilder und politisches Bewußtsein), Horst-Eberhard Richter u.a.

142 Der Begriff wird hier als Metapher und nicht im archetypischen Sinn der komplexen Psychologie (C. G. Jung) verwendet.

143 Zum Phänomen der »Wiederkehr des Verdrängten« vgl. Laplanche/Pontalis, Vokabular, Bd. 2, S. 631.

Handlungsanteile der einzelnen sozusagen anonym bleiben[144].

Gegenüber tradierten Formen der Ethik, die eine Identifikation der Menschen mit bestimmten Werten des Kollektivs verlangen, also mit dem, was sein sollte, in Wirklichkeit jedoch nicht ist, wird eine neue Ethik gefordert, die mit den Werten, die sie setzt, menschliche Wirklichkeit nicht in zulässige Teile und zu unterdrückende, unbewußte, böse Unterwelt spaltet[145]. Damit sollen die Gefahren der Verdrängung und der Projektion des »Schattens« auf je verfügbare Sündenböcke gemildert werden[146]. Die Aufgabe einer Integration des »Schattens« in die jeweilige Persönlichkeit läßt sich auch dahin formulieren, es sei ein *reflexiver und kommunikativer* Umgang mit unbewußten und verdrängten Inhalten zu suchen.

Wo unter angstfreien Bedingungen über Unerlaubtes und bisher Unausgesprochenes kommuniziert werden darf, wird auch im Innern ein Raum für Reflexion frei, der Distanz schafft zwischen unbewußten, abgewehrten oder verdrängten Impulsen und realen Handlungsabläufen. Die Reflexionsfähigkeit der kommunizierenden Individuen vermag die starre Gewalt der verinnerlichten Normen und der damit verbundenen verdrängten Konflikte zu durchbrechen. An die Stelle rigider Spaltung von »Gut« und »Böse« im Innern und entsprechender Freund-Feind-Konstellationen im Äußern können damit elastischere Formen des Umgangs mit eigenen konflikthaften Impulsen (z. B. mehr ich-orientierten, als egoistisch disqualifizierten, und den moralisch gutgeheißenen gemeinschaftsorientierten Tendenzen[147]) treten.

[144] Ein Beispiel dafür bietet Stavros Mentzos mit seiner Analyse der psychosozialen Funktion des Krieges; s. Mentzos, Abwehr, S. 141–160; vgl. jetzt auch Th. Plänkers (Hrsg.), Die Angst vor der Freiheit. Beiträge zur Psychoanalyse des Krieges. Tübingen 1993.

[145] Erich Neumann, Tiefenpsychologie und neue Ethik. München 1964, passim.

[146] Die Thesen Neumanns hat in der Rechtswissenschaft z. B. Eduard Nägeli fruchtbar zu machen versucht: Eduard Nägeli, Das Böse und das Strafrecht. In: St. Galler Festgabe 1965. Bern, S. 263–335.

[147] Für einen behutsamen Umgang mit dem zentralen Grundkonflikt im innerpsychischen Haushalt zwischen ich-orientiertem Eigennutz (Autonomie, sonstige narzißstische Bedürfnisse) und sozialer Orientie-

Die lösende Kraft von Reflexion und kommunikativem Umgang schafft Chancen, politische Beziehungen von der Dominanz zwanghafter Handlungen und Reaktionen gegenüber andern zu entlasten, starre Haltungen gegenüber Sachen und Problemen aufzubrechen und damit Raum für argumentative Konfliktlösungen zu öffnen.

Delegation von Bedürfnisartikulationen in der Gesellschaft

Ein den Phänomenen der Verdrängung und damit verbundener Sündenbockpolitik verwandter Mechanismus kann wie folgt beschrieben werden: Emotionsgeladene Tendenzen (wie Angst vor Fremdem, Bedürfnis nach Stabilität und Ordnung, Unerträglichkeit von Unsicherheiten) werden im eigenen Leben oder in der Gruppe, mit der man sich solidarisiert, als eigene Motive ausgeblendet oder unterdrückt; dies dient auch zur Stützung eines Ich- oder Gruppenideals, an das man sich klammert. Werden solche Tendenzen im Gegner oder in der rivalisierenden Gruppe sichtbar, können sie nun dort als etwas Feindliches, Fremdes bekämpft werden. Diese andern bringen nicht nur eine in eigener Motivation begründete Haltung zum Ausdruck, sondern sie erfüllen – gesamtgesellschaftlich gesehen – auch eine gewisse Stellvertreterfunktion: Sie äußern verbreitete, aber von andern nicht eingestandene oder verdrängte Ängste oder Bedürfnisse. Mit dieser Rolle gewinnen sie eine teilweise irrationale Machtposition, die ihre reale soziale Stellung und Geltung überhöht und dem effektiven Gewicht der von ihnen vertretenen Interessen gar nicht entspricht. Dieser Überschuß ergibt sich gleichsam aus der Kraft des Verdrängten, das sich zunächst staut, um sich dann auf verborgenen Wegen Ausdruck zu verschaffen. Es ist zu vermuten, daß erstarrte partei- oder sonst gruppenpolitische Segmentierungen und Polarisierungen einer Gesellschaft u.a. auf solchen Mechanismen beruhen, also gewissermaßen auf einer zum Teil unbewußten gesellschaftlichen Rollenverteilung[148]. So

rung (Liebe, Altruismus) plädiert auch Mentzos, Abwehr, S. 121f.; s. dazu auch oben S. 121.

148 Strukturell zeigen sich Parallelen zu dem vor allem in der Familientherapie entwickelten Konzept der Delegation: Zur Konfliktentlastung einzelner Mitglieder übernehmen andere bestimmte delegierte

könnte zutreffen, daß durchgehende Opposition von einzelnen und Gruppen gegen alles Stabilisierende und Institutionalisierte nur im stillschweigenden Vertrauen darauf möglich ist, daß die Wahrnehmung von – in allen Menschen mehr oder weniger wirksamen – Sicherheits- und Stabilitätsbedürfnissen von anderen Gruppierungen, Institutionen und Personen sichergestellt wird. Spiegelbildlich könnte für die Parteien und Personen, die mit offensichtlicher Einseitigkeit für Ruhe und Ordnung im Gemeinwesen eintreten und aus dieser Haltung auch erfolgreich Ansehen und Macht beanspruchen, gelten, daß sie ihre eigenen unterdrückten Zweifel und kritischen Impulse an die bekannten opponierenden Kräfte delegiert haben. In gleicher Richtung wäre zu fragen, ob extreme Parteigruppierungen, die mit fast unverständlicher Rigidität gewisse Anliegen (wie Kampf gegen die Überfremdung durch Ausländer [Flüchtlinge]) verfolgen, ihre Position im sozialen Ganzen nicht auch dem Umstand verdanken, daß sie Ängste artikulieren, die zwar sehr weit verbreitet, aber entweder im innerpsychischen Haushalt nicht integriert oder durch eine Gruppenideologie ausgeblendet sind.

Der gesuchte Weg zur Auflösung des mitunter in solchen Mechanismen begründeten Freund-Feind-Verhältnisses im gesellschaftlich-politischen Umgang könnte mit einer ganzheitlicheren Wahrnehmung der verschiedenen, auch konfligierenden Emotionen, Wünsche und Ängste im eigenen Innern beginnen, sodann mit dem Versuch ihrer reflexiven Verarbeitung und entsprechender Artikulation im kommunikativen Prozeß des politischen Gemeinwesens. Damit einhergehen müßte in politischen Gruppierungen ein ständiges Mitbedenken der Perspektive anderer mit entgegengesetzten Interessen. Dadurch entstünde die Chance für eine Kommunikation zwischen politischen Kräften, die mehr wäre als ein zum Selbstzweck erstarrtes Ringen um politische Machtpositionen, nämlich eine Annäherung an jene politische Rationalität, die möglichst das gesamte Spektrum der menschlichen Anliegen in einer Gesellschaft offenzulegen und in die diskursiven Auseinandersetzungen zu integrieren vermöchte.

Rollen; vgl. grundlegend H. Stierlin, Delegation und Familie, Frankfurt a.M. 1978.

Kommunikatives Potential marginaler Gruppen

Daran anschließend ist zu fragen, ob manche vom »normalen« gesellschaftlich-politischen Leben ausgegrenzten Gruppen wie Kranke, Gebrechliche, Süchtige, Straffällige, die wenig oder keine eigene Artikulationsfähigkeit haben, nicht gewisse allgemeingesellschaftliche Probleme signalisieren, indem sie in den offiziellen Diskursen verschwiegene, verdrängte oder doch nicht ernstgenommene Probleme eher symptomatisch als direkt kommunikativ zum Ausdruck bringen: Das chronische Asthma der Kinder, die Selbstmordhäufigkeit und lebensbedrohende Süchtigkeit vieler könnten in Zusammenhang stehen mit individuell und kollektiv verschwiegenen oder verdrängten Schattenseiten der Gesellschaft. Diese Seiten wahrzunehmen und zu verarbeiten könnte zu unerläßlichen Lernprozessen der Gemeinschaft im Ganzen führen. Dies bedeutete die Notwendigkeit, marginalisierte Gruppen nicht als Fremdkörper eines an sich gesunden Ganzen zu betrachten, sondern als zu Öffnung und Auseinandersetzung herausfordernden Teil der gesellschaftlichen Wirklichkeit. Darin könnte ein noch unbekanntes mögliches Innovationspotential liegen für eine Gemeinschaft, die den Menschen in seiner Ganzheit ernstnimmt. Zu lösen bleibt das Dilemma, wie die in einem bestimmten Sinn zur Sprachlosigkeit Gedrängten zur Artikulation befähigt werden können. Der diskurstheoretisch begründete Appell zur Partizipation fällt hier ins Leere, solange nicht Sprachfähige zu advokatorischer Vertretung entsprechender Anliegen in den politischen Diskursen bereit sind. Soll das Spezifische und wohl oft Fremdartige der nicht integrierten Gruppen zum Ausdruck kommen, muß sich diese anwaltschaftliche Funktion allerdings vor der Gefahr einer bevormundenden Rolle hüten.

Abkürzungen

ARSP	= Archiv für Rechts- und Sozialphilosophie
BGE	= Bundesgerichtsentscheid
BV	= Bundesverfassung der schweizerischen Eidgenossenschaft vom 29. Mai 1874, SR 101
BVerfG	= Bundesverfassungsgericht
BVerfGE	= Entscheid des Bundesverfassungsgerichts der Bundesrepublik
Diss.	= Dissertation
dt.	= deutsche
EMRK	= Konvention zum Schutze der Menschenrechte und Grundfreiheiten vom 4. November 1974 (Europäische Menschenrechtskonvention), SR 0. 101
EuGRZ	= Europäische Grundrechte-Zeitschrift
FMG	= Fernmeldegesetz vom 21. Juni 1991, SR 784. 10
GG	= Grundgesetz für die Bundesrepublik Deutschland vom 23. Mai 1949
GVG	= Bundesgesetz vom 23. März 1962 über den Geschäftsverkehr der Bundesversammlung sowie über die Form, die Bekanntmachung und das Inkrafttreten ihrer Erlasse (Geschäftsverkehrsgesetz), SR 171. 11
JZ	= Juristenzeitung
KV	= Kantonsverfassung
m. w. H.	= mit weiteren Hinweisen
N. F.	= Neue Folge
NJW	= Neue Juristische Wochenschau
NZZ	= Neue Zürcher Zeitung
OG	= Bundesgesetz vom 16. Dezember 1943 über die Organisation der Bundesrechtspflege, SR 173. 110
o. J.	= ohne Jahresangabe
Rdnr.	= Randnummer
RUDH	= Revue universelle des droits de l'homme
Rz.	= Randziffer
SR	= Systematische Sammlung des Bundesrechts
VVDStRL	= Veröffentlichungen der Vereinigung der Deutschen Staatsrechtslehrer
VwOG	= Bundesgesetz vom 19. September 1978 über die Organisation und die Geschäftsführung des Bundesrates und der Bundesverwaltung (Verwaltungsorganisationsgesetz), SR 172. 010
ZBJV	= Zeitschrift des bernischen Juristenvereins
Zbl	= Schweizerisches Zentralblatt für Staats- und Verwaltungsrecht

ZGB = Schweizerisches Zivilgesetzbuch vom 10. Dezember 1907, SR 210
Ziff. = Ziffer
ZSR = Zeitschrift für schweizerisches Recht

Verzeichnis der abgekürzt zitierten Literatur

Apel, Karl-Otto: Ist die Ethik der idealen Kommunikationsgemeinschaft eine Utopie? In: Wilhelm Vosskamp (Hrsg.), Utopieforschung. Interdisziplinäre Forschungen zur neuzeitlichen Utopie. Bd. 1, Frankfurt a.M. 1985 (zit.: Vosskamp (Hrsg.), Utopieforschung).

Ders.: Zur Anwendung der Diskursethik in Politik, Recht und Wissenschaft. Frankfurt a.M. 1992 (zit.: Zur Anwendung der Diskursethik).

Beyme, Klaus von: Theorie der Politik im 20. Jahrhundert. Frankfurt a.M. 1991 (zit.: Theorie der Politik).

Böckenförde, Ernst-Wolfgang: Recht, Staat, Freiheit. Frankfurt a.M. 1991 (zit.: Recht, Staat, Freiheit).

Bodenheimer, Aron Ronald (Hrsg.): Freuds Gegenwärtigkeit. Stuttgart 1989 (zit.: Freud).

Fraenkel, Ernst: Deutschland und die westlichen Demokratien. Frankfurt a.M. 1991 (zit.: Demokratien).

Freud, Sigmund: Das Unbehaben in der Kultur. Studienausgabe, Band IX, Frankfurt a.M. 1982 (zit.: Unbehagen); erstmals erschienen Wien 1930.

Ders.: Massenpsychologie und Ich-Analyse. Studienausgabe, Band IX, Frankfurt a.M. (zit.: Massenpsychologie); erstmals erschienen Wien 1921.

Ders.: Totem und Tabu. Studienausgabe, Band IX, Frankfurt a.M. 1982 (zit.: Totem); erstmals erschienen Wien 1912/13.

Ders.: Totem und Tabu. Neuausgabe, Frankfurt a.M. 1991. Mit einer Einleitung von Mario Erdheim (zit.: Totem (1991)).

Ders.: Die Zukunft einer Illusion. Studienausgabe, Band IX, Frankfurt a.M. 1982 (zit.: Zukunft); erstmals erschienen Wien 1927.

Görlitz, Axel u. Rainer Prätorius (Hrsg.): Politikwissenschaft. Begriffe – Analysen – Theorien. Reinbek 1987 (zit.: Politikwissenschaft).

Grimm, Dieter: Die Zukunft der Verfassung. Frankfurt a.M. 1991 (zit.: Zukunft).

Grubitzsch, S. u. G. Rexilius (Hrsg.): Psychologische Grundbegriffe. Reinbek 1987 (zit.: Grundbegriffe).

Habermas, Jürgen u. Niklas Luhmann: Theorie der Gesellschaft oder Sozialtechnologie. Was leistet Sozialforschung? Frankfurt a.M. 1971 (zit.: Habermas/Luhmann).

Habermas, Jürgen: Theorie und Praxis. Neuausgabe, Frankfurt a.M. 1971 (zit.: Theorie und Praxis).

Ders.: Theorie des kommunikativen Handelns. 2 Bde., 2. Aufl. Frankfurt a.M. 1982 (zit.: Theorie).

Ders.: Moralbewußtsein und kommunikatives Handelns. Frankfurt a.M. 1983 (zit.: Moralbewußtsein).

Ders.: Vorstudien und Ergänzungen zur Theorie des kommunikativen Handelns. Frankfurt a.M. 1984 (zit.: Vorstudien).

Ders.: Die neue Unübersichtlichkeit. Frankfurt a.M. 1985 (zit.: Unübersichtlichkeit).

Ders.: Der philosophische Diskurs der Moderne. 2. Aufl., Frankfurt a.M. 1989 (zit.: Philosophischer Diskurs).

Ders.: Die nachholende Revolution. Frankfurt a.M. 1990 (zit.: Revolution).

Ders.: Strukturwandel der Öffentlichkeit. 2. Aufl., Frankfurt a.M. 1990 (zit.: Strukturwandel).

Ders.: Erläuterungen zur Diskursethik. Frankfurt a.M. 1991 (zit.: Erläuterungen).

Ders.: Texte und Kontexte. Frankfurt a.M. 1991 (zit.: Kontexte).

Ders.: Faktizität und Geltung. Frankfurt a.M. 1992 (zit.: Faktizität und Geltung).

Hesse, Konrad: Grundzüge des Verfassungsrechts der Bundesrepublik Deutschland. 18., ergänzte Aufl., Heidelberg 1991 (zit.: Grundzüge).

Höffe, Otfried (Hrsg.): Über John Rawls' Theorie der Gerechtigkeit. Frankfurt a.M. 1977 (zit.: Über Rawls).

Ders.: Kategorische Rechtsprinzipien. Ein Kontrapunkt der Moderne. Frankfurt a.M. 1990 (zit.: Rechtsprinzipien).

Jaspers, Karl: Philosophie. 3 Bde, 3. Aufl., Berlin 1956 (zit.: Philosophie I–III).

Ders.: Die Atombombe und die Zukunft des Menschen. 2. Aufl., München 1958 (zit.: Zukunft).

Ders.: Von der Wahrheit. Neuausgabe, München 1958 (zit.: Wahrheit).

Joas, Hans: Praktische Intersubjektivität. Die Entwicklung des Werkes von G. H. Mead. Frankfurt a.M. 1989 (zit.: Intersubjektivität).

Kälin, Walter: Verfassungsgerichtsbarkeit in der Demokratie. Bern 1987 (zit.: Verfassungsgerichtsbarkeit).

Kant, Immanuel: Grundlegung zur Metaphysik der Sitten. Werkausgabe, Bd. VII, Frankfurt a.M. 1984 (zit.: Grundlegung).

Ders.: Zum ewigen Frieden. Ein philosophischer Entwurf. Werkausgabe, Bd. XI, Frankfurt a.M. 1984 (zit.: Frieden).

Kölz, Alfred u. Jörg Paul Müller: Entwurf für eine neue Bundesverfassung. 2., überarb. Aufl. vom 14. Juli 1990. Basel, Frankfurt a.M. 1991 (zit.: Kölz/Müller, Entwurf).

Kölz, Alfred: Neuere schweizerische Verfassungsgeschichte. Ihre Grundlinien vom Ende der alten Eidgenossenschaft bis 1848. Bern 1992 (zit.: Verfassungsgeschichte).

Kommentar zur Bundesverfassung der Schweizerischen Eidgenossenschaft vom 29. Mai 1874. Basel, Zürich, Bern 1987 ff. (zit.: Kommentar BV)

Kutter, Peter: Moderne Psychoanalyse. München, Wien 1989 (zit.: Psychoanalyse).

Laplanche, J. u. J.-B. Pontalis: Das Vokabular der Psychoanalyse. 2 Bde, Frankfurt a. M. 1972 (zit.: Vokabular).

Larenz, Karl: Methodenlehre der Rechtswissenschaft. 6. Aufl., Berlin, Heidelberg 1991 (zit.: Methodenlehre).

Marschall, Wolfgang: Klassiker der Kulturanthropologie. München 1990 (zit.: Kulturanthropologie).

Mentzos, Stavros: Interpersonale und institutionalisierte Abwehr. Erweiterte Neuausgabe, Frankfurt a. M. 1988 (zit.: Abwehr).

Moore, Barrington: Ungerechtigkeit. Frankfurt a. M. 1982 (zit.: Ungerechtigkeit).

Münkler, Herfried: Im Namen des Staates. Frankfurt a. M. 1987 (zit.: Im Namen des Staates).

Müller, Jörg Paul: Die Grundrechte der schweizerischen Bundesverfassung. 2., überarb. Aufl., Bern 1991 (zit.: Grundrechte).

Ders.: Elemente einer schweizerischen Grundrechtstheorie. Bern 1982 (zit.: Elemente).

Ders.: Vertrauensschutz im Völkerrecht. Beiträge zum ausländischen öffentlichen Recht und Völkerrecht. Hrsg. vom Max-Planck-Institut für ausländisches öffentliches Recht und Völkerrecht. Köln, Berlin 1971 (zit.: Vertrauensschutz).

Ders.: Versuch einer diskursethischen Begründung der Demokratie. In: W. Haller, A. Kölz, G. Müller u. D. Thürer (Hrsg.): Festschrift für D. Schindler. Frankfurt a. M. 1989, S. 617ff. (zit.: Versuch).

Nozick, Robert: The examined life. Philosophical meditations. New York, London 1989; dt.: Vom richtigen, guten und glücklichen Leben. München, Wien 1991 (zit.: Meditations).

Parin, Paul: Der Widerspruch im Subjekt. Frankfurt a. M. 1978 (zit.: Widerspruch im Subjekt).

Rawls, John: Eine Theorie der Gerechtigkeit. 4. Aufl., Frankfurt a. M. 1988 (zit.: Theorie).

Ders.: Die Idee des politischen Liberalismus. Frankfurt a. M. 1992 (zit.: Politischer Liberalismus).

Rhinow, René A.: Grundprobleme der schweizerischen Demokratie. In: Schweizerischer Juristenverein – Referate und Mitteilungen, 118 (1984) 2 (zit.: Grundprobleme).

Rousseau, Jean-Jacques: Der Gesellschaftsvertrag. Stuttgart 1986 (zit.: Gesellschaftsvertrag); die franz. Originalausgabe ›Du contrat social ou principes du droit politique‹, ist erstmals 1762 erschienen.

Saladin, Peter: Grundrechte im Wandel. Die Rechtsprechung des schweizerischen Bundesgerichts zu den Grundrechten in einer sich ändernden Umwelt. 3. Aufl., Bern 1982 (zit.: Grundrechte im Wandel).

Salamun, Kurt (Hrsg.): Karl Jaspers. Zur Aktualität seines Denkens. München 1985 (zit.: Jaspers).

Taureck, Bernhard: Lévinas zur Einführung. Hamburg 1991 (zit.: Lévinas).

Wyss, Dieter: Die tiefenpsychologischen Schulen von den Anfängen bis zur Gegenwart. 6., erg. Aufl., Göttingen 1991 (zit.: Die tiefenpsychologischen Schulen).

Gesellschaft
Politik
Wirtschaft

Jewgenia Albaz:
Das Geheimimperium
KGB
Totengräber der
Sowjetunion
dtv 30326

Timothy Garton Ash:
Ein Jahrhundert
wird abgewählt
Aus den Zentren
Mitteleuropas
1980-1990
dtv 30328

Fritjof Capra:
Wendezeit
Bausteine für ein
neues Weltbild
dtv 30029

Das neue Denken
Ein ganzheitliches
Weltbild im
Spannungsfeld
zwischen Naturwissen-
schaft und Mystik
Begegnungen und
Reflexionen
dtv 30301

Alfred Grosser:
Verbrechen und
Erinnerung
Der Genozid im
Gedächtnis der Völker
dtv 30366

Graf Christian von
Krockow:
Politik und
menschliche Natur
Dämme gegen die
Selbstzerstörung
dtv 30321

Heimat
Erfahrungen mit
einem deutschen
Thema
Aktualisierte Ausgabe
dtv 30321

Dagobert Lindlau:
Der Mob
Recherchen
zum organisierten
Verbrechen
dtv 11709

John R. MacArthur:
Die Schlacht der Lügen
Wie die USA den
Golfkrieg verkauften
dtv 30352

Gérard Mermet:
Die Europäer
Länder, Leute,
Leidenschaften
Mit zahlr. Tabellen,
Karten u. Abbildungen
dtv 30340

Witold Rybczynski:
Verlust der
Behaglichkeit
Wohnkultur im
Wandel der Zeit
dtv 11439

Hans Jürgen Schultz:
Trennung
Eine Grunderfahrung
des menschlichen
Lebens
dtv 30001

Dorothee Sölle:
Gott im Müll
Eine andere
Entdeckung
Lateinamerikas
dtv 30040

Zeitbombe Mensch
Überbevölkerung und
Lebenschance
Hrsg. v. Reymer Klüver
dtv 30375